谨以此书纪念洪深诞辰125周年（1894–2019）
暨逝世65周年（1955–2020）

洪深评传

韩斌生 著

中国传媒大学出版社
·北京·

洪深（1894年12月31日—1955年8月29日）

字浅哉，号伯骏，曾用名庄正平、乐水、萧振声等。江苏武进（今属常州市）人。

我国杰出的话剧和电影艺术家，现代话剧和电影的奠基人之一，首倡在话剧中男女演员同台演出，第一个提出“话剧”一词的使用，并对编剧、导演、表演进行了全面的实践和理论探索。

1912年考入清华大学，1916年考入美国俄亥俄州立大学化工系，1919年考入哈佛大学戏剧训练班，1922年回国，1923年9月加入戏剧社，1930年加入中国左翼作家联盟，1937年投入抗日战争洪流，1949年12月任中国人民共和国文化部对外文化联络局副局长，1951年任局长，1955年8月29日因病医治无效，于北京病逝。

主要作品

理论著作：《洪深戏剧文集》《编剧二十八问》《电影戏剧表演术》《电影戏剧的编剧方法》《现代戏剧导论》《戏剧导演的初步知识》《戏的念词与诗的朗诵》

话剧剧本：《卖梨人》《贫民惨剧》《赵阎王》《五奎桥》《香稻米》《包得行》《鸡鸣早看天》《飞将军》《汉宫秋》《走私》

电影剧本：《冯大少爷》《早生贵子》《爱情与黄金》《歌女红牡丹》《旧时京华》《劫后桃花》《新旧上海》《女权》《夜长梦多》《乱世美人》《风雨同舟》《鸡鸣早看天》；其中《申屠氏》为中国第一步较完整的电影剧本。

导演作品：《回春之曲》《黎明之前》《复活》《少奶奶的扇子》《李秀娥之死》《法西斯细菌》《草莽英雄》《鸡鸣早看天》《丽人行》

CONTENTS

目 录

绪论
洪深——中国话剧和电影事业的开拓者

话剧和电影艺术理论体系的初创者

洪深是我国杰出的话剧和电影艺术家，他经历了大约一个甲子即 60 年的风雨沧桑。据笔者初步统计，在近半个世纪为中国戏剧电影艺术拓荒的辛勤生涯中，他先后创作（含译作）话剧、电影剧本 95 部，其中包括第一个有对白的话剧文学剧本和第一个正规的电影文学剧本，一生共导演话剧、电影 74 部。先后撰写、出版了影剧理论专著 15 部，发表影剧相关论文和批评文章二百六七十篇，在 20 世纪我国话剧和电影事业的草创期中，可谓成果丰硕，不愧是一座丰碑。他一生结合国情，中西兼容，为创建我国的话剧和电影艺术理论体系做出了卓越的贡献。

诚如夏衍在洪深诞辰 90 周年纪念会上所说："他身体力行，创作和导演了一批与时代、与人民息息相关的剧本；他引进新技术、新方法，不断进行多方面的艺术实践，并努力运用新的世界观总结经验和建立艺术理论体系，表现了一个人民艺术家真正的气质与魄力。"①

先从对我国现代戏剧运动史的总结和梳理方面说起。早在 1935 年，洪深就主持编选了上海良友图书公司出版的《中国新文学大系》第九集——戏剧集，并为该集写了导言《现代戏剧导论》，后来又于1948年发表了《抗战十年来中国的戏剧运动与教育》一文。《现代戏剧导论》的第4节至10节以及《抗战十年来中国的戏剧运动与教育》引用了大量史料，大致勾画了自20世纪初中国新戏剧草创时期到40年代末期我国现代戏剧发展的历史，为人们深入研究这段历史提供了许多不可或缺的线索。

洪深在文中认为，清末，即辛亥革命的前夜，除了中国传统的被改良过的旧戏以外，又出现了写实的、模仿人生的废除歌唱而全用对话的新戏，即文明戏。辛亥革命时期，春柳社从日本回国，和上海的春阳社等戏剧团体演出新戏，这一时期是文明戏的全盛时代。他们的艺术方法，是把所有演北剧的动作、调子、道具全部舍弃而把所有北剧的做法全部改为模仿和写实。歌唱全部废除，全剧只用对话，没有上下场，而用幕布与布景。洪深的看法在一定程度上廓清了20世纪30年代人们对文明戏的混乱认识。

其实，所谓文明戏实即中国现代话剧的前身。

在《抗战十年来中国的戏剧运动与教育》一文中，洪深首先强调戏剧的社会功用，规定戏剧应“内容第一，主题第一”，痛斥那种不计社会影响而只求讨好观众的作品乃是真正的庸俗之作。在其20世纪30年代初期的《内容与技巧》一文中，他曾把自己的创作思想核心归结为“对社会说一句有益的话”②。

早在20世纪20年代中国话剧和电影的草创期，洪深就在强调戏剧和电影的思想性与社会功能，与此同时，他还十分重视话剧和电影艺术技巧的理论诠释与借鉴，总结银幕与舞台的实践经验，并开始着手创建中国话剧的理论体系。

1925年，洪深在其商务印书馆出版的《剧本汇刊(第一集)》之《少奶奶的扇子》序录中讨论了小说和剧本创作方法的不同。他指出，剧本乃是在台上演给人看的，小说乃是印在纸上给人读的，因此创作方法有异：

第一，选材不同。小说“选材不妨繁博”(主要指长篇小说——笔者注)，而“剧本选材，需严简，所谓在精不在多也”。

第二，描摹不同。小说“可委婉隐蓄者”，“剧本必须郑重出之，反复出之”；小说“宜轻敲侧击”，“剧本须一刀见血，剧本之描摹须深刻，尤须显著也”。

第三，作者态度不同。读小说“如游名胜”，作者“乃吾向导，其所言说，本吾所乐闻，故可夹在书中发表意见，批评优劣”，而“剧之佳者，观众恰如看见旁人一番阅历，故而增长了自己见识，触动了自己良心，岂但忘其为看做戏，且不觉得曾受训诲也”。

第四，一个读者与一群观众心理之不同。“读者重理智，观众富感情”，“小说不妨偏重于个人之气味嗜好；剧本必须注意大众所同之天性也”。

第五，小说可叙述者未必可在台上演。同为一事，小说“叙之无论若何详尽，其情景仍须由读者想象而得；若在台上扮做，一切情景，乃观众目睹耳闻。向以为平淡无奇者，今见其活形活现；向以为缺少精彩者，今觉其情事逼真”。

第六，小说容易着墨之处，剧本至为费墨。大凡“曲折之心理，剧本中虽有说明之文，然此仅供演员及排演者之研究参考耳，观众固无从得而见之闻之。剧中解释心理，必须借台上之言语、动作、种种白描，纯系间接的解释，决不能如说部（指小说类——笔者注），直接声明之省事也”。

因为洪深是美国哈佛大学贝克教授的学生，他的戏剧理论从一开始就注重借鉴西方的现代戏剧理论，话剧属于舶来品，没有比较，就没有鉴别，没有借鉴，也就谈不到创建。因此他在20世纪20年代的话剧和电影理论起点较高。

到了20世纪30年代，洪深对戏剧家的使命已有了十分明确而全面的认识。他在《关于戏剧家的使命》中说道：

> 戏剧家负有重大的使命，就是将他观察与阅历人生的结果，采取有意义有关系的一片段，编成一节有趣闻的故事，用日常人生的

> 动作，搬演出来，使观众看时受重大的激刺，欣然愉快，过后留有深刻的印象，幽然深思，于不知不觉中，增加了智慧，美化了情感，直接造成观众伟大的人格，间接便改变了人生……③

关于戏剧和电影的做戏技巧，洪深在1934年时就深刻地说过：

> 做戏最高的境界，真是胸罗万象，凡人生一切的人事（行为、思想、动作、情感），不论是普遍的、特别的，都集中在一个人身上；就是样样晓得，件件精明；除了受身体相貌的限制之外，都可以做得出、做得到，比较那“只做自己”真是相差得太远了。凡是真会做戏的，在戏台上或镜头前，不过做了三分之一。大部分的工作，是观众所看不见的，头一个三分之一，是研究人事……同时又能领悟了，某一种心理，至少可用好几种不同的方法来表演；譬如人当大怒的时候，生理上、心理上所起的变化虽则相同，但世界上决无两个人同式同样地发怒的；这是因为程度、层次各异，且有别种情感之搀入，而影响到附带的动作了。这种人事（怒不过是一个例子，人生尚有别种情感、别种心理），皆是做戏的人研究的材料，应当随时随地留心的了。
>
> 第二个三分之一，是描摹角色。譬如走路，就有许多样的走法，快步、慢步、大踏步走、急促小步走、挺胸凸肚地走、弯腰曲背地走、趑趄不前地走、横冲直撞地走、东倒西歪地走、脚尖轻踮地走；更加之走的时候，头跟身体、手都有帮助，所以走路，可以走出无数的花样来。但是，在这一出戏里，这个特别的角色，在这个时期，处这种特别的环境之下，有这样特别的心理，所要表示的，是这种特别的情感，结果只有一种走法，是比较地合适，比较地美观，比较地有力量。这在做戏的人，从他所晓得的走路方法中，选出一种来应用。
>
> 所以等到第三个三分之一，在戏台上镜头前表演的时候，一切的

姿态动作，虽不是刻板的、固定的，然而有规则、有理由，经过一番选择而来，决不是贸贸然做做自己而已。

白话戏与影戏的难做，难在没有像京戏一般，有一劳永逸的规矩；而每出戏，每个角色，都成特别问题，须各个地设法，去解决应付；从繁复的人事中，寻出适合的格式来。④

在抗日战争爆发后，由于最大限度地宣传抗日、动员群众的需要，随着抗战初期大城市的相继陷落，原来以城市剧场和舞台为中心，以市民、学生和知识分子为主要对象的戏剧运动，在表演场所和观众对象上发生了根本的变化。洪深在《抗战十年来中国的戏剧运动与教育》一文中把这一变化归结为：剧作从总体上看有力地克服了题材和内容比较单一的缺点，广泛地适应时代的要求……大多数主题已不再是单纯地关乎传统的惩恶劝善，而是扩大了戏剧观众的成分，发挥了“戏剧熏陶情感、制约情绪、组织观众的合乎时代需要的情操”的作用。这可看作是顺应了时代的需要。

即使在这种大的时代背景下，洪深也还在强调要克服艺术技巧与艺术表现手段及思想内容之间的不平衡性，表现出了一个真正艺术家的清醒头脑。他在20世纪40年代发表的《论者谓易卜生非思想家》（见《洪深文集》第四卷）一文中说：“思想内容高于一切，但这不应和艺术本身应有的技巧去对立。思想内容通过技巧，而后艺术始不致丧失固有的特质，而后才能发挥其最大的教育、感化、鼓励和号召观众的作用。”

1943年，他还写作、出版了一本与影剧艺术相关的重要理论著作《戏的念词与诗的朗诵》。

关于这本书，当时，郭沫若先生给予了高度的评价，他在给这本书写的序言中说：

戏剧是艺术的综合，它已经不是单纯的文学。……即如近代的话剧亦须仗言语的音乐性以诉诸观众的感应而传达意识。

洪浅哉（深）兄是中国话剧运动的领导者之一人，话剧运动之有今日，一半要仰仗他的功劳。但他对于话剧之外的一般的文学和艺术都有广泛的和深刻的了解。他费了两年多的功夫写出了这篇内容丰富而有价值的论文。

他把他丰富的经验和学殖，透彻地融汇了在这儿。由四声以至于韵律，于念与诵之中求其共通，复于共通之中求其变异。新旧兼融，中西共治。条分缕析，反复论证。差不多把应该讨究的项目都逐一地予以了负责的解答。这无疑是浅哉兄六七十种著述中的主要的一种。

毋庸讳言，洪深是20世纪20年代直至50年代初期那个特定时代话剧和电影方面罕有的全才，他在广泛进行话剧和电影艺术实践的同时，先后写作、出版了十多本话剧和电影方面的理论专著，对于中国话剧和电影艺术的发展过程、时代性、社会功能、思想内容与艺术技巧的关系，乃至影剧的编、导、演技巧等诸多方面都做出了理论上的条分缕析以及全面的诠释和总结。他的主要理论专著目录如下：

《戏剧ABC》	1929年世界书局出版
《电影界的新生活》	1934年正中书局出版
《洪深戏剧论文集》	1934年天马书店出版
《编剧二十八问》	1934年《中国电影年鉴》社出版
《电影戏剧表演术》	1935年生活书店出版
《电影术语词典》	1935年天马书店出版
《电影戏剧表演术图解》	1935年世界书店出版
《电影戏剧的编剧方法》	1935年正中书局出版
《一千一百个基本汉字使用教学法》	1935年生活书店出版
《中国新文学大系（戏剧集）》（导言及选目为洪深编写）	1935年上海良友图书公司出版
《戏剧的方法与表演》	1939年新剧研究社出版

《戏剧导演的初步知识》　　1943 年中国文化服务社出版
《戏的念词与诗的朗诵》　　1943 年美学出版社出版
《抗战十年来中国的戏剧运动与教育》　　1948 年中华书局出版

真可谓洋洋大观。

更为可贵的是，关于话剧和电影的艺术技巧，洪深曾一语道破："就是将要说的话，能用戏剧的方法说出来。"⑤ 这是洪深深入浅出、一语中的地对自己的影剧艺术技巧奥妙所做的概括。还有他此前对自己戏剧创作思想核心总结的一句话："一部戏，剧旨的伟大，在于剧作者诚恳有力地对当前社会说了一句必要说的有益的话。"这两句话合起来，被认为是洪深影剧艺术理论关于思想主旨和艺术技巧的最精当简要的总结。如果说"戏有戏眼，文有文眼"，那么，这两句话亦可看作是洪深进步的影剧艺术理论体系的一个"眼"。

中国影剧编剧及表导演艺术理论的奠基者

洪深一生创作了 90 多部话剧和电影剧本，同时，在编剧理论的建设方面也有着丰厚的积淀和收获。

1915 年，他创作了我国第一个有对白的话剧文学剧本《卖梨人》；1924 年，创作了我国第一部无声电影剧本《申屠氏》；1930 年，创作了我国第一部有声电影剧本《歌女红牡丹》。

1925 年应当是洪深编剧理论的一个起点。他在发表于《剧本汇刊(第一集)》中的《少奶奶的扇子》序录中，就讨论了小说与戏剧之不同，自然也涉及了编写方法的不同。

1928 年 3 月，洪深主张把新剧定名为"话剧"，话剧之名由此得以通行。

1929 年，洪深在给马彦祥的《戏剧概论》写的序言中说："话剧，是用那成片段的谈话所组成的戏剧"；"话剧表达故事的方法，主要是用对话"；"话剧的生命，就是对话。写剧就是把剧中人说的话，客观地记录下来。对话不妨是文学的(即选炼字句),甚或诗歌的。但是与当时人们所说的话,必须有多少相似,不宜过于奇怪特别,使得听的人会感觉到,剧中对话,与普通人生所说相去太远。”

戏剧写什么?洪深在1929年的《民国日报·戏剧周刊》上又说:

> 戏剧是用了真的人在戏台上,当着观众的面,将人生表现模仿出来,让观众自己去认识、自己去判断、自己去作结论的。
>
> 戏剧乃是表现一部分一片段人事,其成功或失败,足以影响人类的前途与幸福的。
>
> 不论是人们所做的事、所生的情、所有的组织,如果是被这个时代的人认为与他们的前途与幸福,甚有重大的关系,就是这个时代最好的戏剧材料了。
>
> 戏剧是表现人生的。
>
> 在人生中,不论是哪一类人事,普遍如争名争利、偶然如杀人报仇、琐碎如洗脸吃饭。在这一时候、这一环境,这一件事的发生,对于人生的前途幸福,影响愈大的,便愈是“戏剧的”——“戏剧的”是人生中有意义、有关系的人事。

他还在该年4月的《民国日报·戏剧周刊》上发表了《独幕剧作法》(翻译)。在该年出版的《戏剧ABC》(世界书局)中,洪深也开宗明义地诠释了戏剧编剧的一般常识。

而在1935年1月的《国闻周报》上,洪深更是对“几种逃避现实的写剧方法”写了专文加以讨论。其主旨是批评那些逃避或者用幻想及其他种种超越现实的荒诞的艺术方法麻醉观众的现代主义方法,以及那些揭示黑暗面的,专事表现扭曲心理、变态心理的戏剧方法,等等。最后的结论则是“在目前这个紧张时期,编剧只应有一个方法,就是不可逃避现实而是把握住现实。这个可称为现实主义”。

他还在该文中认真讨论了现实主义与旧写实主义，即19世纪的写实主义在写剧方法上的差异。

他说：

目的上，旧写实主义，不过欲使读者冲动，或惊奇，或难受，至多对于不幸的人们发生怜悯而已；但现实主义是忠实地、同情地记录人们在社会的环境中怎样去和丑恶的、混乱的、不公道的、不平等的、不自由的一切，对抗奋斗；并怎样才能获到那有计划、有组织、平等自由的、合理的生活，作为观众们的"借镜"与鼓励的。

又，在手段上，旧写实主义，着意在琐屑事物的搜集，尤其偏重于人生黑暗面的描写，有时甚至"为了丑恶而丑恶"；但现实主义，除开仔细真实外，还要正确地传达"典型的环境"中的"典型的性格"。

三，在情调上，旧写实主义，是阴郁暗淡的，是不能使人欢欣鼓舞的；但现实主义是乐观的，是给予观众希望的；它是从那现实中已经存在的东西，推展到现实中可能存在的东西的。

用这样的方法写剧，才可以说，戏剧是于"世道人心"有益。

而于1935年出版的《电影戏剧的编剧方法》，则可以被看作是20世纪30年代洪深编剧论的集大成之作。

内容共八章，大致涉及以下内容：

(1)戏剧对人生的表现和影响，戏剧与观众的关系以及观众的两个要求：一是戏剧须和他们的生活有关系；二是戏剧的事实须靠得住，即符合艺术的真实，即能让观众相信舞台上的人和事。

(2)戏剧创作的各种方法和流派，以及现实主义与旧写实主义之不同。他批评种种逃避现实的艺术方法的流弊，提倡现实主义的创作方法。这些都与他的戏剧表现人生又为人生的主张直接相关联。

(3)戏剧作品须有故事，故事须有普遍性和典型性，从而于无形中打入观众的心坎。关于故事，即洪深说的，将片段的人生编撰为首尾完备的、自为起讫的、形成段落的并能说明作者主旨的故事。洪深还介绍了欧洲戏剧理论家毕特金教授所做的一个比喻："一个故事不外是讲一个人跌在坑里，和他怎样爬出来（或爬不出来），爬出来是喜剧的结尾，爬不出来是悲剧的结尾。"洪深还说到编剧讲故事的关键，不在于讲清发生了什么事，而在于讲清怎么发生了这件事。

（4）戏剧须由独特的典型人物组成故事，在环境中塑造人物，从中表现出作者对于社会人生的认识。洪深指出，编故事必须从认识人物入手，他们个个都是活的人，各人一心一意忙着自己的事务；同时他们也是那强大的社会动力的工具。人物的个性是由环境、社会造成的。这里实际上涉及了现实主义中典型环境与典型性格的问题。

（5）戏剧的目的是通过人物写出一个时代，人物的行动一是改善个人和社会的关系，二是改善环境。剧本须立主脑，从而写出时代的或几个人的历史，即指美和善，就是美化观众感情，净化观众情绪。

（6）讲戏剧故事的五个步骤：人物与环境相遇，人物开始有目的地行动，人物与环境发生矛盾，矛盾发展决定胜负成败，胜负对于人物和环境的影响。

（7）戏剧叙事与刺激情绪的方法主要是复叠的表现、非常的行动、详尽的申说、比较与对照、结构布置、一幕或一剧的结尾。其中的非常行动即是戏剧冲突的关节处，当然冲突的展开又有一个过程。这里涉及戏剧的结构问题。关于结构，洪深还讲过三个S：紧张、出奇、满意（这三个英语单词的第一个字母都是S）。这都是引用欧洲雷蒙瑞教授的话，指出纠纷解决前要十二分地紧张；纠纷解决时要十二分地出奇；纠纷解决后要十二分地令人满意。其中最重要的是紧张，即所谓戏剧冲突和高潮。

剧作者还要防止借剧中人之口发自己的牢骚，或者借剧中人之口表述一点不相干的幽默，借此自炫才华，却使观众出戏。

（8）关于戏剧素材的收集，一是剧作者的直接人生体验，二是第二手材料的调查、提炼和选择。

当然，在他那几十部著作里，洪深对于剧作描写人物的具体方法，对于写好几幕重场戏，对于戏剧语言，对于戏剧的背景、色彩乃至剧名等都有一系列精到的阐述，全面、丰富而深入。

通过以上对于洪深编剧理论的简要诠释和讨论，我以为，洪深剧作论中最突出的贡献可以归结为如下几点：

一是从平常无奇且真实的人生中提取富有戏剧性的题材，这是他的剧作题材论的亮点。洪深认为，戏剧须表现人生，而人生又往往是真真实实、平常无奇的，他打破了旧戏传奇那种"无奇不传" 的模式，强调要善于从貌似平常的日常生活中开掘出人与人关系中具有戏剧性的素材，经过加工、提炼、精选，使其成为戏剧作品的有用题材。这样，那种日常的、似乎习以为常的人和事，在剧作家的笔下就有可能富有"戏剧的趣味"。

洪深在讲到前代戏剧家李笠翁的"传奇"时说："他的目的和我们是大不相同的，他的目的是'传奇'；'此一人一事，果然奇特'在他就可以满意了。"而洪深则认为，"一部成功的戏剧，须能使看的人，不觉得这是戏剧，只觉得是真实的人生"⑥。

在洪深剧作中，这类表现平常且真实人生的作品不胜枚举。比如他写于 1936 年 11 月的独幕喜剧《咸鱼主义》，就撷取了在 20 世纪 30 年代物价飞涨的上海租界里，小市民陈炳荣、陈师母一家贮藏咸鱼以度战乱的故事。这事本不新奇，但在特别的时代和典型环境里，剧本通过"咸鱼成灾""咸鱼宴"拉开了一系列喜剧性冲突。咸鱼宴被来客愤而掀翻，又招来一帮子逃难者，凭空多出好些麻烦，落得个自食苦果，叫人哭笑不得。主人公的行动使人看到了小市民卑琐自私的灵魂，在笑泪之余，发人深省。请看该喜剧的结尾，实可谓剧终点题：

客堂里孩子们还在哭着喊着要吃咸鱼。

陈炳荣：这真是哪里的事，凭空添出许多人来吃饭，凭空多出好些麻烦！

陈师母：你怪谁？还不怪你自己。买十石米，买五十块钱的咸鱼自顾自，真是好主意！告诉你说吧！陆太太和她的二房客，就是被你的咸鱼引来的客！

——闭幕

实在叫人忍俊不禁啊……

其实，对于戏剧编剧而言，能够做到平中见奇，真是一个很高的境界。

二是把人物放在能激发他们积极行动的典型环境和特定情景下加以展示，用戏剧行动塑造其典型性格。洪深说："任何人的个性与人格，都是经由社会环境模型磨练成的。"⑦

诚如高尔基所言，要让剧中人物"多做事，少说话"，剧本就要为人物创造出各种危机和尴尬的情势，赋予他们强烈的行动性，这样人物性格特点才能突出，个性色彩才能得以激发，人物形象才会活跃起来，富于生活气息和生命感。

洪深的抗战名剧《飞将军》，剧中的原空军英雄高鹏飞在一些人的恭维拥捧下，堕落得有些变态，醉生梦死。在一个特定情势中，司令部来电话要他立即出战迎击敌机，高鹏飞却喝得酩酊大醉，面对同事的劝告还胡搅蛮缠。他的同事飞行员徐卓午情急之下愤而挥拳把他打倒在地，自己为了空军的荣誉，为了同伴的前途，放弃休假，铤而走险，拿起听筒请示代替高鹏飞以寡敌众、迎击敌机。他的行为使在场的所有人惊愕、猛醒、反思、感动不已……

剧作的结尾这样描写道：

徐卓午（拿起听筒）：不，不是的，我不是高鹏飞，……他，呣，忽然得了急病，不能来了……至少恐怕今天不会回来了……队长可以准许我代替他吧？我是徐卓午，在这里休假……是，我了解的，他们来了二十二架，比我们的数目多……是的，我们应当格外的小心。……是，是，队长……我马上就来……高鹏飞的飞机我从前是

用过的。（放下听筒）

胡梦华（诗人）：这是你的帽子。

徐卓午：谢谢你。（再去看视高鹏飞一回，对庄毅贞——高鹏飞、徐卓午的昔日同学）请你好好地看护他，等他清醒，好好地向他解释，使他明白事理。他也并不是一个坏人。（对众人）再会。（行一军礼，迅速地走了。）

众人半晌不言。

陈怡仙（富商千金）：（忽然立起来，走到庄毅贞面前——十分情感，话都几乎说不上来）毅，毅贞姊，你，你可以原，原谅我么？

庄毅贞（和善地）：原谅什么？

陈怡仙：我，——我一向太，太糊涂……（未能终词，竟然失声哭出——一路拭着眼泪，走出去了。）

陈恩荣（大学生，大声）：你们都看见了么？徐先生去了，徐先生是替代他的朋友执行任务去的，徐先生是为国家民族打仗去的，冒着极大的危险，差不多是必死的危险！他现在的去，是为了漂亮的制服么？为了宽裕的生活费么？或是为了地位，为了享乐，为了受人家的恭维，为了那空虚的光荣么？没有谁肯为了这些去牺牲的！因为徐先生本来可以不去牺牲，这里没有他的职务，他是在这里休假的。徐先生这样，才真是一个英勇的战士，才算得一个中国人！我明天决心要去投考空军了，看谁还能用什么话来阻止我！

陈太太看一眼陈伯援（富商），但陈伯援低头不语。

陈秀英（怡仙妹 担心着）：徐先生这一次会得死么？

庄毅贞（欣然，有把握似的）：不，不，不会的。徐先生一定可以打胜敌人的！

胡梦华（两眼远视）：徐先生不死的！（望着天空，慢慢地背诵着。——台后有音乐伴奏）

也许在这伟大的斗争里,
你被牺牲在敌人的毒焰下,
但你的灵魂,
你的精神,
是不死的!
他们将永远飞绕在天空上!

——幕徐落[8]

在这里,剧作家提炼出一个特定的戏剧事件、一个戏剧行动,让在场的各色人等围绕这一中心事件做出不同的反应,于是就有了不同的戏剧动作,从而显现出不同的人物性格、不同的情感心理、不同的激情和表现,戏剧情趣也就表现在其中了。

三是编剧要善于组织戏剧冲突,并使戏剧冲突的发展逐层推进、起伏有致。既然是在写平凡的人生,就要精心构设和组织戏剧冲突。冲突的构设要有层次感,一层推进一层,一环紧扣一环,直至高潮。要求集中强烈,同时还要有波澜、有起伏。因为戏剧的基本特征是社会性冲突——人与人之间、个人与集体之间、集体与集体之间、个人或集体与社会或自然力量之间的冲突,在冲突中自觉意志被用来实现某些特定的、可理解的目标,它所具有的强度应足以导使冲突到达顶点。

其实,"戏"就是冲突,因而剧本就要求戏剧冲突真实、尖锐、复杂,有现实意义和社会意义,且有典型意义。

洪深对于自己主张的编剧术是身体力行的,在其代表作《五奎桥》中,围绕着拆桥与保桥展开的冲突,首先是李全生和个别长工的小冲突,接着是和地主狗腿子之间的斗争,最后发展到以李全生和桂升为代表的农民和以周乡绅、王法官为代表的封建势力之间的大规模激烈冲突。这就是一个绝好的例证。

洪深在表导演艺术方面的理论贡献更是广为艺术界人士所称赞,其表导演艺术理论应自 1925 年他的《少奶奶的扇子·后序》始。

洪深在该文中说：

白话剧原为描摹人生，故演白话剧，以仿效剧中人之言动情感为第一步。

所谓形随心转，凡头之一昂，目之一瞬，唇之一动，指之一弹，臂之一挥，身之一摇，或举步，或立定，或欲行而止，或高声，或缄默。其余坐有种种之坐，立有种种之立，视有种种之视，笑有种种之笑，挥手有种种之挥手，举步有种种之举步，变化无穷，繁多难述。要之，台上之一举一动，皆所以表示剧中人此际此刻之心理者也。

仿效虽佳，仅得形似而未能神似，故演剧尤重发挥，发挥犹是扮演，不过轻重浓淡得宜，能将剧中人之品性，剧本之命意，完全达出也。

夫佳剧本，乃至理名言化装为故事者。发挥云云，即将此至理名言，借扮演之力，代为说出是也。必如是而后全剧生动，有主义，有精神，有宗旨，如画虎之画骨，画龙之点睛。迨其果能神似，则观众已不视为演剧，并不视为艺术，竟是阅历人生矣。

扮演易而发挥难：扮演有规则，有书可读，有谱可按。发挥无定法，亦有演一戏已臻神妙，演他剧绝无是处者。扮演可从名师请益，所谓大匠能与人规矩，而发挥则须有自己研求修养，断非一朝一夕之功，所谓不能与人巧也。⑨

关于表导演，洪深十分重视理论与实践的结合。

据马彦祥在《戏剧运动的先行官——洪深》中说，1928 年前后，洪深从不空讲表导演理论，总是结合排戏实践讲表导演。洪深先生曾为初学的演员编过一首“宝塔诗”：

听

反应

接得紧

一刻不停

越说越有劲

不演戏要演人

特别是最后一句,“不演戏要演人”。正如洪先生自己常说的:“会演戏的演人物,不会演戏的才拼命做戏。”著名话剧演员金山就说过,他对于这句话是铭刻在心的,终身受益。

1929 年,是洪深表导演理论发展得更为成熟的一年。洪深在他当年的《从中国的新戏说到话剧》《戏剧的方法》《“戏剧的”是什么》等文章中讲到了一系列关于表演的理论和知识。

诸如:

> 表演话剧的方法,也是模仿人生的。
>
> 话剧的动人是深刻的,在观众面前实地表现出来,使观众亲自看,亲自听,直接地受刺激,直接地有感觉。话剧也是最平民的戏剧,民众可以人人了解享受。话剧的形式,甚是简单。
>
> 戏剧在台上模仿人生,只有三种工具:一是人的行动姿态,二是语言声音,三是背景服装,及一切应用的物件。这三种都一样重要;如果三种模仿人生是充分的,戏剧便真了、便活了、便不仅“像”人生,而且使观众觉得竟“是”人生了。
>
> 戏剧的模仿人生,不只是模仿了外表的、浅薄的人事、悲欢、言动、状貌而已,更须表现人的心理。凡是好的戏剧,都是能够很深刻地表现心理的。

1934 年洪深出版了《洪深戏剧论文集》,洪深说这是一本关于戏剧理论、表演、戏剧历史以及电影批评的专著。

他还特别强调:“在这多篇文字中,我只对于论表演术的三篇,比较能够自信。用‘行为心理学’来解释戏剧表演的技术,是我斗胆首创的。”

从心理学角度诠释表演术,在世界戏剧史上洪深也是比较早的。

就拿20世纪30年代末到40年代初在我国流行的源自苏联表演艺术家斯坦尼斯拉夫斯基的表演体系来看,诚如洪深所说:斯坦尼斯拉夫斯基表演体系的要义,如果可用一语去概括的话,应是通过“意识的”技巧,到达“下意识的创造”。他的《演员自我修养》就是关于意识的技巧,指示足够具体,学者决不致有“茫然无从下手”之感;而更重要的“下意识的创造”,则解释稍显抽象与简略——“到达”谈何容易! 读斯氏书的人,在这一点上,时有“殊少把握与保证”的恐惧。

究其原因,洪深也分析说,或者因为斯坦尼斯拉夫斯基表演体系的成熟,约为19世纪末与第一次世界大战之间。其时,巴甫洛夫创始的以“环境刺激所引起的反应”来解释“行为”的心理学,弗洛依德创始的以“压抑久被遗忘的欲望”来说明“下意识”的精神分析,均尚未臻后来的发达与充实,也尚未普遍地为世人所理解与接受,斯坦尼斯拉夫斯基未能得益于此两大现代心理学说,因而《演员自我修养》一书所言,遂有与现代心理科学微见脱节之处;其最后论《下意识的起点》一章未尽惬人意,可能亦缘于此故。

1935年是洪深戏剧电影表导演理论丰收的一年。仅该年,洪深就出版了四部有关电影和戏剧的书,其中涉及表演的就有两部:《电影戏剧表演术》和《电影戏剧表演术图解》。这在他那个年代,无论是在戏剧理论方面,还是在电影理论及技巧方面,特别是在表导演理论与技巧方面,其数量之多,涉及面之广,都是首屈一指的。

欧阳予倩(与其同时代的知名剧作家、戏剧教育家、导演、演员)认为,洪深是把电影戏剧当作学问来研究的,作为一名戏剧导演,具备像他那样丰富学识的,在其朋辈当中确实很少。

在《电影戏剧表演术》中,洪深认为:

> 凡是人生可以有的行为，在戏剧里都可以有；一个当演员的，也就都得会做，而且须能做得有组织，做得有变化，做得不费力。必须是这样了，他的表演，才能“耐看”；才能有效地刺激观众的视觉。
>
> 动作与声音，都是从演员自己的身上发出来的。所以表演的工具就是演员的身体。……做演员的人，必须了解他自己的身体；训练他的发音器官，和他的可以听他指挥的随意肌筋，以求能够使用得不费力、有效果。
>
> 一个演员能够做出剧本中规定他应做的一切，且能每项都做得胜任，而能处处由自己做主，一切经过选择与计划，这就是表演的“术”！
>
> 人的自然动作，为数不多，但因为这是一切动作的根本，所以也就是一切练习的根本。演员在动作方面，所能训练他自己的，就是这些自然的动作；他必须用心地联系，不断地温理，以求他表演时的一切动作，都圆熟与准确。[10]

他还具体说明了身体练习十法，并且诠释了情绪与声音在表演时的变化及其控制，说明了声音的情感化以及声音表情的正确方法。

他特别强调演员在实际表演和创造人物时，一须镇静，二须经济（指不浪费他的气力和喉咙），三须清新（指表演的主动性），四须机灵（注意倾听台上别人的表演）；自己绝对不乱动，不去扰乱观众的视听，但同时能引导观众的反应，这是“没有表演时的表演”，是最高的艺术。

他还说，诚恳，在一个演员是必要的，但是，有了“术”才能使得他的诚恳不妨碍表演，而使他所扮演的人物容易为人所了解与信任。

1943 年 9 月，洪深关于导演的专著出版了，名为《戏剧导演的初步知识》，分为导演与剧本、准备与设计、色光线形音调三篇，书中认为剧作为第一次传达、演出为第二次传达，而演出则涉及编剧者的创作与导演者的创作。他还在书中附有创作过程表：

剧作者的初步创造 第一次形象传达 完成的剧本	社会目的
导演者领导其他舞台工作者继续创造 第二次形象传达	服从的或批判的演出
观众受感动 发生预期的对于某些人事的哲学、见解、态度、主张 以后无形中影响行动	社会效果

洪深认为，在戏剧艺术的创作过程中，导演者的工作，是衔接着剧作者的工作的。导演者的责任，从剧本完成时开始，至实际可以“演给人看”时为止；导演者的义务，是指挥一切工作，以充分实现剧本的要求。因而他提出了“剧本中心论”。换言之，戏剧艺术创作中最重要的是剧作者的哲学、见解、态度和主张。

我以为洪深的这一见解，至今都依然有着不容忽视的现实意义。

洪深还认为，导演的重要责任是建立戏剧的真实性，这包括：表面事物的真实、人格心里的真实、形象感觉的真实。导演的设计，一是决定风格，二是选择工具。因为线、形、色、光、音、调都可以有性格，而戏剧演出的目的，是使观众看戏时产生愉快的生理活动，与理想中美善的社会生活发生联络。这个社会效果与美术效果的谐和，这个剧本内容与舞台形式的谐和，是运用线、色、形等形式元素的最高目的，是导演的最后一步，也是对其最重要的要求。

关于电影的表导演理论，早在1922年，他就提出电影“为传播文明之利器”，“既能使教育普及，提高国民程度，又能表示国风，沟通国际感情”。为协助建立我国的有声电影，他不仅重返美国搜集必要的资料和设备，还编写了我国第一部有声电影《歌女红牡丹》并亲自为其担任导演，他先后导演电影10部，还写了涉及电影表导演的专著4部。

洪深在1934年的《电影界的新生活》一书中指出：“‘规规矩矩的态度，正正当当的行为，清清白白的辨别，切切实实的觉悟'，这是从事任何事业而冀望成功的人所必须具备的条件。"

洪深在《电影术语词典》后记中说："那有志电影的人，往往因为缺少知识，而有'无从下手'之苦。我这册书，希望不仅能贡献若干基本知识，并且指出那电影工作的物质条件，和技术方面的困难"；"电影界里常用的以及比较重要的术语，在这里都有一个十分简单的但绝不含混的说明了"；"我这册书，希望能够成为他们的一种普通的有味的读物"。

早在20世纪三四十年代，洪深就曾在《戏》《文学百题》《文潮》等杂志上发表过一系列文章，诠释电影、话剧和文学的不同之处。

他在《表演电影与表演话剧》一文中指出二者的不同："第一，话剧的演出是一贯的……因此，使演员的情感也是一贯的，是随着剧情的进展而转移，是慢慢产生的，更因此而使他的情感易于与剧情吻合。但，电影则不然，它是片段地拍摄，不能使演员的情感一贯地演出，而且还要演员在很短的时间内，即刻将所需要的情感演出。第二，舞台上的表演，夸大是一致的……但电影的表演，表情夸大不是一致的……是按镜头的远近，而定其夸大的程度大小。"

他还在《电影在现代艺术居怎样的地位？它和文学有怎样的关系？》一文中，就电影和文学的不同语言方式及其特性说过："蒙太奇"是导演的言语，这和活的言语一样，那些断片就是言语里的单词，断片的组合就是文章。从蒙太奇的手法上可以判断导演的个性。做文章的各有他的文体，做导演的，也该各有表示他个性的"蒙太奇"手法。

到20世纪40年代后期，洪深还在《电影与话剧的分工》一文中就二者的分工谈过这样的意见："电影宜于'感性生活'，话剧宜于'理性生活'，通过一定的形式，诉之于观众的理智。电影接触的问题，以普遍性者为主，话剧可以接触较有深度的问题。"

直至1955年逝世前，洪深还到电影剧本创作讲习会上介绍电影艺术编、导、演方面的经验和体会。

他说:“创作不外两件事,在生活中经历磨炼,对事情有了一定的看法,有了一定的哲学观,然后再在生活中体验,于是便有了许多故事、人物、情节——那是真正的创作。……创作故事时千万不要去考虑电影的特殊技术,否则便是以词害意,想到这个那个镜头如何拍,反而妨害了故事的发展。……编电影多半从头开始,话剧则从接近高潮的地方开始。”

正是通过对不同艺术样式特性的比较和对中西文化的借鉴研究,洪深在电影和话剧的表导演理论方面取得了丰硕的成果,并构建出一个理论体系,这在他的同代人中确属罕见。

中国影剧批评理论建设与实践的开路人

在1945年洪深的手稿《哀〈红梅〉》(后收入《洪深文集》第四卷)一文中,他提出了自己的文艺批评方法论:一是作者的企图,他到底想做什么?他的企图可能是善的,可能是不善的;也许是应该的,也许是不应该的。倘如他的企图得到相当成就的话,对于社会以及对于他自己所从事的艺术,会发生何种影响!这其实是社会学的批评。二是作者的成就,假定他的企图是不错的,他到底做成了多少!他的技术可能是纯熟的,可能是疏漏的;也许是胜任愉快的、得心应手的,也许是眼高手低、发而不中的。在实践自己的规定任务的时候,对于读者或观众,是否产生了所预期的效果!这其实是文艺心理学的批评。论评一个作品,单只推崇企图而不计成就,态度未免偏颇,外行(一般观众)绝不领教;而单只指效果,抹杀企图,判断亦是不公的,内行(尤其作者)自难甘服。

当时,洪深就科学地提出了评价文艺作品的动机与效果统一论,且在其几十年的影剧批评理论建设与实践中,都始终遵循着这一指导思想。

洪深的影剧批评理论与实践自1925年始。除了《少奶奶的扇子》的序录与后序之外,他还在《明星特刊》上发表了《课余漫笔》6篇。1926年8月至

12月，他在《明星特刊》第15、16、17、20期上发表了“电影之批评”4篇。1932年，中国电影艺术研究会在上海《晨报》创办《每日电影》副刊，洪深为发起人之一，经常撰稿发表。他在电影评论方面非常活跃，先后发表了13篇影评，对《慈母》《一夜豪华》《小英雄》《弄假成真》等14部影片进行了点评。在1933年的《每日电影》上，他又发表了《〈大饭店〉评》等5篇影评。

洪深是中国电影的开拓者之一，研究中国电影的人，不应忽视他所作出的贡献。

洪深在《1933年的中国电影》一文中，首先从题材和主题的角度说明了“中国电影年”在这方面的进展，即对于帝国主义的强烈反抗，在影片中有了明确的反映，反对封建体制的作品在这一年里也有了很多成就。其次，对于妇女问题的提出也是一个值得注意的现象。同时，他还注意到了新锐导演和演员的出现。

最后他充满希望地预言：“期待将在1933和1934年交替的过程中，热闹地竞演的一群清新的影片。”“我们确信着：中国电影的新的转变是一桩值得祝福和夸示的事情。”

洪深在影剧批评中还一直坚持思想情感和艺术技巧的统一。他在1937年写的《最近的个人的见解》一文中说，有了一种思想情感，就必须使用种种材料和艺术的技巧，把这些思想和情感化成“有形象”的作品，借这个作品里的一切形象来感染它的鉴赏者，使鉴赏者也产生与作者同样的思想和情感，……但是由作者的思想与情感到读者与观众发生同样的思想与情感，这一段路程不是容易走完的——这就要靠技巧了。

洪深还十分注意把影剧作品放在特定的历史环境中加以考察。早在1921年，他对于《华伦夫人之职业》的演出的批评，就是一个典型的案例。该剧是“西洋派”戏剧的一次重要的舞台实践。由于种种原因，演出的失败引来了一片气势汹汹的讨伐声。洪深由于有着这方面的切身体会，独具慧眼地指出这次演出是一次大胆、果敢的行动，具有革新探索的意义。同时指出失败的原因是剧作的内容距离现实太远，且全部照搬西方的演剧方式也是行不通的。这种历史主义的批评观和批评实践，对于影剧批评的实践活动及其理论建设都是有意义的。

1935年，洪深在为商务印书馆出版的译作《电影鉴赏法》所写的序中指出：

看电影也有三个阶段：从看热闹到看懂故事再到欣赏电影的艺术。望读者不轻重倒置而忽略片子的中心思想和整个印象。

1927年12月，洪深观看了辛酉剧社公演的话剧《桃花源》，结合之前观看该社《虎去狼来》的表演，洪深撰写了《大家努力种桃花》的剧评：

我觉得辛酉剧社已经站住脚跟，成功了。

他们主张实验三件事：(一)实行剧本制，不准演员杜撰一句剧辞，(二)实行排演制，演员的动作和读法都由排演主任规定，(三)由油彩化妆。[11]

这应是洪深剧评的一个范例。

其实，在中国现代戏剧史上，从20世纪20年代末起，洪深参加南国社及其后与戏剧家田汉的相知，更是其戏剧批评观念的一个活生生的例证。洪深评价戏剧运动、戏剧作品以及戏剧家，采用的都是顾及观众、顾及时代、顾及全人格的一种全方位的戏剧批评观。当初，南国社上演的《名优之死》等戏，表现了大革命失败后人们的情绪，控诉了战争给人民带来的痛苦，引起了观众的共鸣。对此，洪深排除众议，毅然加入南国社并亲自担任主角参演该社的戏剧。当年，他看了南国社的戏后，赞同这样的评价："人们的心早已如秋风落叶似的萧条了，而南国诸君子却带来了不少的暖气，以温润人们垂死的心苗。"洪深此后宣称，戏剧运动就是为了帮助人类成长。于是，他后来与田汉成了莫逆之交，并赞扬田汉是"跌不怕，打不怕，穷不怕的硬汉"。

当然，由于历史和时代的局限，洪深的有些影剧批评理论和实践活动也还不可避免地有其理论上不完善和批评手法稚嫩等印痕，但这是不必苛求前人的。

注：

①全国政协文史和学习委员会. 回忆洪深[M]. 北京：中国文史出版社，2015：7.

②洪深. 洪深戏剧论文集[M]. 出版地不详：天马书局，1934.

③洪深. 关于戏剧家的使命[J]. 明镜，1935(13).

④洪深. 洪深戏剧论文集[M]. 出版地不详：天马书局，1934.

⑤洪深. 术语的解释[N]民国日报・闲话・戏剧，1929.

⑥⑦洪深. 电影戏剧的编剧方法[M]. 南京：正中书局，1935.

⑧洪深. 洪深文集[M]. 北京：中国戏剧出版社，1957：104—106.

⑨孙青纹. 洪深研究专集・从中国的新戏说到话剧[M]. 杭州：浙江文艺出版社，1986：155—157.

⑩洪深. 洪深文集[M]. 北京：中国戏剧出版社，1957：182—183、192、205.

⑪洪钤. 中国话剧电影先驱：洪深历世编年纪[M]. 北京：中国电影出版社，2013：120.

第一章
少年时代——清华剧星(1894—1916)

学子启蒙

1894年(农历甲午年),洪深出生于江苏武进。

洪深的家乡武进原为吴国季札封地,是吴文化的发源地之一,拥有5000多年的文明史、2700多年的古城建设史和2500多年的文字记载史。武进先后诞生了19位帝王、9名状元和1546名进士。历史上著名的“阳湖文派”“恽南田画派”和“常州词派”就在这里形成,可谓人杰地灵、人文荟萃。

武进城里中河桥东南兴隆里关帝庙弄(即今常州市西狮子巷)的洪家大院一派书香门第气魄。两扇朱漆大门之上悬挂着一副横匾,上书“更生斋”三个斗方鎏金大字,是洪家先祖清代名人洪亮吉所书。

洪亮吉(1746－1809),字君直,一字稚存,号北江,又号更生居士,清江苏武进阳湖(今常州市)人,乾隆五十五年(1790)进士及第,清代中叶著名学者、诗人与骈文家。洪深是洪亮吉嫡传第六世孙。

洪深,号伯骏,字浅哉、潜斋,曾用名庄正平、肖振魁。笔名有乐水、Shen Hung等。父亲洪述祖为这位长子取名“深”,学名“洪达”,可见其期望之殷,取字浅哉、潜斋,除了故表谦逊,还有勉力追求学问功名之意。

洪深的生母是张玉英,洪深有一妹(名不详)为同母所生。此外,洪深大弟洪济、小弟洪演、妹洪汾,皆为同父异母所出。

1900 年(清光绪二十六年,即农历庚子年),洪深 7 岁,开始发蒙,学习《三字经》《百家姓》《千家诗》《千字文》,以及《教儿经》《童蒙须知》等。他每天除了读书背诵外,还有习字课, 读完"四书"后,即读"五经",接着开始学习作文。

洪家请来私塾先生,不但教洪家的子女,也教下人。当时洪家的 6 个仆人,在空闲时都跟着主人家读书写字。

富家子弟洪深作为家中长子,自然成了洪家上上下下、大大小小宠溺的对象,因而从小就养成了率性而为的习惯。在学习上,私塾先生有时也是睁一只眼闭一只眼,所以在家和私塾学习的日子对洪深来说确实是一段快乐的时光。

转眼到了 1906 年(清光绪三十二年,即农历丙午年),就是洪深 13 岁这一年,他随父亲自武进到上海,就读于法国人在上海开办的教会学堂——徐汇公学。

位于徐家汇的徐汇公学是上海开办最早的新式教会学校,由传教士南格禄于 1850 年创办,初名圣依纳爵公学。徐汇公学虽为教会学校,却并不强迫学生入教,但教内、教外学生混杂一处,再加上学校办学严谨、纪律严格,这对从小就养尊处优的富家子弟洪深来说确实难以忍受。

到了 1907 年(清光绪三十三年,即农历丁未年),14 岁的洪深经人介绍又转入洋务派官商常州籍人盛宣怀创办的南洋公学读书,当时学名洪达,不过他只读了一学期即告退学。

南洋公学中人才济济,后来的中国语言学泰斗赵元任就是其中之一,他与盛宣怀、洪深同乡。有趣的是,赵元任有一年在留美学生东部夏令会南洋同学聚会时做了一首诗,当面骂洪深"冒充"南洋学子,洪深辩解说自己确曾在南洋公学读过半年,那时"交通大学"名"南洋大学",还说自己学名"洪达”,而号“伯骏”就是从这“洪达”(大约“洪”字与“南洋”相关——笔者注)两字来的。这大概是由于洪深在南洋公学读书只有短短一学期,赵元任对洪深的印象不大深刻的缘故吧。

当时的南洋公学是仿效西式学制的新派学校。中国新剧的创始人李叔同和新剧活动家朱双云当时曾先后到南洋公学任教。自1899年起,徐汇公学、南洋公学便风行学生演剧。1900年,南洋公学曾演出时事新剧《六君子》《脱难记》《张文祥刺马》《经国美谈》和《义和团》等。在新剧运动的影响下,这两所学校逢年过节都要演剧,有声有色的戏剧舞台紧紧吸引着少年时期的洪深。耳濡目染下,洪深从少年时代就对戏剧产生了浓厚的兴趣。

1907年,南洋公学、徐汇公学学生为水灾募捐,借上海李公祠联合义演古装新戏《冬青引》三天。演出引起了轰动,上海各大媒体纷纷报道。洪深深深地迷上了这些戏剧,为此他常不惜违反校规,翻墙到校外看戏,导致考试多门功课不及格。也许,这就是洪深在南洋公学就读一学期就退学的主要原因。

1911年(清宣统三年,即农历辛亥年)是中国历史上翻天覆地的一年。这一年,清帝退位,2000多年的封建帝制告一段落。家国情仇,洪深的父亲洪述祖也卷入了这一革命的滚滚洪流之中,在1913年的宋教仁被刺案中受到牵连,于1919年4月被处死,这给洪深个人及整个家庭的不幸埋下了伏笔,也在他的心里留下了一块挥之不去的阴影。

也是在1911年,18岁的洪深随父母迁居天津,进入天津铃铛阁府立中学读书。同班同学中有后来在“五四”新文化运动中赫赫有名的北京大学新文学家傅斯年。

在校期间,傅斯年聪明,学习刻苦努力,深得洪深敬佩。洪深年长傅斯年2岁,在生活中处处关心、爱护傅斯年,两人结下了深厚的同学情谊,从此成为一生的朋友。

洪深在天津期间,辛亥革命的浪潮已经在国内汹涌澎湃。1911年10月10日,武昌城内新军第八镇工程第八营的革命士兵率先起义,迅速攻占了清军军械库。接着，各路起义士兵3000人联合起来，分三路猛攻湖广总督府，经过一夜激战，占据武昌全城，次日又攻占汉阳、汉口，宣告中华民国湖北军政府成立。革命首先在武汉取得了胜利。“革命党举义成功”的消息立即传遍了中国大地。到11月下旬，仅一个多月，国内24个省区中已有14个省宣布独立，其他各省区也在进行反清斗争。清政府的封建统治顿时陷入土崩瓦解之中。

据洪深回忆，在这种革命形势下，同学们经常鼓吹革命，阅读新学书籍，思想日渐变化，他们组织学生军护校，并操练演习，时刻准备响应革命。但他们有一个难题不易解决，就是总在商量着剪掉辫子，又不忍下辣手，于是共同决定：彼此互剪；等被剪者入睡，趁他不知道时动手剪。洪深的辫子就是这样半夜里被人剪掉的，他还风趣地说，傅斯年的辫子是否自己剪的，已经记不清楚了。他们还操练守夜，主张共和。洪深还记得自己当年以“是我”署名，在天津《大公报》社论栏里发表过用文言文写的同情辛亥革命的两篇文章，后来该报又发表了一篇同样署名的文字，完全反对他的主张，是由洪家发出的，由洪家一位姓刘的仆人所写，写得相当拙劣，字眼不通。这位仆人还辩解说，人人平等，为什么他不能写，为什么他不能署名“是我”。洪深感到这个人甚是奇妙。但这至少说明革命意识已经深入到底层人民的头脑中了。

这一时期在天津学校学习、生活的经历，对于洪深人生观的形成，对于他的戏剧知识的积淀和兴趣养成都有很大帮助。20多年后，他甚至把这一段生活写进了自己的回忆录《戏剧的人生——一九一一年冬》[①]：

> 到了辛亥的冬间，我们的学校，在“人心惶惶不可终日”的形势下，终究是停了课。……我呢，怕是回到家去，父亲要命我每天做功课，看书写字，整天不得闲，比学校中正式上课还为苦。我于是乎躲住在校中，不回家。……这种荒唐的生活，竟是莫名其妙地过了五六十天。
>
> 但是，这个时期是于我最有益处的。我本是一个大少爷出身，真是“不知民间疾苦”。到这时候，我才有一机会，和那劳苦“下层”

的人民接触，真切地认识他们，深深地同情他们，不但造就了我初期作品中“人道主义”的倾向，并且建立了我后来转向科学的社会主义的基础。

同时，我的对于旧剧的教育，也是这时候得的最多。传统的平剧(即京剧——笔者注)之外，那时更有汪优侬的感时伤世的变体……戏剧的内容与意义的重要，我已经是潜意识地领悟与承认了。

以此看来，洪深戏剧人生的起点要早于清华校园时期，应是早在天津铃铛阁府立中学时期，就随着辛亥革命浪潮的兴起而开始了。而他倾向辛亥革命的热情，又的确和他父亲当年热心时局的行为对他的潜在影响是分不开的，尽管他对于父亲当年热心时局的行为的内在原因还处于懵懂之中。

在几十年之后的上述同一篇回忆文章中，洪深曾深情回忆过辛亥革命期间父亲给他留下的印象：

父亲当年曾和他谈过《文昭关》这出戏，问他伍子胥鞭平王尸这件事是不是对的。他回答说，平王无论如何不好，他是君，子胥是臣，是不应该的。父亲却对他说，平王对子胥一家这样残酷，他对楚国人民必然也是暴虐的，子胥所为就是现在所谓的革命。他当时认为父亲的话是偏激之论，必是有因而发。他已猜出父亲是同情武昌起义的，于是也开始对革命热心起来。一次，他剪了辫子回家，母亲很惊异，父亲见了却一声不响。

洪深18岁以前的少年求学时期，正处于清朝晚期和辛亥革命时期，他在此期间所接受的教育为其人生观的形成和文化知识底蕴的积淀打下了良好的基础。他出身书香世家，较早地接受了家庭私塾和新式学堂的教育，先后接受了文言文、家学文化和新文化的熏陶，并且在辛亥风潮的陶冶下，身处天津、北京等革命漩涡席卷的大都市。这一切令洪深在革新意识、文化知识和人生信念等各个方面都得益匪浅，这些知识、理念和经验的积淀对于他以后人生道路的选择和一生事业的发展都有着很大的影响，这已为他一生的业绩及其后来的一系列回忆文章所证实。

清华剧星

1912年秋,19岁的洪深考入清华学堂高等科,编入1916(丙辰)级,和1911年进入清华校园的吴宓为同班同学。

同为1894年甲午年生人的洪深和吴宓同龄,吴宓生日早称为兄,洪深生日晚称为弟。相同的爱好,使同学之间结下的情谊一直延续到了异国他乡,直至结下终生的友谊。

在中国近现代文学史、文化史、学术史、思想史上,吴宓与陈寅恪是两座傲然挺立的连峰。吴宓最赏识的弟子钱钟书这样评价他的这位恩师:吴宓从来就是一位喜欢不惜笔墨、吐尽肝胆的自传体作家。他不断地鞭挞自己,当众洗脏衣服,对读者推心置腹,展示那颗血淋淋的心。然而,观众未必领他的情,大都报以讥笑。所以,他实际上又是一位"玩火"的人。像他这种人,是伟人,也是傻瓜。吴宓先生很勇敢,却勇敢得不合时宜。他向所谓的"新文化运动"宣战,多么具有唐·吉诃德跃马横剑冲向风车的味道呀! 而命运对他实在太不公了。最终,他只是矛盾的自我,一位"精神错位"的悲剧英雄。在他的内心世界中,矛盾的两个自我仿佛黑夜中的敌手,冲撞着、撕扯着。

没有比这更到位的评价了。

也就是在这一年,洪深一别江南故乡,之后未曾再回家乡常州定居生活。这不能不说是一件人生憾事。

清华学堂,即如今的清华大学前身,因坐落于北京西北郊的清华园而得名。学校的来历据说是这样的:美国传教士亚瑟·史密斯1906年向美国总统西奥多·罗斯福建议美国把2000万的庚子赔款退还中国,用于中国有益的事业,特别是供给中国的学生到美国留学。得到总统支持后,议案遂顺利在国会通过。又据说赔款的退还原因是当年我国驻美公使梁诚在美国国务院档案和国会图书馆资料中发现,当年美国肆意夸大义和团活动导致的美国财产损失数目,致使庚子赔款数目被扩大了许多,于是拿证据找美国国务卿据理力争,美国不得不答应退回多余的庚子款项数额,资助中国派留学生赴美深造。于是在北京创办了清华学校——一所留美预备学校。

后来,游美学务处在北京设立,同时开始筹建附设肄业馆,总办周自齐,并招考第一批庚款直接留美生,录取梅贻琦等人。1910 年,游美肄业馆招考第二批庚款直接留美生,录取竺可桢、赵元任等人。1911 年,游美肄业馆更名为清华学堂,并首次开学。

就在洪深入学前,他奉父母之命,与长自己 3 岁的陶氏成婚。那一辈人的婚姻和我们现代人有很大的不同,他和陶氏之间未尝没有相当的好感和情爱,但陶氏出自官宦人家,过惯了千金小姐的生活,又为她母亲所钟爱,耳濡目染,所以沾染了许多官场习气。而洪深只是一个青年学生,离开官场远了,身份地位落差就大了,这不免让陶氏从内心感到失望和鄙夷,虽说她很少形于词色,但洪深作为世家少爷,敏感和自尊自不必说。这就为他们后来的婚姻破裂埋下了伏笔。

对于洪深而言,清华校园的学生时代是充满了欢乐记忆的。19 岁的洪深已经入过私塾、进过上海徐汇公学、南洋公学,且受武昌革命的影响,带头剪了辫子,俨然一副新派学生的派头。在校四年期间,洪深好“粉墨登场”,曾多次参加“新戏”的演出,由此奠定了他此后终身从事戏剧事业的基础。

洪深后来回忆道:“记得我从前在清华读书的时候,凡是学校里演戏,除了是特别团体或某年级的级会不容外人参加的以外,差不多每次都有我的份;我又很是高兴编剧。”

这年暑假,洪深来到青岛,住在父亲洪述祖购置的房产——崂山北九水的观川别墅里。洪深在北京读书的四年期间,每年暑假或到青岛父亲别墅度假,或到北京香山休假。

“一战”爆发后,日军对德宣战,驻青岛的德军投降,青岛被日军占领,洪述祖一家被赶出观川台,日军把这栋豪宅变成了军用的饭店。洪深曾经回忆:"日本人的拿去,是毫无道理拿去的,是利用武力拿去的。有一年,据说因为料理店的营业并不起色的缘故,日本人曾经要我父亲赎回,只需我父亲贴他六千元的损失,我父亲不愿花钱去买那本来属于自己的东西。"

据洪深小女儿洪钤回忆说,直到 40 年(1953 年)后,洪深夫妇一次偕她游北京香山碧云寺,洪深还向她忆述过当年在清华学堂读书期间暑假借住碧云寺的情形,特别提到洪述祖当年不仅不因他假期不回家而不高兴,反倒因他能自乐学生的勤俭生活、不摆大少爷脾性而甚感欣慰,还说洪述祖当年还带了果品去碧云寺看他。讲到这件事,当时洪深竟动情地对女儿洪钤说:"你看他是很为我得意的。"罕见地流露出对父亲的感情与思念。

当年,洪述祖因与赵秉钧同乡,且有姻亲之谊,因而结识了中华民国第一任国务总理唐绍仪。当南北争持时,清帝的退位诏书,洪对人言说系自己手拟(后经徐世昌辈改过),唐因此推荐其为内务总长赵秉钧的内务部秘书长,后民国官制发表,各部均无秘书长名目,故该年洪述祖仅被授内务部秘书一职。这也为洪父以后为宋教仁案所牵连种下了祸根。

在清华学习时期,洪深喜欢接触社会下层,他经常和学校四周的贫民交朋友,尤其是那些在校门口做小买卖的、拉洋车的、赶大车的、跟驴子的人等。洪深爱和他们聊天、拉家常、说闲话,于是他也就在社会的大家庭里慢慢成熟了许多,也更深入地了解了贫民阶层的许多民生苦况,了解了那些贫民平素不肯轻易说而其他一般同学也不屑于过问的许多民间下层凄惨状况。这正好为他几年后在清华园创作的早期表现下层民间疾苦的剧本积累了第一手的生活素材。

最令洪深终生难忘的,就是清华校园里的戏剧活动。他先后编演过《没字碑》《五陵侠》《古华镜》,而更令他激动不已的是在室外演出英国名剧《侠盗罗宾汉》。以上戏剧,从剧本看,大都属于幕表戏性质。洪深生就一副好口才,在清华校园还参加过国语讲演比赛并获得了第二名的成绩。洪深的讲演才能为他后来参加戏剧活动及民主运动奠定了一定的基础。

他平生所写的第一个正式的带台词的剧本是《卖梨人》。这是"一个有对话的剧本”。洪深自认为,“剧本虽然幼稚,那讽刺的力量,倒是有的”。剧本经排演,在1915年度的校际比赛中夺冠,同学们皆大欢喜。洪深曾说过:“在清华四年,校中所演的戏,十有八九出于我手。”可见洪深当年的确是清华校园戏剧活动的中坚力量了。洪深戏剧道路初期的第一部剧作,反映了他初步的反封建的民主主义思想。

《卖梨人》的故事是:一卖水果的小贩被豪绅家的恶仆白吃了梨,还挨了打;少爷也白吃梨,更押他去衙门受罚;官老爷也白吃梨,竟将他押入监牢。剧作深刻地揭露了黑暗社会的不平等,矛头直指豪绅污吏,富有社会讽刺的力量。

如前所述,洪深虽出身官宦世家,但由于接受了新思想,在清华学习期间,他经常与学校附近的贫民交朋友。由于他为人和气,不摆架子,贫苦人也愿意和他交谈,因此他了解了下层贫民生活的很多凄惨情景。这段真实的生活经历,正好构成了他早年创作的较为成熟的文学剧本《贫民惨剧》的丰富生活素材。

比如,有一次,洪深问一位拉驴挣钱的小孩,为什么年纪这么小不去上学读书,那孩子闪烁着聪明的目光,满脸愁容地说:“先生们读书是为了做官,我们穷人家要读书,一家人就得饿死。”

这件事深深地刺激了洪深敏感的心灵。事后,洪深的脑际总是闪现着那双天真而愁苦的眼睛。一个怪圈使他百思不得其解,穷人没钱学文化,于是世代穷下去,有钱人则永远骑在穷人头上作威作福。这就是等级社会不公的现实。

于是学校的一些教职员准备联手办一所贫民小学——成府贫民小学。为了筹集资金,他们打算演剧募捐,编写剧本的任务自然就落在了洪深身上。

这就是后来洪深创作《贫民惨剧》这个五幕话剧的原委和初衷。

1913年(民国二年,即农历癸丑年),洪深继续在清华上学,但就是在这一年,他突遭家庭变故。洪深的父亲洪述祖不慎卷入宋教仁遇刺案,致使整个家庭陷入外界的漫骂和蔑视之中。即使洪深后来到了美国求学，赵元任等同学对他也颇有微词，这必然和他父亲牵涉进宋教仁遇刺案，成为所谓罪魁之一不无关系。

家庭变故，使得洪深一下子断了经济来源，他从一个衣食无忧的富家子弟沦为每天必须为自己衣食奔波的平民百姓，洪深开始为报纸杂志撰稿以赚取微薄的稿费养活自己。他在极度的苦闷和彷徨中，更珍惜贫苦人的那份质朴和单纯，他的心与穷苦人更靠近了。

世态炎凉，使洪深年轻的心灵陡地蒙上了一层阴影。在清华校园读书期间，繁忙的功课和戏剧活动也许能使洪深心头的重压减轻少许，与贫民朋友间的淳朴友谊也许能给他带来些许安慰。

为了生计，该年 12 月 25 日，20 岁的洪深在《小说月报》第 4 卷第 9 期发表了小说《幸而免》，署名洪深/铁樵（此处铁樵指恽铁樵，《小说月报》编辑，亦洪深同乡，系常州籍人——笔者注）。这也是洪深生平第一次在公开刊物上发表文学作品。

1914 年 1 月 1 日，洪深利用自己写作得来的稿费亲自操办了这一年的元旦会餐，用以招待自己的同窗好友。吴宓和同学们非常满意，吴宓在当年的日记中写道："十时（指元旦该日——笔者注），偕同班诸君十余人大宴于食堂，食馔甚丰，洪深君所经理者也。"

1 月，洪深与其在 1912 年一同进校的同学闻一多等人共同组织发起了全校性学术团体"国学研究会"，他们在兴办新式教育的时代背景下，研究和反思国学的利弊，后又参加达德学会，洪深还任《清华周刊》副经理。

这段时间，洪深除了经常参加学生社团活动外，还积极撰写相关文章，如《青岛闻见录》，而仅在《清华学报》杂志《学术・益智》栏第二卷 1 至 4 号上，他就发表了《养花新法》《木制显微镜》等 9 篇文章；更为重要的是，他积极参加了清华校园的各种学生演剧活动。

洪深创作的中国第一个有对白的话剧剧本《卖梨人》，就是以他假期在青岛崂山生活期间的经历为基础写成的。

早在辛亥革命两周年之际，洪深的清华同学闻一多就写了剧本《革命军》，以纪念辛亥革命，还亲自出演革命者。那时清华的演剧活动一直比较火热，洪深也经常参与其中。

比如他1月参加国学研究会，并和闻一多一起演出《没字碑》，2月参加达德学会，演出《五陵侠》，3月参加演出《古华镜》，特别是6月在清华校园内之户外演出《侠盗罗宾汉》，更是震动校园。通过此事，洪深在组织演出方面初露才华，这为他以后从事戏剧和电影事业埋下了伏笔。

当时的《清华周刊》曾这样报道说："闻该剧(《侠盗罗宾汉》——笔者注)本是英国古代游侠扶弱救贫之事迹而作，演唱时宜藉山林溪泽之景以生情，景逼真之妙，故该剧已定本校大钟西南之隙地为剧场，户外演剧本校破题第一次也。"

那是1914年4月的一个春夜，在清华学校西南边的草地上，洪深扮演侠盗罗宾汉，腰佩长剑，外披一玄色披风，脚蹬马靴，出场后一个鹞子翻身，落到小路中间，然后抬头，甩鞭，转身，一个漂亮的"亮相"动作，令四周草地上的观众们立刻用热烈的掌声表示欣赏。

在清华就学期间，洪深是各类社团活动的活跃分子，在共同参与各类社团活动的过程中，洪深和许多同学结下了深厚的友谊。至于说同班同学吴宓和洪深交往的进一步加深，则是由于洪深一次题为《敬惜字纸》的演讲活动引发的。

吴宓在该年3月3日的日记中写道："夕，洪深君约往工字厅。盖洪君将从事与中文竞争演说，特先期练习，约余为观察纠正。其演题为《敬惜字纸》也。"

3天后，洪深又邀请吴宓观察纠正其演说，吴宓3月6日在日记中又记道："午后，复为洪君深见招。练习中文演说。"

20多天后，4月2日，洪深再次邀请吴宓观看其演说，后来洪深的中文演说得了第二名，请对此事有帮助的同学吃饭，可不知什么原因独独忘记了吴宓，吴宓对此颇有怨言。不过这只是两人交往中的小芥蒂而已，无妨大碍。

相反，他们后来成为来往密切的挚友。茶余饭后，他们经常海阔天空地乱侃，洪深向吴宓等人“历述数年来政变之秘相，及种种黑幕中之运动，愈出愈奇，再演再幻”，吴宓则“殊觉津津有味”。

洪深的同学闻一多也是该校学生演讲活动的积极分子，他经常到校园后面荷花池子周围的小山上去，那里有个亭子十分幽静，在那里练习和准备演讲比赛。他知识丰富，演讲又极富感染力，还经常做学生辩论会的主辩人，经常获得优胜，自然免不了经常和擅长演讲的洪深同学交流切磋。

该年，鉴于清华学校附近村民衣食不足、无力入学、不为启牖、终成愚氓，学校校长周诒春就和师生一起多方募捐，在附近办起了一所贫民学校，还亲任总董；又在校内开设校役夜课补习学校、星期六学校、星期日学校，推行公平教育，以启蒙国民。他们以促进社会之改良为宗旨，实行德智体全面发展之教育方针，提出无论在国内求学或是将来赴英美留学，必以爱国主义为其根本要求。这就为洪深在该校从事文学和戏剧活动以及接触和了解贫民的生活疾苦，乃至后来立志终生把自己的智慧与心血奉献给国家及社会，创造了绝佳的成长环境和条件。

1915 年 1 月，洪深和国学研究社的同学一起利用假日招邻近贫苦儿童来校学习文化知识。国学研究社创立之初就是以研究和教授国学为宗旨的社会组织，他和同学们的这种宣传推介国学的尝试，得到了社会各界的好评，成效显著。

洪深家学源远流长，再加上他自己努力笔耕不辍，成果颇丰。这年 6 月，他出任《清华周刊》编辑，开始他的组稿、撰稿工作。这一阶段是洪深创作之初的丰盛期。其间，他致力于把西方剧本介绍到国内，他撰写的《欧美名剧》(署名乐水)一文，刊于该年 6 月 25 日《小说月报》第 6 卷第 6 号，这是我国对于《娜拉》等世界名剧最早的介绍文章之一。

除此之外，该年 9 月他又撰写了《青岛闻见录》，这是洪深自 1913 年以来几次到青岛的见闻录，详细地记录了第一次世界大战期间德国租界在青岛沦为日本租界前的社会、经济、生活等各方面的动态与变迁，这段真实的社会调查为洪深此后创作电影剧本《劫后桃花》提供了坚实的生活基础。

这个学年，洪深的文学才能开始展现。6 月，他被聘担任《清华周刊》编辑，不仅给校内刊物写文章，还给社会刊物投稿，文学活动成绩斐然。仅在《清华周刊》上，洪深就发表了文章 10 篇，涉及的内容极为广泛，历史、社会、人生，多是有感而发，兴趣多样、思想活跃，令人读来获益匪浅。

《清华周报》(后为《清华周刊》)为清华大学第二任校长、著名教育家周诒春先生于 1914 年 3 月创办的校刊，开始几期叫《清华周报》，初创时只是校内"记录和评论校园生活"的一张小报，在四开大小的几页纸上，分成"校闻""文苑""警钟"等几个栏目。其"发刊词"谈到它的编印趣旨是："1. 求同学之自励，促教育之进步，以光大我校固有之荣誉，培养完全国民之性格；2. 汇集全校之新闻，编列新鲜之历史，使师生之感情日益亲切，上下之关系日益密切。"因为它一创刊便受到全校上下的支持和爱戴，所以从形式到内容都发展得很快，到 1915 年秋便变成每期都有一二十页，包含"言论""校闻""译丛""铎声(评论)""文苑(诗词、小说等)""杂篡(小品文、谜语笑话等)"等多种栏目的小册子了。

该周报第 20 期上发表了梁启超的《论君子》一文，这是周诒春校长邀请梁启超于该年 11 月为该校作的《论君子》的演讲稿，其中对英美教育重视人格教育的做法给予了高度评价，说中国古代之所谓"君子"，即英国所谓"绅士"之谓也，以人格教育为上即国民教育之宗旨。当时的清华学校教育家和文化名人的新文化思想对于洪深的思想启迪不少。

现在坐下来浏览当年的《清华周刊》，我们会发现它的许多方面还闪烁着熠熠的光辉，还显露着它的生命活力。如果可以把《清华周刊》比做一座矿藏，那么它供人开发的至少有下列几个方面：

第一，通过它，我们可以全面了解那个时代丰富多彩的清华校园生活，并透过它们发掘对学生进行"德智体"全面素质教育的某些途径。

第二，通过了解当年的校园生活，特别是通过《清华周刊》上刊登的校、系各级领导人以及一些精英学子的谈话和文章，我们可以进一步了解老清华的教育方针和教育思想的某些"真髓"。

第三,通过各层次有血有肉的名人雅士,我们可以了解当年清华人共同的品格、风范和思想情趣。

第四,《清华周刊》上有一大批后来成为名人的历代学子的文章,如洪深、吴宓、闻一多等还开了专栏,他们当时的年龄大都在16—20岁之间,读一读他们的"少作",领略一下他们的文思和文采,可能会引发我们时下年轻人(包括一些成年人)的深深思考。

第五,清华建校初期是一所"留美预备学校",学生在校期间便开始通过外籍教师和相关课程接触和了解到一些西方(主要是美国)文化,特别是毕业后,较长期地生活在国外(主要也是美国),他们常常把在异国他乡的所见、所闻、所感写成文字寄回母校或寄给校内的同窗好友。校刊编辑们总是把它们索来,放在校刊上发表,总其名曰"留美通讯"。这些通讯对留外学子的域外生活和思想感受都有很真实的描述和抒发。读一读它们,把它们和现在的留学风气和观点做一比较,也会发现很多值得深思的东西。

受当时清华学校新的人文精神的影响,洪深在《清华周报》上发表了10篇文章,表达他的许多富于时代气息的新的人生观念和社会观念。例如:

在《清华周刊》第48期的《课余漫笔》一文中,洪深感叹因哭庙案被杀的文学评论家金圣叹的遇难。其史实是才子金圣叹当时与众文人为民请命,在吴县(已于1995年撤销——作者注)文庙借哭刚传至吴县的清顺治帝哀诏,哭请当时在文庙设堂的江苏巡抚朱国治惩治地方贪官,告吴县县令任维初监守自盗、贪赃枉法、私粜漕粮千石、酷刑逼税、杖毙村民。朱巡抚即将该县令削职,而该县令则逢人便说他是因为朱巡抚向其索要银子,故有此为。朱巡抚怕牵连到自己,蓄意改判哭庙的金圣叹等众文人有反清复明的思想,后经上报竟判金圣叹等文人死罪,并流放其妻与子等家人至边地。恐怕这也是洪深联系民国当时现实乃至自己家世,有感而发吧。

在《清华周刊》第51期的《勉少年》一文中,洪深说,有悟于"少壮不努力,老大徒伤悲",因而勉"读书少年诚能鉴于农父之勤、寒士之苦,师法古人、毋敢放肆,庶几日进于德乎”。

在《清华周刊》第53期的《课余漫笔》一文中,洪深又以为“保初节易保晚节难,古今人出处始终如一者能有几人”。

在《清华周刊》第58期的《课余漫笔》一文中,洪深深感“目前之事尚不能了,何暇计及万千百年之后,自己之事尚不能了,何暇计及將来”。

总之这一阶段,洪深的著述甚丰,据录主要有:

《青岛闻见录》,刊于1914年1月25日、2月25日《小说月报》第6卷第1、2号,署名乐水。

《赋得空心大老官》(得官字),署名乐水,刊于1915年3月《小说海》第1卷第3号。

《榛梗杂话》共四篇,署名余生、乐水,刊于1915年《小说海》第1卷第1、2期、第6卷。

《美国大学毕业生仪式述略》,署名深,刊于1915年6月26日《清华周刊》第1次临时增刊。

《兽语》(短篇小说),署名深,刊于1915年9月22日《清华周刊》第47期。

《课余漫笔》共7篇,署名深,刊于1915年9—12月《清华周刊》第48、49、52、53、56、58、60期。

《林业要义》(译文),署名深,刊于1915年10月13日《清华周刊》第50期,这是洪深发表的第一篇译作。

《勉少年》,署名深,刊于1915年10月20日《清华周刊》第51期。

1916年1月,清华学校周诒春校长(又名周寄梅),继续联合该校师生共同筹建成府贫民职业小学,洪深受人道主义思想的影响,于该年编写了他的第一个多幕话剧文学剧本《贫民惨剧》。

17年后,洪深还就此事回忆说:

夫以数千年文明礼教之中国，而平民困苦，至于斯极，可悲者一。无告之民，自知无告，遂抱得过且过之心，绝无向上进取之志，听其自生，听其吃苦，听其流离，听其消灭，一切尽归自天命，可悲者二。其智足以致远，才足以有为者，亦因中国人民过众，幅员太广，叹事难为而不易见功，遂亦不为，可悲者三。②

《贫民惨剧》一剧登场人物21个，分5幕。分别为第一幕，街市（庙门）；第二幕，求告；第三幕，妻子；第四幕，引（街市）、烧香；第五幕，引（街市）、庙门。主要人物有王一声与刘姑丈贫富两家人。③

该剧本是中国现代文学史上第一部较完整的话剧文学剧本。剧中对于弱势群体的同情，对于强权者与富人的憎恶，对于公平正义的呼唤都体现了他的人道主义思想倾向，但他把贫穷的原因单纯归之为穷人自身的不争气和自怨自艾，又有失偏颇。

这次演剧，洪深自任干事部、编剧部、演剧部职务（洪深先后在两剧中担任主要演员），他后来在戏剧方面的全面才能由此显露一斑，他的同校同学如闻一多、汤用彤等人亦参与其中。此剧较之他前一年所写的《卖梨人》一剧，不仅成熟了许多，也更像一个大戏剧本，如加比较，《卖梨人》充其量不过是一个有对话、情节简单的剧本的较为详细的幕表大纲而已。前后不过一年，洪深的剧作编创技能进步之神速，令人惊叹，他在这一年间的用功程度可想而知。这亦可被看作洪深后来留美期间改学戏剧的前奏。

这一年的1月，五幕话剧《贫民惨剧》在北京东城青年会新建会堂公演。大约与此同时，欧阳予倩在上海、南通等地从事京剧改良，编演“红楼戏”，与梅兰芳一起获得“南欧北梅”之称。而清华洪深等人的戏剧活动这时也进入了把剧本纳入戏剧综合艺术范畴的阶段，应该说这是对戏剧走向成熟的一个贡献。

《贫民惨剧》的演出获得了极大的成功。洪深不仅创作剧本，还成为演出干事部、编辑部、演剧部的主要负责人。在舞台上，他饰演刘姑丈，把刘姑丈一副只惜自家钱财、不管他人死活的神情演得活灵活现。而饰演女主人公王一声妻子的朱君也十分投入，演得令人伤心至极。不少观剧人都被感动得落泪，演出所得募捐甚丰。洪深在兴奋中更加确信，戏剧的确是感化人类的有力工具。

关于这两剧演出之成功，当时有报刊报道说："写贫民状况。形容画致，又及家亡人散之惨，观者甚众，感为动容，若亲历其境然，拍掌赞赏不已。"很多当时的要人也出席观看了演出，有的"当场慨捐经费 100 元。"④

这次演出使洪深认识到戏剧表演的成功关键。首先是演员能够透彻地理解剧本，而不是一味追求外表形式的华美，同时他也更明确地认识到，戏剧是感化人的工具。这些认识对洪深此后的戏剧创作态度有很大的影响。

四年校园生活，使洪深毕业时对水木清华多有依恋。7 月，洪深以高才生的资格被保送赴美留学，他选择了实业救国的路，希望将来把自己的学业用于祖国实业的发展。

一个崭新的世界正在向青年洪深招手。

注：

①洪深. 戏剧的人生[J]. 社会月报，1934-09，1(4).

②洪深. 贫民残局之前言[M]//洪深戏曲集. 上海：现代书局，1933. 转引自洪钤. 中国话剧电影先驱：洪深历世编年纪[M]. 北京：中国电影出版社，2013：48.

③洪深. 洪深文集[M]. 北京：中国戏剧出版社，1959：1—58.

④黄延复. 洪深学生时代的戏剧活动[J]. 人民戏剧，1981(8).

第二章
到国外专攻戏剧的第一人(1916—1922)

赴美留学

1916 年 6 月,洪深完成了清华学校的四年学业,获取保送留美资格,选定投考俄亥俄州立大学(简称“俄大”),自选学习理工科化学工程中的烧瓷专业。

俄亥俄州立大学化学工程系是 1870 年该校建校之初便建立的三个主要科系之一。洪深学习的陶瓷制造专业,是当时比较热门的专业,属于工业革命兴起的工程应用,涉及非常广泛,其时,俄亥俄州府哥伦布市就有专门生产电力工业用的电磁瓶工厂。

9 月初,洪深跨上渡轮,从上海出发,一路颠簸漂流横渡大洋,最后抵达美国哥伦布市。10 月 9 日,洪深成为俄亥俄州立大学化学工程系的注册学生。

由于在旅程上消耗了一段时间,洪深上岸抵达俄大时,学校已经开学三个星期了。因此,赶补功课便成了洪深的当务之急。所幸的是,本学年学校允许他八门课程免修,原因是他在清华学校已经学习过这些初等物理课、机械制图技术课、几何学等科目，俄大完全予以承认，允许不必重修。洪深便利用这些空出的时间选读了许多文科的功课，如文字学、经济学、戏剧、小说之类。

只身在异国他乡学习，洪深总会想起清华学校校长周诒春先生对他们的殷切叮嘱：在美国学校里，你们将被视为中国学生中的最优秀者，一举一动都会影响中国人的地位和荣誉。因此，到了美国，他在生活中严格要求自己，处处用心，处处检点，以免给人留下话柄；而在学业方面，他也不敢有丝毫放松，总想着要通过自己的努力有所成就。他的努力当然有所回报，由于各方面都比较突出，他获得了师友的尊重和赞扬。

当时，哥伦布市共有三个图书馆，学校一个，市立一个，省议会里一个。作为俄大注册学生的洪深自然有从中借阅图书的权利，于是他把里面所有关于戏剧的书籍都借来读了。在当时的俄大，人们总会看到这样的场景：无论洪深在哪里，他怀中总是夹着书本，甚至在坐电车、看电影的时候，只要一有机会，他便会将书本打开翻阅一下。所以，洪深是学校里有名的“书虫”。

1917年，是洪深在俄亥俄州立大学工程系学习陶瓷制造的第二年，这一年，他从闹市区搬到了一个租金相对便宜的偏僻地区，在那里一直住到1918年。

洪深在俄亥俄州立大学除了努力学习必修课程外，还选修了工程制图、世纪诗歌、古英语等数门课程，并积极参加校内的各种学生社团活动。课余时间，他的生活也丰富多彩，他是俄大社团活动的积极分子，先后加入了俄大化学协会和世界学生会。

洪深仍然时刻牢记着留美前清华学校周诒春校长的期望：每一个留美生都是中国的优秀分子，你们要努力为国争光。课余时间，他如饥似渴地阅读他所能借到的各种书籍。他的戏剧知识，是和他的专业制瓷知识同生共长的。

这年5月，洪深从美国寄回国内他的学习心得《鳞爪录》一篇，共分六题：《新闻记者须知》《编剧者须知》《画图者须知》《留美须知补》《美国人对华之言论》《论某杂碎食店主人之谈话》。由其中《编剧者须知》我们即可管窥洪深当时在戏剧方面的知识修养，文曰："凡盗贼欺骗杀人等事，不可入之戏剧；爱情戏剧，须高尚清洁，不可令妇人见之蹙额，男子见之狂笑；新鲜为第一要义，虽从未经人道过，不妨自我作古；勿取新闻为题目；不知之事，不如勿写；戏中人物须自然，喜怒哀乐、言语举动，应如常人；文字须典雅，语气须连贯；饰恶人以髭须，饰英雄为美少年，此套已太俗；勿忘观剧者极富幻想；勿忘观剧者极富情感……"以上"编剧须知"几条虽系洪深未入戏剧专业之前的业余学习心得，但已经初步抓住了编剧的基本要义，如题材须高洁、新鲜，要写熟悉的事，人物动作、语言力求生活化，文字要典雅，有连贯的语气，不落俗套，心中要有观众，关注接受者的想法等。这为他以后改学戏剧、进入戏剧专业领域打下了一定的知识基础。

这一年正值第一次世界大战时期，美国与中国皆作为协约国参战，洪深也于该年 8 月收到美国地方政府签署的兵役体检通知书，从而在美国接受了军事训练。他后来回忆这段生活时说：

> 什么"民族自决"，什么"废除秘密外交"，什么"为了永久消灭战争而战争"，什么"必使民主主义在世界上安全！"我辈青年人，热怀着多少希望，发生过多少幻想！我虽不曾正式地充当兵役，但很起劲地受了军事训练；也穿过士兵的衣服，当过工程队员，在戴登地方，帮着测量过军用飞机场。①

1917 年可谓洪深生命中悲喜交加的一年，这一年，他父亲因宋教仁一案而被判处绞刑，家庭变故让他陡然感受到了人情冷暖、世态炎凉。也是在这一年，他初尝为人父的滋味。

1917 年初夏的一天，洪深正在俄亥俄州立大学附近的学生公寓里埋头读书，忽听到门铃响。洪深打开门，发现是邮差，给他送来一封家书。他怀着惴惴不安的心情拆开一看，不由得兴奋地跳了起来："我做父亲了！我做父亲了！"来信是远在大洋彼岸的余氏给洪深寄来的喜讯，她在信中告诉洪深,她已经为洪家添了一个男孩。这多少为这个处在多事之秋的家庭平添了几分喜庆。洪深想到自己身在美国,不能照顾妻儿,心中不禁愧疚不已,而妻子在信中也隐隐透露出对丈夫洪深不在身边的埋怨。

这个在非常时期降临人间的小生命,对洪深而言,是祸是福,实在不得而知。洪深斟酌良久,自言自语说:"给儿子起名洪镇,希望这小生命能镇住洪门的灾难,给家门带来新的希望。"想好了,他立即拿起笔给妻子写回信,在信中他首先自责了一番,然后对妻子好言相劝……

1917年也是"五四"新文化运动的发端之年,这一年《新青年》发表了胡适的《文学改良刍议》和陈独秀的《文学革命论》,中国现代文学由此诞生。同年,常州籍女作家陈衡哲的白话速写《一日》在《留美学生季报》上发表,成为现代白话小说的先声。

在国际上,1917年也是一个风云变幻的多事之年,该年11月7日,俄国十月革命成功。这一事件对于当时的中国社会和广大知识分子的思想冲击确实不小,一直沉睡着的中国犹如一头雄狮正在苏醒。

1918年是洪深远渡重洋到美国求学的第三个年头,他继续在俄亥俄州立大学工程系学习陶瓷制造专业。这年他再次搬家,租住在166 W. Lane Avenue。

除必修课程外,洪深还选修了研究生科目213/现代戏剧技巧。在这门课程的学习中,洪深在导师刘易思·A.库柏(Louis A. Cooper)教授的指导下,开始他的第一部英文习作:三幕英文剧 *The Wedded Husband*(《为之有室》)。

除了完成繁重的学习任务,洪深还积极参加学校的各种社团活动,他除了继续持有俄亥俄州立大学化学协会、世界学生会的会员资格外(此时该校世界学生会,除美国本土学生外,还有中国、朝鲜、菲律宾、匈牙利等国际学生),还加入了俄亥俄州立大学基督教青年会、陶瓷协会和中国留学生会。

随着社团活动的增多,洪深渐渐成为学校的知名人物,俄大的学生报纸 *Ohio State Lantern* 上时常出现与他相关的报道和消息:2月12日、5月2日分别报道了洪深作为代表参加世界学生会选举和基督教青年会换届选举的消息;4月26日报道了世界学生会在学校教堂举行招待会的消息,洪深表演节目:“戏剧对白”;10月10日报道了洪深主管中国留美学生组织英式足球队的事情;12月12日报道了世界学生会举行年度第一次公开大会的消息,来自世界各大学25个国籍的学生代表200多人参加,洪深为该会准备的50个问题十分独特;12月16日报道了洪深被选举为分会代表,参加12月下旬在芝加哥举行的全国代表大会的消息。

这年春天,洪深根据中国小说《一缕麻》的故事所编成的三幕英文剧 *The Wedded Husband*(《为之有室》)在俄亥俄州立大学世界学生会举办的“民族夜”之“中华夜”晚会上隆重演出,剧中男角由中国留学生饰演,女角由美国学生饰演。演出获得了巨大成功,“当地各报对该剧大加赞扬”,剧本之后也被刊登在1921年美国《诗知识》春季号上,在该刊物同一期上还刊登了洪深创作的反映欧战火线后情形的独幕剧 *The Return*(《回去》)。

洪深在课余时间喜欢看戏,但他不想给家庭增加过多的经济负担,所以十分俭省,总是买最便宜的票,只能常坐在黑人观众较多的三楼看戏,却由此获益匪浅。

一次他看《变动的海岸线》,买了最便宜的三楼座票。上了楼,一眼看去尽是黑人观众,他却心安理得地坐下,并迅速被戏中的情节所吸引。周围不时有低声赞叹和评语,观众的情绪随着戏剧情节的发展而起伏着。他吃惊地发现,三楼的观众真懂戏!他开始从戏剧情节和观众三言两语的评析中吮吸舞台戏剧的营养了。

关于这些经历,他自己也曾在回忆中说:“年轻时我在美国读书,喜欢看戏,钱又不多,每年要化一二十元美金,是个很大的负担。头一年总买楼下的票,第二年我到二楼,第三年只好看三楼。人们都说,这是‘黑人的天堂’。而事实上三楼确实都是最懂戏的观众。一起看戏时,偶尔一两句批评戏的话,都很切中其弊,使我得益匪浅,绝非从教科书中所能得到的。一位有名的女演员,有一次她演《变动的海岸线》的女主角……这位演员表演上虽然好,但使人还感到有点不舒服,三楼一位观众研究,说她的毛病是:‘所有的戏都用一样气力演,结果无高潮。’这句话说到点子上了……”洪深被彻底折服。

1918年,中国国内的新文化运动正如火如荼地展开。4月,胡适发表《建设的文学革命论》一文。10月,胡适发表《文学进化观念与戏剧改良》一文。11月11日,第一次世界大战以同盟国的失败而告终。尽管中国也是战胜国之一,但由于政府软弱无能,非但没从中得到什么好处,反而失去了更多的权益,国内民怨极大。

一股新的思想文化潮流正在中国大地酝酿发酵。

弃工从艺:到国外专攻戏剧的第一人

1919年,洪深在学习工程技术课程的同时,又选修了现代戏剧技巧、19世纪诗歌、短篇小说等五门课程。26岁的洪深同时徜徉在世界艺术和文学的汪洋中吮吸营养,如醉如痴。该年5月,洪深作为俄亥俄州立大学基督教青年会代表队成员,参加了哥伦布市的救世军竞赛活动。

第一次世界大战结束后的巴黎和会,其实是一次叫中国人不能不愤怒的分赃会议。中国本是战胜国,却被议决要把青岛和胶济铁路等划给日本。出于愤慨,洪深又用英文写了一部三幕剧 *Rainbow*(《虹》),并由美国各地的中国学生会演出。

关于剧名“虹”的取意,指见虹则风雨已过,不久即可天青日白。而对于该剧各幕的要点,洪深亦有明确说明:

> (第一幕)此幕最要之点有三:(一)中国因美国宣战而宣战。(二)支持宣战之人。亦有自图利益之政客。亦有喜险用诈之外交家。惟究居少数。其大多数纯从世界和平上着想如刘绅为例,心迹清白可告天下。(三)刘绅牺牲自己之地位及前程,牺牲爱子,牺

牲友谊。所为何事？曰："民治主义战胜中国或可不亡于日本耳。"

(第二幕)此幕最要之点有二：(一)协约战胜，中国亦非无功，牺牲之最大者：(甲)七十万华工赴法。(乙)民国七年春夏国人战死西欧者不少。(二)战胜后，全国喜贺，深信世界大同，即在目前。为下幕国人大大失望张本。

(第三幕)此幕最要之点有二：(一)因山东事，国人甚为愤激。但有两派心理最为危险：甲派悲观，主张破坏。乙派反动，以为同一亡国，不如亡在日本之手。此两派亦非不爱国者，但所取手续无益有害。最好成绩国人能动性择正当之行动，如不用日货一事。吾国商人之坚决，及无量之牺牲，为欧美之人民所极力赞扬者也。(二)中国应自谋，不宜依赖友邦。今日虽大大失望，尚非无望。"有英雄无所谓悲剧"(To the hero there is no tragedy)，注意注意。②

后来，洪深曾这样回忆道：我写了一部英文三幕剧 *Rainbow*(《虹》)，这是我的抗议。这出戏里所述的事实，没有一件无根据，没有一件无来历；明显地是对美国人的一种宣传、一种抨击。③

洪深只有拼命读书，才能忘记人生之烦恼。几年来他几乎读遍了美国哥伦布市三个图书馆的全部文学和戏剧书籍。可他无法忘记那耻辱的种族歧视的目光，不时飞入耳中的"黄面鬼"的耻笑声更使他心中愤愤不平，在他眼前的桌面上，字迹渐渐模糊了，脑际却不由浮出杜牧的诗句："清明时节雨纷纷，路上行人欲断魂。"身在异国他乡，洪深这才尝到了"断魂"的滋味。"怎么搞的，今天总是神不守舍"，洪深喃喃着，他的思绪又飞回到留美以来的岁月之中。

这时，一阵门铃声惊醒了神志恍惚的洪深，他起身开门，发现原来是卢君，一位清华时期的老友。卢君对他说："洪老兄，你真不该学烧瓷工程，将来终究不过一个二三流的工程师，如果改行学戏剧，前途未可限量，清华时期你可就是校园戏剧的活动家了。”还说:“现在鲁迅和郭沫若都在日本弃医从文,改行文艺了,国内的新文化运动正方兴未艾呢!”

……

送走卢君后,洪深翻来覆去难以安睡,他想起前几天报上刊登的哈佛大学贝克博士招收戏剧硕士生的消息,心动了。

实业救国,简直是梦呓! 更何况身处乱世。父亲的遭际,愚弱的国民,实业从何搞起?! 而欲救治国民灵魂,当首推文艺,应走鲁迅的路,改学文艺。

洪深眼前又浮现出许多戏剧史书上的大师,莫里哀、莎士比亚、易卜生……对,不如做个易卜生,用社会问题剧来改良国民的人生。家庭的变故、友人的劝告、个人的兴趣,促使他下定决心,他决心走戏剧救国的道路。第二天,他就发出了报考信……

对于洪深一生而言,这是一个不同寻常的抉择,他后来成了贝克教授唯一的中国籍戏剧硕士生。在学成归国的轮船上,他又向朋友重申了愿做个中国易卜生的人生志向,此后,他果真走上了以戏剧为人生的艺术之路。

总之,1919 年是洪深在美国的学习生活、戏剧演出趋于稳定、成熟,社会影响越来越大的时期,又是他弃工从戏的人生转折期。而这一巨变,实则是和他的家庭变故紧密相连的。

洪深的那次家庭变故,给他的打击实在太大了,从那个时候起他就决定,这辈子决不做官,也决不跟那些上层社会的人打交道。他要揭露他们,鞭挞他们,这样他就只有学戏剧这一条路了,而这条路他在国内学校读书时候就有了一定的基础。

该年 9 月初,洪深亲任主角,在世界学生会年会上演出自己写的英文剧 *Rainbow*(《虹》),后来俄亥俄州立大学注册中心应要求把洪深的成绩单寄往哈佛大学,让他得以改学戏剧。洪深被录取为 1919—1920 年度哈佛大学文理学院特别学生。9 月下旬,洪深开始了哈佛大学的学习生活,这是洪深走上戏剧生涯的真正开端。

洪深在1919—1920学年学习了五门科目，其中的三门是戏剧专业课：English 47、English 39和English 14，均由贝克教授（George Baker）授课。同期师从贝克教授三门课程的学生少则14人，多则38人，有研究生、大学生，也有像洪深这样的特别学生。美国剧作家菲利普·巴里（Philip Barry，代表作《费城故事》），便是与洪深一起师从贝克教授的同班同学。

贝克教授的学生在戏剧界里有成就的不知有多少，美国著名戏剧家尤金·奥尼尔（Eugene O'neil）就是其中之一。每年想来哈佛读English 47的，平均在300人左右，但他只收取11人，最多14人。贝克教授考录学生的方法是叫他们每人创作一部多幕剧，创作一部独幕剧，由他亲自审阅，在300人当中只取11人。所以在哈佛，有资格读English 47即算是一种荣誉。洪深那年投寄的一部作品便是《为之有室》，另一部是《回去》。最后总算被录取了，他真是喜欢得不得了。

对于洪深在美国中止工科转学戏剧，当时，他在国内的家人和亲友均持反对和怀疑的态度。不知有多少亲友劝他不要做戏剧，至少不要把它当作事业和职业去做。他们说，把它当作职业，就成了“优伶”，将终生被人看不起，这实在是因为他们不理解洪深弃工从戏的初衷。

由于后来贝克教授离开了哈佛大学，洪深也就成了贝克教授English 47唯一的中国学生了。

洪深在哈佛大学读书的同时，还到坎雷博士主办的波士顿表演学校进修，专习训练发音的三门必要功课：发音练习、表演练习与跳舞。可以说，他后来能成为戏剧全才，即由此奠基。

该年10月10日，美国中国留学生会在艾奥瓦州立学院（Iowa State College）的农业大厅内演出了洪深撰写的三幕英文剧*Rainbow*（《虹》），观看该剧的观众超过800人。

11月，洪深担任中国留美学生月报栏目编辑，12月，他在该报上发表了《爱情讨论》一文，引发不少社会各界人士撰写关于爱情的亲身体验的小文章，他还编辑采录了一组幽默对话在该报刊登。

对于洪深来说,又一段新的生活开始了。

洪深终于在哈佛找到了一个能充分展示自己艺术、戏剧天赋的舞台。

1920 年 4 月 30 日晚 8 时,洪深用英文写的独幕剧《罗密欧与朱丽叶》,由中国留学生协会在哈佛大学校的“Living Room of Union”内演出。在这出戏中,洪深也亲自担纲出演。该剧以诙谐的基调描写了当时(20 世纪初期)某些中国留学生的爱情观念和现实表现。

这年年底,中国留美学生会在第十六季年会晚会上又演出了洪深编剧并导演的英文独幕剧《牛郎织女》。该剧剧名取中国古代神话传说“牛郎与织女”对爱情的执着之意。讲中国古代某部落的一位王子(剧中名“牛郎”),因与身份悬殊的一位部落女奴(剧中名“织女”)相爱而遭到其兄长大王子反对,最终真爱战胜阻挡,“牛郎”与“织女”相爱成功的故事。剧中还出现了一个被作者拟人化了的牛郎的忠实朋友“老牛”。

该年,由于贝克教授因事去欧洲,洪深便到波士顿的一个小剧场和该剧场的附设戏剧学校学习。他不但学习戏剧的一切,还学习经营及管理等知识。这也为他后来回国从事各项戏剧事业打下了全方位的基础。

洪深后来回忆说:“波士顿还有一个职业的小剧场,名为 Copley Theater,那里也附设一个‘戏剧学校’(School of Theater)。恰巧那半年贝克教授因事赴欧洲,我便改入这里来学习,不但戏剧的一切,并且那戏院营业和管理的一切。”④

这年夏天,洪深结束了在波士顿的学习,前往纽约,希望进入美国职业戏剧界实习。他开始和张彭春一起向美国各艺术团体演讲,介绍中国传统戏剧,洪深主要谈皮黄,而张彭春则从元曲讲起,涉及整个中国戏曲史。

家庭变故让洪深一下子断了所有经济来源,为了谋生,他开始勤工俭学,在中国南洋兄弟烟草公司驻纽约分公司谋了个职位。同年,该公司在纽约注册,改名为南洋兄弟贸易公司,洪深升任总书记兼总会计。他无奈地说:“我本来是写戏剧的,现在却忙于写商业文件和签发每个月数十万元的支票了。”

为了糊口,洪深笔耕不辍。这一年的六、七月份,洪深在美国发表了英文戏剧论文《当代中国的剧场》和英文短篇小说《憎恨死亡的男孩》。

英文戏剧论文《当代中国的剧场》介绍中国演出传统戏剧京戏的剧场。全文分五节，首节谈中国其时戏剧的三种主要形式：流行于上海、北京大城市，以灯光、机关布景取胜的"摩登"戏；在北京郊区行宫（颐和园）内表演的宫廷戏；遍及国内、拥有最广泛观众的传统戏剧京剧。同时他还从演员、剧场构建、剧团组成和剧场观众四个方面，对传统京剧剧场演出，包括演出时台上与台下的风貌，进行了全方位的说明介绍。

英文短篇小说《憎恨死亡的男孩》的内容是：1911 年秋，在武昌读书的一个男孩子受革命宣传的鼓动，听命进入总督府窃取了总督给军机大臣的备忘录。在门外的革命党人拿到文件后离开了，男孩子却被捕并被关进牢房；男孩子在辛亥革命成功前夕被清廷处决。在处决前，这个对革命几乎毫无所知的孩子，在极度恐惧和迷茫中表现出对死亡强烈的憎恨。这篇小说在结构上，是通过到监狱去见儿子最后一面的母亲和男孩子的对话来完成的。这是洪深唯一一篇关于辛亥革命的作品，也是洪深唯一一篇用文学形式诠释"政治革命"的作品。可以说，这篇小说中小男孩的不幸遭遇多少有他父亲洪述祖的影子。

独在异国他乡，洪深的感情生活并不是一片空白。尽管洪深内敛自律，但机缘巧合，一位美国姑娘还是闯进了他的情感生活。

1920 年的初夏对洪深而言是紧张而甜蜜的。哈佛大学的学业快要结束了，将赴纽约前的汇报演出盛况空前。

波士顿剧院灯火辉煌，文艺名流接踵而至。

大幕徐徐拉开，演出开始了，扮演法国厨师的洪深，不刻意追求外在的滑稽，他那一口纯正的语言，含蓄而又妙趣横生的演技，一下子便抓住了观众的注意力。

演出结束后，当洪深站在台前谢幕时，他的翩翩风度更赢得了不少人的热烈回应，年轻姑娘们向他抛着飞吻，他落落大方地向台下挥手致意。

这时，国内新文化运动的信息已开始向他招手。

归途立志:我愿做易卜生

1921年年初纽约的一次留美学生集会,洪深坐在那里吃茶,忽然发现一个人向他走来,于是忙起身去迎接。经相互介绍,洪深得知这人正是近年又一位由华赴美学习戏剧的张彭春教授。他俩一见如故,大有相见恨晚的感觉,谈得十分投机。

他们谈到近来国内华北水灾,几十万人流离失所,哥伦比亚大学的留学生们想排一出戏,借演出募捐,希望合作写一出戏义演赈灾之事。两人当下便决定以《木兰辞》为题材,用英文写作,合作编写,用中国戏曲的程式动作,去掉唱腔,改成英文对白,编一出不同于以往的戏。

就这样,十一幕英文剧《木兰从军》的编剧工作就由洪深和张彭春教授两人合作完成了。洪深做导演并出演男主角,女主角花木兰则由在哥伦比亚大学学习音乐、文学的李以华女士扮演。

演出盛况空前,洪深受到哥伦比亚大学师生们和社会各界的热烈追捧。该剧让美国观众了解到还有这样一个迷人的东方故事,还有这样一位女扮男装、替父从军的巾帼豪杰花木兰。

洪深他们在美国连续组织演出了八场《木兰从军》,获得募款一万余元美金,全部直接汇交给了中国救济华北水灾的机构。

《木兰从军》共十一幕,该剧以中国故事“花木兰替父从军”为主要内容,用英语演出,以适应美国观众欣赏的需要。但整个剧本演出仍遵守着中国旧戏的规律——开着花脸,穿着行头,敲着锣鼓,走着台步;中国旧戏的程式如挥袖、捽须、摇鞭等,都依照它们正当的、应当使用的方法去使用。

《木兰从军》的成功演出,让西方人领略到了中国文化的博大精深。诚如洪深后来所说,该剧使得后来梅兰芳式的非英文中国旧戏的表演在美国有了被人欢迎的基础。

1921年3月6日，上海《申报》增刊第76期刊发大标题为《纽约华人演剧助赈》的文章，报道了《木兰从军》在美国募捐演出的盛况。而在这一报道中，也有几处小错误，一是把女角的姓名写成李华，把编剧只说成是张彭春一人，又提到一个所谓的主角“沈洪”，他其实应是编剧之一兼导演洪深（洪深后来在一文中解释说，大约由于在美国自己的英文名为“Shen Hung”，故而被不通英文的记者直译为沈洪了）。

在美国求学的几年，洪深著述颇丰，他除创作了《为之有室》和《回去》外，还先后创作了三幕英文剧《虹》、独幕英文剧《牛郎织女》和多幕剧《木兰从军》（与张彭春合作）。创作剧本《虹》时正值国内“五四”运动之际，剧作直接抗议和抨击了巴黎和会的罪恶行径，表现了洪深对帝国主义强权的极大愤慨。剧本被不少中国留学生多次搬上舞台，与国内轰轰烈烈的反帝反封建的“五四”运动遥相呼应。

这段时间，洪深时刻关注着国内戏剧界的状况，只要一看到国内的《戏剧》杂志刊登自己感兴趣的信息，就立即去信发表自己的观点。1921年9月，洪深收到国内上海民众戏剧社及其《戏剧》杂志创始人之一汪仲贤先生对自己从美国给上海《戏剧》杂志去信的回函。两个人因此相识，后来还成了好朋友。

汪仲贤（汪优游）是早期中国话剧活动家、演员、剧作家，江西婺源人，早年曾演新剧。1921年参与组织民众戏剧社，倡导“爱美的戏剧”（话剧的早期名称），后参加戏剧协社。有剧本《好儿子》及论著《我的俳优生活》《优游室剧谈》等。

民众戏剧社是于1921年春成立于上海的早期话剧组织，发起者为汪仲贤，主要成员有沈雁冰、欧阳予倩、郑振铎、陈大悲、徐半梅、熊佛西、张聿光、沈冰血等13人。剧社“以非营业的性质，提倡艺术的新剧为宗旨”，同年5月，民众戏剧社还创办了中国较早的戏剧刊物《戏剧》，先后共出6期，集中阐述该社的戏剧主张。

洪深和汪仲贤先生也是相见恨晚，他们在信件来往中交流的关于振兴中国新剧的戏剧主张竟如出一辙。洪深对于该社在《戏剧》杂志中明确提出的"我们的责任有两重：一重是改造戏剧，一重是改造社会"这一主张十分认同。

在汪仲贤给洪深的回信中，他指出国内自新文化盛行以来，谈戏剧的人虽然很多，可大半是纸上谈兵，想跳上舞台去实践的人很少，而肯把戏剧当作专门学问去研究的更是没有，他称赞洪深为中国留学生中远涉重洋，到国外去专攻戏剧的破天荒的第一人。

1921 年冬，洪深接到上海友人电报，邀他回去创办电影公司。与此同时，国内的上海戏剧协社也成立了，其前身为中华职业学校附属学生剧团和少年化装宣讲团。

上海戏剧协社以实践民众戏剧社主张的"非营业的性质、提倡艺术的新剧"为宗旨，创作现实主义的现代话剧，成员来自学校、报社、银行等各行各业，早期主要负责人为应云卫、谷剑尘，成员有陈宪谟、孟君谋、钱剑秋、王毓清、王毓静等。后来，汪仲贤、欧阳予倩等也相继加入。

面对祖国热情的召唤，洪深那颗海外游子的心动了。他想美国的生活虽然快乐，但事业总还是应该回到中国去做的，于是决定第二年正二月回国。

在归国的轮船上不知过了多久，洪深还沉浸在难以名状的激动之中，看着那一望无际的海浪，他的心底升腾起一声声呼唤，那是祖国母亲对海外游子的呼唤，真可谓悲喜交加。一位姓蔡的老先生走过来，问洪深回国以后是要做个红戏子，还是要当个莎士比亚，洪深毫不犹豫地说如果可能的话自己愿做个中国的易卜生。蔡老先生沉吟了一下说，你要知道戏剧优伶在中国社会中的地位是卑下的，洪深点点头，说从他决定弃工从戏的那一刻起就早已有了心理准备。

此刻，洪深望着眼前的大海，世界在一瞬间显得格外辽阔起来。洪深的心底似乎又回响起这样的声音：祖国母亲呵，您的海外游子回来了！是的，祖国母亲更需要他，那里有他的家和他愿意毕生去追求的戏剧事业。顷刻间，他仿佛已厌倦了那孤身漂流的异域生涯……

洪深回国后第二年即加入了上海戏剧协社这个早期话剧组织，由此踏上了他在国内的戏剧之旅。

注：

①洪深．五奎桥·戏剧的人生[M]．出版地不详：现代书局，1934．转引自孙青纹．洪深研究专集·从中国的新戏说到话剧[M]．杭州：浙江文艺出版社，1986：17—18．

②③洪深．五奎桥·戏剧的人生[M]．出版地不详：现代书局，1934．转引自孙青纹．洪深研究专集·从中国的新戏说到话剧[M]．杭州：浙江文艺出版社，1986：18．

④洪深．五奎桥·戏剧的人生[M]．出版地不详：现代书局，1934．转引自孙青纹．洪深研究专集·从中国的新戏说到话剧[M]．杭州：浙江文艺出版社，1986：20．

第三章
话剧演出体制的初创(1922—1930)

初尝创作甘苦:《赵阎王》

1922年春,洪深告别学习和生活了六年的异国土地和朋友,带着发展民族戏剧、唤醒民众的赤子之心,从美国回到祖国,回到了阔别十年的上海。

回到上海,洪深受聘为南洋兄弟烟草公司淞沪管理处英文秘书,那是他在美国当总书记与总会计的那家公司在上海的一个办事机构。他同时还兼职受聘于中国影片制造股份有限公司,因为他的理想毕竟是在戏剧和电影事业方面。然而,十里洋场使洪深大失所望,1922年的中国上海在民怨中呻吟……

该年7月9日,洪深为中国影片制造股份有限公司拟写的征集影戏剧本的广告在上海《申报》刊出,广告宣称:"本公司以普及教育表示国风为宗旨",并提出剧本取舍的标准:"诲淫的不录;诲盗的不录;专演人类劣性的不录;曝国风之短的不录;演外国故事的不录;表情迂腐的不录;不近人情的不录;专演神怪的不录……"

洪深实在没有想到,这一则广告上的取舍条件也会招来非议,竟有人骂他是“发神经病”。他后来在《我的打鼓期已经过了吗?》一文中说:“这些条件,在当时很有人觉得是奇怪的;竟有人写信给我,骂我又发神经病。”诚如他自己所说,这是由于他当时(20 世纪 20 年代初)的理念太过超前所致。假如到了 30 年代,就不会有这种怪象了。

这一年,洪深的婚姻也出现了新的情况,他与陶氏的婚姻早在赴美前就已经结束。赴美离家前,洪深又与余永贞建立了新的家庭。余永贞也是一位官家千金,身体不好,性喜打牌,不过洪深很理解她:“她毕竟是旧时代的人。”

而当年的洪深在经历了第一次婚变,再度被推上新郎位置后,多少有了一种人生如戏的感觉。自己婚后即赴美,疏于顾家,故回国后对娇美柔弱的新夫人多少有一种负疚感。因此他并未责怪过余永贞身心沉沦和打牌的习惯。他有时凭窗长叹:“令人愤恨的是昏暗的社会,而不是人。”妻子对子女的抚养和宠爱,又使洪深不能不心存感激。

洪深曾试图劝妻子不要打牌,希望她能振作起来,找到新的生活乐趣。然而余永贞听后只是淡淡一笑,无奈地说:“我除了打牌,还能干些什么呢?”是呵,余永贞她们和西方的女子如美国的艾妲们是生活在两种不同的社会文化背景中的,也难怪她呵!洪深想到这儿,就不忍再剥夺妻子这并不为过的些许乐趣了。

对于洪深在外忙着操干的事业,余永贞了解不多,也不去多问,她只是默默地相夫育子,照料家务,也许这正是贤妻良母的天职。

女儿洪铜出生后,余永贞哺育小女儿昼夜辛苦,但仍不忘打麻将,健康状况竟一日不如一日。有一次洪深回到家中,看到余永贞咳嗽不止,身体十分孱弱,心中颇感难受。看看家中的两位小千金,洪铃还不满 10 岁,洪铜才一两岁,顿感自己太不关心家庭了。

于是,洪深和颜悦色地对余永贞说,请一位常州家乡的妇女来这里帮她做做家务,她听后点点头说,由先生做主吧。

不久,上海洪深的家里就多了一位能干的家乡姑娘,她就是常青真。她不仅包揽了洪家几乎所有家务活，还给这个寂寞的家庭增添了不少生气。

洪深与余永贞一起生活了10年，有了两个可爱的女儿洪铃和洪铜。洪铃特别招父亲疼爱，两只眼睛水灵灵的，给父亲洪深的生活增添了不少欢乐。

回国后的洪深本想在戏剧事业上大干一场，但南洋兄弟烟草公司上海分公司的任职和上海中国影片制造股份有限公司的差事却难以满足他的愿望。

1922年4月，第一次直奉军阀战争爆发。为了搜集一点戏剧创作的生活素材，洪深特地到北方旅行。在火车上，他听到不少从战场下来的士兵的谈话，还亲眼看到这样一幕惨景：在直奉战争长辛店阵线取胜的直系军队，因为贫穷，为掠夺奉系士兵俘虏身上的几块饷钱，竟把这些俘虏草草活埋。那些死去的士兵的身影仿佛梦魇般不时闪现在洪深脑海中，令他在情感上产生了极大的波动，好几天也无法平息下来。洪深慢慢对身处社会底层的大众产生了怜悯和同情之心，以至于对那些有时也会作恶的士兵亦不无悲悯之心。但作为一个从事戏剧的文化人，他所能做的也只有写戏。他目睹兵匪成患、难民如蚁，社会如此不堪。经过苦思冥想，悟出那些作恶的士兵的责任也并不在于他们自己，而在那个罪恶的社会，那些作恶者个人的内心或许也会自责和忏悔。

一天，洪深认真翻看在桌上放的那本刚从美国带回的英文剧本《琼斯皇》，这是1914年跟随贝克教授学习戏剧的奥尼尔的表现主义杰作。剧中琼斯在土著部落追击的鼙鼓声中，东奔西突、狼狈逃窜，过去被他打死的那些人的影子，还有许多逝去的可怕情景都浮现在他眼前。琼斯惊恐万分，发疯般一下射完自己枪中的子弹，然后颓然倒在他初入森林的那块土地上。命运轮回观念在西方也很普遍。琼斯皇的形象激发了洪深此刻的创作灵感。

他联想到不久前在北去列车上听说和眼见的直奉战争中士兵的惨况，被活埋而死去的奉系士兵痛苦绝望的眼神和面容，这里面不就有着琼斯的影子吗？多少天来，洪深一直反复思考着、想象着……索性全写男性角色，借鉴表现主义的技巧，按照中国传统的文化心理去塑造一个士兵的内心世界，揭示一个“做好人心太坏，做坏人心太好，好人坏人都做不到家”的士兵的灵魂，也要用树林、鼓声、枪声等表现主义的幻境去表现人物的内心。这时，洪深的心中似乎浮现出了赵大——一个被战争扭曲了灵魂的逃兵的原型，一时间他头脑里充满了创作的冲动和灵感……

在随后几个月的时间里，洪深一直沉浸在话剧剧本创作的热情和构思中，借鉴《琼斯皇》的某些剧作手法，他完成了赴美学成回国后的第一部剧本，也是他的成名作——没有女角的九场话剧《赵阎王》。该剧刊登在1923年1月的《东方杂志》上，他借这个剧喊出了“社会对于个人的罪恶应负责任”这一句话。

《赵阎王》塑造了一个被黑暗社会吞噬了良心的士兵典型——赵大。赵大这个逃兵原是朴实的农民，在兵匪横行的世道里不得安宁，于是当上了兵，染了一身坏习气。由于一时良心发现开枪打伤了贪赃的营长，逃入阴森的树林中，因果报应之类的潜意识占据了他紧张的灵魂。剧中运用了幻觉、鼓声、黑森林等戏剧手法及意象，与《琼斯皇》简直有异曲同工之妙。

这是他第一次在国内剧坛展示自己在国外学习的成果，因此他暗暗告诫自己，只准成功，不可失败。

1923年2月初的上海，笑舞台门前贴出了大海报：“新编九场戏剧《赵阎王》于2月6日首演于上海笑舞台，由美国留学归来之洪君亲自编导并登台献演，并请本台著名演员李天然、李悲世、秦哈哈等合演，本剧主旨系鼓吹裁兵，剧情词语均与恒常之爱国剧不同，欢迎前来观看。”

1923年2月6日，洪深创作的话剧《赵阎王》在上海笑舞台公演，洪深出演主角；舞台上灯火辉煌，舞台下红男绿女摩登入场、济济一堂。

但新奇的表现手法赢来的却是不理解的责难，“神经病”“毫无趣味”，有人简直不能容忍地抗议道；更有人公开在报上讥讽“剧作者神经不大正常”。洪深大为震惊，陷入难以自拔的痛苦与反思之中。

幕闭后，洪深在后台无言地默坐在梳妆镜前，眼泪在往心里流淌。在那之后的一连几个晚上，洪深都失眠了。他面对一封来自观众骂自己是“神经病”的信件，实在百思不得其解。

关于《赵阎王》这个剧本，作者旨在说明“社会对于个人的罪恶应负责任”(洪深语)。这就是说，世上没有所谓天生的好人或恶人，好人恶人都是环境造成的；也没有所谓的完全好人或完全恶人，人的行为是相当复杂的；他可能在某些事情上表现得很好，而在某些事情上表现得很恶，甚至在同样事情上某些时候表现得很好而某些时候表现得很恶。社会的人，是整个社会关系的总和。社会环境的复杂性和多变性，决定了人性的复杂性。应该说《赵阎王》这个剧本虽然演出失败了，但在表现人性的复杂和开掘人性的深度上还是富有哲理、颇有贡献的，这和他在美国留学时期所形成的开阔的戏剧文化视野是分不开的。

诚如洪深自己所说，《赵阎王》这一剧本和当年他在清华校园时期创作的《贫民惨剧》那个剧本一样，都是他阅历人生、观察人生，受了人生的刺激，从人生里滚出来的，绝不是趋时的作品。

九幕话剧《赵阎王》具体描写了士兵赵大在军阀混战的恶劣环境下由好变坏直至杀人犯罪的经过。赵大由一个心地善良的农民变成一个丧失良心的“阎王”，最后他偷了营长克扣的军饷逃入森林被击毙。剧中，洪深以他对人生、对社会的深入观察，深刻尖锐地揭示了罪恶社会是逼人为恶的社会根源。在艺术技巧上，洪深借鉴了奥尼尔的著名剧作《琼斯皇》的表现主义与象征的手法，细腻地表现了赵大作恶后内心极其矛盾直至崩溃的复杂心理过程。如剧中赵大在偷了被营长克扣的军饷逃入大森林后，回顾自己的恶行，良心受到沉重的自我谴责，陷入极度的矛盾和痛苦之中。于是，随着赵大对往事的回顾，舞台上不断变换着时间和地点，在赵大的眼前不断出现幻觉中的形象，有冤屈的鬼魂，有兵痞，有昏官，他们在一阵紧似一阵的鼓声中纷纷逼向赵大，最后，赵大在扑朔迷离的精神崩溃中，被追兵击毙。很明显，从剧中幻觉和鼓声的运用中，人们可以看到表现主义作品，特别是美国奥尼尔的《琼斯皇》给予洪深的巨大影响。全剧戏剧气氛浓烈，戏剧节奏强烈，人物形象十分感人，是中国话剧文学中出现的第一部表现主义剧作，也是中国话剧舞台上出现的第一部表现主义剧作，这也充分表现了洪深在借鉴和引进外国戏剧上的超前意识。

洪深之所以写出一部完全不用女角的剧本，一是因为他对于男扮女装演戏十分厌恶；二是由于在题材决定以后，他决定借鉴奥尼尔创作的《琼斯皇》不用女角的方式来创作，因此就写成了一个完全没有女角的剧本。

有人在诠释"五四"时期的戏剧时这样评价这一剧本：洪深的话剧《赵阎王》也是他在火车上了解到军阀混战，大批俘虏伤兵被活埋，他们身上的腰包被彻底搜刮，因而联想到自己接触到的一些士兵的遭遇，不禁心潮澎湃，"要对社会说句话"，才拿起笔来的。他吸收了西洋戏剧的表现方法，如《赵阎王》中大森林里出现的幻影。但这一剧本的出现遭遇了不少意见纷纭的评说，比如袁昌英先生就曾说过洪深的《赵阎王》抄袭了另一剧本《琼斯皇》，还说洪深是模仿奥尼尔的，但有时又说赵阎王是洪先生创造的。这正如当年马彦祥批驳文章中所说的那样，"袁先生连自己都不能自圆其说"，并指出"总之，我们应当把内容与技巧分开来看，《赵阎王》的技巧确是模仿奥尼尔的，它的内容，则谁也不能不承认是洪先生创作的"①。

香港亦有不同的声音："这个剧本（指《赵阎王》——笔者注）虽然未能写出战争的本质，但手法很新鲜，而且新鲜到当时的观众很难接受。这便是阳春白雪、曲高和寡的缘故。不过，也有人赞扬，认为'兵士于战争时奸淫杀掠的情形，人民遭劫的苦况，洪深先生都能曲曲折折地、细腻地体现出来，更兼著那血泪化的对话、哀诉，一字一语，都直打入人家心坎'。"②

还是著名的戏剧家马彦祥说得确切："1922 年冬，洪先生创作了多幕话剧《赵阎王》。它写了一个普通士兵在军阀混战的恶劣环境影响下，由好变坏直至杀人犯罪的过程，深刻地揭示了罪恶的社会是逼人为恶的社会根源，有着强烈的反战反封建思想。在艺术表现手法上，它借鉴了奥尼尔的著名剧作《琼斯皇》，把意识流和象征的西方艺术流派的表现手法第一次介绍到中国剧坛。当时，有人批评它是抄袭之作，我还在报上连续载文给予批驳。

在中国'爱美'的戏剧运动囿于唯美主义和趣味主义的当时,《赵阎王》作为洪深先生回国后的第一炮,无疑表明了他的创作态度的严肃。《赵阎王》不仅以内容和形式的革新在中国现代话剧史上独开一面,而且也表露了洪先生'戏剧艺术为人生,为痛苦的人生叫喊'的进步的戏剧观。"③

20 世纪 80 年代的一位日本学者说得更全面:《琼斯皇》对于奥尼尔来说是个转折点。这部作品的中文脚本是由洪深、顾仲彝合译的,发表在《文学》第 2 卷第 3 期(1934 年 3 月 1 日)上。但在《琼斯皇》尚未被介绍到中国之前,中国式的"琼斯皇"就已问世了,其作者就是洪深。他对同一老师的同学奥尼尔(奥尼尔高洪深几个年级——笔者注)的剧作很关心。1922 年春洪深回国后,立即于同年冬天将《琼斯皇》脱胎换骨,写出了《赵阎王》。洪深显然借用了《琼斯皇》的结构,并且转换场面等艺术技巧的运用也非常相似,甚至连台词也有酷似之处。如此看来,《赵阎王》似毫无独创性可言,但考虑其内容和主题,又会得出不同的评价。洪深认为在戏曲中最重要的是它的中心思想,使用既成的情节和结构亦无妨。这表现出他对自己赋予《赵阎王》"中心思想"的坚定和自信。与之相比较,《琼斯皇》就显得过于依赖写作技巧了,内容却给人以空疏之感。对比阅读这两部作品,就会感到还是《赵阎王》更能引起我们的共鸣。

洪深出色地把《赵阎王》搬到了中国社会的戏剧舞台上,在技巧上吸取了奥尼尔的新手法,并且表现了较《琼斯皇》更为严肃的主题。有意思的是,洪深为了论述自己的戏剧观,竟在 1933 年 1 月 22 日写了一个戏剧形式的对话,即"一度想象的对话":《欧尼尔与洪深》("欧尼尔"后一般译为"奥尼尔",此处从发表时的原作——笔者注)。而这一对话作品亦在 1990 年夏天被搬上了美国奥尼尔戏剧中心的国际戏剧节,由美国著名演员布林·克拉克饰演奥尼尔,我国著名艺术家黄宗江饰演洪深,而洪深被黄宗江称为"启蒙恩师"④。

奥尼尔是 20 世纪美国最伟大的戏剧家,也是世界范围内最有影响的戏剧大师之一。他把一生贡献给了现代美国戏剧的发展,他把欧洲先锋的戏剧思潮与美国的戏剧传统结合起来，在很大程度上推动了美国戏剧的民族化并使之获得了世界的认同。奥尼尔一生创作了60多部戏剧作品，其中40余部被搬上舞台，许多成为剧团的保留剧目。他先后4次获得普利策戏剧奖，并于1936年获得诺贝尔文学奖。奥尼尔的作品是当时美国国家时代的档案，是当时社会评论和道德的教科书。他的作品反映了第一次和第二次世界大战期间的美国社会。他不仅属于美国，也属于人类，对任何时代的人都具有不可忽视的启示作用。

在哈佛大学贝克教授的学生中，奥尼尔是洪深的学长，他1914年就师从贝克教授学习戏剧，而洪深1919年才进入哈佛大学师从贝克教授。但洪深作为中国现代戏剧的先驱，一生创作了54部话剧作品，导演了64部话剧。创作了41个电影剧本，其中26个剧本被拍成影片。此外，他还导演了10部影片。因而就创作成果而言，他比之于奥尼尔并不逊色。应该说，洪深在把西方戏剧思潮及其形式引入中国并与中国的传统戏曲、“爱美”剧相结合，积极创建现代中国戏剧的历程中，付出了毕生的努力，取得了令人难忘的实绩。

早在20世纪40年代，文学大师茅盾读了洪深的剧本《赵阎王》后就谈了自己的艺术感受：

> 我读过剧本《赵阎王》，可惜没有看过《赵阎王》的演出。但是《赵阎王》给我的印象到今天还是新而且深。我从《赵阎王》第一次认识了洪深先生是个热情人，第一次感受了善善恶恶的艺术家的良心。而《赵阎王》中所显示的作者的艺术家的风度，后来当洪深先生和我认识以后，便一天一天感觉得更真切，更具内容。⑤

茅盾先生熟谙中外文学，他的感受和体验足以给人启示。《赵阎王》的首次演出虽然失败了，但作为中国的第一部表现主义剧作，这个剧却使洪深在剧坛声名鹊起。

话剧排演制度的创立

1923年是洪深回国后大学教学生涯的开端。他辞去在南洋兄弟烟草公司的职事,受聘于上海复旦大学文科,在文学系讲授外国文学研究课程,同时于该年受聘于上海龙门师范学院兼课,讲授演讲学课程。此后,他除了以极大的热情积极从事戏剧电影的创作编导工作外,还先后在暨南大学、山东大学、中山大学、厦门大学、北京师范大学任英文教授及外文系主任,从事高校教学工作达30年之久,是名副其实的名教授。

与洪深运用类似表现主义手法并受《琼斯皇》巨大影响的《赵阎王》一剧命运不同,奥尼尔的《琼斯皇》在美国的商业演出大获成功,并为他赢得了巨大的国际声誉,它的演出不仅反映了奥尼尔首次企图冲破现实主义藩篱的努力初获成功,而且也使他成为美国现代戏剧史上第一位取得成功的大师。而《赵阎王》在中国的首次演出却遭遇了失败,不同的国情和文化背景,使得同是表现主义的戏剧却遭遇了截然相反的命运,这也促使此后洪深的戏剧创作经过反思,结合国情走上了更趋现实主义的艺术道路。

洪深说:"在《赵阎王》一剧里,我确是要对社会说一句话。不料那时的观众,看惯了'妾妇之道'的优伶,所以一致地说我是有神经病。《晶报》一九二三年二月八日也是这样记载的。这出戏到一九二九年冬间重演,才获到了观众的同情"。⑥

洪深陷于孤寂和苦闷之中,他想到"人生得一知己足矣"的信条,可是茫茫人海,知己在哪儿啊?

1923年秋天的一个傍晚,洪深一人在书房读书,心中好不惆怅,忽听敲门声响,急忙去开门,门外立着的竟是欧阳予倩。

两位中国现代戏剧史上的元老虽然神交已久,首次见面却格外激动,刚坐定就十分投机地畅谈起来。

欧阳予倩说自己很佩服洪深对戏剧的创造精神，认为他是曲高和寡，也许晚几年出台，情况会两样。不过，洪深说自己也有教训，认为中国的戏剧还是要首倡现实主义。

两人相谈甚欢，一谈就忘了时间，直至深夜才散。临行，欧阳予倩说要介绍洪深参加上海戏剧协社。洪深觉得他们真是一见如故，中国戏剧界的两位元老此后就成了人生知己。

1923 年 9 月的一天，洪深见到了曾前来观看过《赵阎王》演出的欧阳予倩，再加上原本就已经通过信件来往而结识了的汪仲贤。两人介绍洪深加入了上海戏剧协社(简称“戏剧协社”)，让洪深结识了更多的戏剧界同仁，如应云卫、顾仲彝等人。

洪深踏进戏剧协社的大门还没过几分钟，面对他那高大的身材、坚毅沉稳的神情、随和而坦诚的谈吐，人们的拘谨感一下子就烟消云散了，剧社里一时谈笑风生。

戏剧协社排演部主任谷剑尘开门见山地说：“洪深君对戏剧素有研究，尤其擅长排演，他能加入我们协社，当是同仁之幸。既然来了留美归来的专家，我该让贤了，我提议推举洪深君为排演部主任，大家说好不好?”大家一致赞成。

洪深听后脸上红光焕发，他环视众人，坦诚地说：“谢谢大家的信任。只是我有言在先，以我在美国的实践来看，如无严格的纪律，断无排演成功的可能，希望大家以后在排演时要严守纪律，听从指挥，如有意见，事后再商量，这就叫排演过程中的‘排演主任指挥制’吧。”

“同意洪主任意见，一定听从指挥。”大家不约而同地说。

这是一个不平常的日子，从此戏剧协社在洪深的指导下迎来了新局面。

9 月。由于洪深走马上任，戏剧协社显出勃勃生机。天气尚余热逼人，洪深就开始组织戏剧协社的演员赶排两部新戏：一部是欧阳予倩编剧的《泼妇》，另一部是胡适编剧的《终身大事》。

为了改变文明戏中沿用的男扮女装的习俗，他在排戏时故意做了实验性的安排,即两部戏同时演出进行比对鉴别。他让男女演员合演的《终身大事》率先演出,而男扮女角的《泼妇》留在后面演。结果,前者女演员扮演的田小姐大方自然,而后者男扮女装则令人觉得好笑,戏剧协社一直沿用的男扮女装旧习,就在这一笑中被冲破,寿终正寝了。

对于这件事,后来著名戏剧评论家鲁思有这样一段忆述:“鸣锣开场以后,先演《终身大事》,男女同台,有声有色,观众顿觉耳目一新。然后是《泼妇》,台上的女角尖着嗓子叫,扭扭摆摆地走,引得观众哄笑不绝,两剧对照,相形见绌。这些实践,促使了中国话剧舞台上男扮女装时代的结束。其中洪深起有重要的作用。”⑦

这是回国后的洪深在戏剧舞台实践中取得的第一个胜利,其意义不可低估。可以说,如果没有洪深那样的勇气和为戏剧献身的精神,中国话剧艺术恐怕还得推迟若干年才能成形;如果没有洪深在戏剧协社的排演试验,话剧的男女合演制度以及排演中排演主任指挥一切的演出体制,就很难正式建立并得以推广。

后来的1924年,洪深又在戏剧协社改译、编写了《少奶奶的扇子》一剧,并亲任导演将其搬上舞台,取得了很大的成功。

正是从《少奶奶的扇子》开始,中国舞台第一次建立了一套比较完整、比较正规的导演(即前文所谓排演主任)制度。作为中国的第一位专业导演,洪深特别重视戏剧的社会责任,强调舞台艺术的社会意义和时代精神,无论是明朗还是隐蔽的剧本主题,无论是历史剧还是现代剧,洪深都首先要挖掘和把握作品的社会意义和时代精神,并千方百计地调动舞台手段加以体现。

一个官宦之家出身又出国留学归来的大学教授排戏,一定要和社会上以及戏剧界本身的那些旧习惯与保守观念决裂。洪深战胜了这一切,仅从他有一次穿着西装亲自拉黄包车送戏剧协社的一位女演员钱剑秋去剧场排戏这一细节,就足以看出当年他决意全身心投入戏剧事业那股不可抑制的兴奋之情。

这一年也是中国电影事业迅速发展的一年，这其中洪深也留下了清晰的足迹。

这一年8月，洪深受聘为中华电影公司附属大中华电影学校的教务主任。大中华电影学校是由上海巨商黄楚九投资入股，由其二女婿曾焕堂创办的，它也是中国第一个每天正式上课的电影学校。

洪深这样说过，上海大戏院原是经营外国影片的，它的经理曾焕堂是一个有眼光的事业家，他也有意从事电影制作，因而开办了大中华影片公司，并创办了大中华电影学校，希望造就一批技术人才与男女演员作为他制片时的干部。

1928年，在田汉为欧阳予倩饯行的上海戏剧界人士宴会上，洪深提议把英文Drama译为“话剧”，用以区别已近陈腐的“爱美的”戏剧的说法，此提议获得了在座戏剧界人士的一致认同。于是，中国现代的一种戏剧形式——以外部形体动作和对话为主要表现手段的新剧种就正式得以命名了。

马彦祥对洪深在上海戏剧协社期间的活动曾做了这样的评价：“1923年洪先生参加了上海戏剧协社，这期间，他为中国话剧艺术的发展，做了两件具有历史意义的事。第一，他用强烈对比的舞台事实教育大家，废除了中国话剧自文明戏以来盛行于舞台的男扮女装的陋习，从而在半殖民地半封建的上海舞台，开创了男女合演话剧的新风；第二，他运用西方戏剧艺术的理论和经验，成功地导演了经他改译的《少奶奶的扇子》，从而第一个为中国话剧艺术舞台建立了正规的导演制度，中国话剧艺术从此才有了导演这一专用职称。《少奶奶的扇子》的演出，在舞台上第一次出现了真门真窗的幻觉布景以及变化的灯光、真实的道具等，并使话剧艺术成为舞台各部门和谐合作的综合艺术。《少奶奶的扇子》在舞台艺术上的变革是具有划时代意义的。同时，《少奶奶的扇子》的演出成功，也为解决当时剧坛的剧本荒和介绍外国名剧提供了成功的新路。”⑧

欧阳予倩、田汉和洪深，中国话剧运动的三大奠基人，在1924年皆已相互认识，共同从事着推进中国话剧事业发展的工作，并从各自的特点出发，为中国话剧事业作出了不可磨灭的贡献。他们的作用自是不同,欧阳予倩是从戏曲出发,在话剧的民族化方面用力甚勤;以田汉先生为首的南国社,受日本新剧的影响很深,尤其在戏剧文学方面贡献甚大;洪深则有别于田汉、欧阳予倩,他是从留学美国归来,以戏剧为专业的科班出身的戏剧家,因而更注重对话剧这一舶来品的演剧体系乃至艺术理论体系建设的全方位探索,这些都为以后的历史事实所证明。

中国电影事业的先驱:洪深与明星公司

1925 年是洪深电影事业正式启动的一年。是年 5 月,他创作、发表了中国第一部比较完整、正规的无声电影剧本《申屠氏》。这是一部在当时条件下,在思想和艺术上都比较成功的作品,被公认为中国第一个比较完整的电影文学剧本。在剧本的写作形式上,洪深努力赋予剧本一种电影化的结构,他注意运用视觉元素进行心理和情绪的表现,运用电影化的形象思维来构思。《申屠氏》是中国电影剧本写作形态发展史的一个里程碑,标志着比较完整的电影剧本形态的形成。

这是洪深为初创期的中国电影事业作出的奠基性贡献。这一年他不仅创作了中国第一个较完整的电影文学剧本,还参与创办了中国的电影学校,为电影事业培养人才,反对诲淫诲盗、荒诞神怪的剧本创作,为中国新兴的电影事业画上了浓墨重彩的一笔。

1925 年 5 月,明星影片公司(简称“明星公司”)三巨头郑正秋、张石川和周剑云看到年初《东方杂志》刊载的《申屠氏》这个电影剧本,决定请该剧本作者洪深加盟明星公司任编导。洪深慨然允诺。时人有这样的记述:“一九二五年,‘明星’又聘进洪深作编导。洪深留学美国,学过戏剧,石川对他佩服得五体投地。二人一见如故。洪深参加进来以后,连续编导了《冯大少爷》《卫女士的职业》《少奶奶的扇子》等影片。因此,开头几年,明星公司没感到剧本的缺乏。”⑨

这里需要说明的是，洪深参加明星公司编导电影，却遭到他许多朋友和同事的反对，他们认为电影界道德观念薄弱。

但是，洪深从事电影的意志很坚决。他说：“在我当时的观念，是以为在戏剧方面，已经试验过，我能晓得它的社会效果的。而在电影方面，我还是初试——我在美国，并没有学过电影——固然它所接触的民众，为数更大，但到底是一种商业组织，一面教育一面营业，恐怕不是件可能的事，所以不愿放松了戏剧。可是协社的同仁或其他朋友，都不在这一点上而在个人的地位上着想。爱护我的劝我不要自堕人格，更有人疑心我并不是真的爱好戏剧，只是借了协社做一个转向电影界的晋身之阶而已，他们忘了《少奶奶的扇子》的成功还在《孤儿救祖记》的成功之前呢！”

他同时还说：“我有两个观念，第一，我以为做影戏，是正当职业，在电影界劳心劳力混口饭吃，不是什么可耻的事；第二，凡是道德人格名誉，乃是个人的事，与职业没有多大关系的。当初我在美国，执意要专习戏剧的时候，就有人劝我，说‘中国不比欧美，一向优伶人格卑贱，为人所轻视的’，我不为之所动。”⑩

洪深在1925年的电影活动已经为他在电影界的地位奠定了基础，从而使他成为中国影、剧双栖的先驱者。

该年，洪深还在《明星特刊》第一期上发表了《课余漫笔》共六篇文章，对表演艺术专门做了较为深入的探讨。

其主要观点有：⑪

近人每藉艺术须有天才之说。即不肆力于学问。此实大误。盖天才云者，乃规模既具、方法既是，其应用施展，出神入化、不可捉摸，处处出于寻常意料之外，而事事归诸情理之中也。

凡昔人所能之事。一经学习，而能了解，能实行，成绩未必不如昔人者。此为聪明(Talent)。凡昔人所能之事，学习之后，以一己之性灵,推陈出新,青胜于蓝者。此为天才(Genius)。譬如大匠,能与人规矩,不能使人巧。规矩即学问,巧乃天才。有学问无天才,不能成就伟大之艺术。

近人倡表演须自然之说。而其所谓自然者,乃其个人之自然。既非合于大多数观众之自然,亦非剧中人之自然。故极不自然也。

演剧时之动作,非偶然也。须经过若干试验,始选择其最适当之一种。

艺术者,模仿人生,代表人生,解释人生,而非人生也。

为演员者,演时须选择,平时尤须多多收罗。譬如举杯劝饮,胸中必先蓄有种种不同之举杯劝饮,而后临时可应付裕如,取用不竭。否则,演员只晓一法,或竟一法不晓,将何从而选择乎。

艺术者,门类繁多。然而有同具之要点,废之则不能成艺术者。

论到演剧之要点,他说:

一、布局(Design)。同一思想,其发表可取之途径甚多,非布局既定,其余无从下手。

二、比例(Proportion)。有全部之比例。例如造一宫室,则高宽深三者有何关联。更有局部之比例,例如造宫室,其一面墙上可容几许门窗,以及门窗应取何式。

三、匀称(Balance)。

四、对称(Symmetry)。如壁悬对联,左右各一,其形式地位尽同。

五、节奏(Rhythm)。有一秘诀,即不问场子多少,地位轻重,不可处处用力,事事用力,句句用力,须有不用力处。

六、反衬(Contrast)。

七、调和(Harmony)。调和无他诀,只在感情转移之际,其线索层次,演来清楚而已。

关于表演方法，他认为应视戏而异，并将表演之弊病列举了八条：

一、慌：神志散乱，手足无措。

二、僵：举动滞板，呆若木鸡。

三、不做普通行动，尚可敷衍；而表情发挥，绝对不能。

四、做作：动作规程，固自不误。然观众一见，知为做戏，不复认以为真。

五、过火亦有诚心，并不见假。然攒拳怒目，叫嚣跳跃，观众皆注意其表演之用力，而忽略剧情矣。

六、杂耍：注意穿插，而不思演戏。

七、三斧头：表演颇有佳处，但所能不多。

八、刻板：只能表演其自己，而不能表演戏。

他还说表演全恃动作，动作之目标有四，不可不辨别之：

第一项 普通之动作。举凡一切生活所必须之动作，如吃饭、饮茶、吸烟、穿衣、作揖、打躬、行走、坐卧。无一非是，此类动作，即以动作为目标。

第二项 表现意志之动作。此项动作，即在动作之际，表明动作之意义。无须别有声明，而观众已可了解此动作之理由焉。盖人之举动，必有宗旨。处一境地，必有心事。此即所以表现此宗旨此心事者，动作固无特异，而全剧之转折关捩，胥赖是而始能明了。

第三项 表现情感之动作。凡人为情感冲动，其形色举动，必起变态。

第四项 表现个性之动作。此为最特异之动作，照剧中人之个性，附带而生。专为一人而设，此人可用，断不宜移诸他人。观众得见此种动作，即可知此人有何种身份、何种性格。

20 世纪 20 年代中期，中国现代戏剧及电影处于早春二月时期，电影及话剧的理论特别是表演理论还处在奠基阶段,因为中国戏曲的程式化表演实践和诠释,是在身教口授的师徒传承中积淀的,历史久远且十分深厚。而电影或话剧这些舶来品却如新生儿般处于襁褓期,西方理论未必全部切合中国国情,将其中国化则需假以时日。洪深在大学教学之课余,以漫笔形式不时发表自己从事电影、话剧的表导演实践之心得,因其有西方戏剧电影理论作为参照系,又有在中国话剧和电影初始期的实践作为基础,从而显得尤为可贵。

他在漫笔中关于艺术需要天才之言说,艺术真实与原生态生活之区别,艺术的共性、特征之归纳,影剧表演中常犯弊病之诠释,乃至表演动作类型之细分,对当时的影剧演艺界启发良多。

1925 年还有一件对于洪深一生而言十分重要的事,那就是他加入了国民党。这件事与他的一生经历都密切相关,对他政治生活、处境乃至精神状态的影响都不可低估。

但有两点可以肯定,一是他加入国民党正是第一次国共合作时期,二是他在国共决裂后一直站在靠拢共产党的这一边。与洪深同生共死的战友马彦祥及中国共产党在当时文艺界的领导夏衍在后来的两段回忆文字都可以充分说明这两点:

> 洪深先生在 1925 年国共两党第一次合作期间,曾一度加入过国民党。但在"四·一二"蒋介石叛变革命以后,他认清了形势,转而向共产党靠拢。[12]
>
> 洪深于 1925 年国共合作时期曾一度加入国民党,但在"四·一二"蒋介石叛变革命以后,洪深向共产党靠拢。从 1930 年起,他一直战斗在党领导下的革命文艺阵地上。[13]

该年,洪深还为明星公司编剧并导演了无声片《冯大少爷》,翻译、改编了英国三幕话剧《第二梦》以及多幕话剧《黑蝙蝠》。

1925 年,中国最大的都市——上海并不平静。5 月 30 日,上海 2000 多名学生到公共租界讲演、发传单，租界巡捕因此捕人以至矛盾激化导致其开枪镇压，造成“五卅惨案”；随后上海10万工人总罢工，各界人士纷纷响应，罢工浪潮迅速波及全国，史称“五卅”运动。

该年，革新后的上海戏剧协社排演了翻译改编剧《傀儡家庭》。

明星公司为了在商业竞争中保持不败地位，只能急速运转，以便连连推出新片，争取观众。洪深为了生计，又不得不受制于影片公司老板的要求，一改往日审慎的创作态度，大刀阔斧地编制电影剧本，还要在一定程度上迎合市民的观赏趣味，不能过多地考虑教化功能。和戏剧的教化比较起来，他这一时期的电影活动就不能不多些商业气息了，这也许是洪深的无奈。

然而这种矛盾的心境总在折磨着洪深。1928年10月5日的一个夜晚，夜已经很深了，窗外只有秋虫的鸣叫偶尔打破夜的静谧，洪深先用英文打字机打出《三个平常的希望》一文的提纲，然后开始奋笔疾书。

10月10日，洪深针对影坛现状所写的《三个平常的希望》一文发表，在影坛引起了一阵不小的波澜。但说起来容易做起来难，这股清风不久就被淹没在色情、武侠和神怪片的狂潮之中。

当然，洪深在这两三年内所拍的五部电影中，也绝不都是毫无价值的商业片。他塑造了三十几个个性独立的人物形象，其中有的片子也不无社会意义。比如《爱情与黄金》一片就代表了洪深当时的创作思想和风格，即直面现实、有感而发。

请看片中的一个场面：

婚庆日。喜气盈门，红灯高挂。

新郎银行职员与新娘经理小姐都红光满面。字幕：为了今天，新郎费了不少力气，总算荣登经理女婿的宝座。而画面上小姐的脸上却不无傲慢的神色，经理则肥头大耳，面孔堆笑。

“一拜天地，二拜高堂，三夫妻互拜。”动作刚完，忽然听到门被踢开的声音，门口出现一个怒容满面、右手抱着女孩的女子，那面色仿佛在告诉人们：我带着女儿找得好苦，你却变成了个陈世美！众人惊愕，影片落幕。

这部心理剧的主角小职员由洪深自己担纲主演，他充分揭示了这个角色不甘居人下而又猥琐无奈的心理活动，以及良心发现时的痛苦和自责心态。

洪深认为，他是"第一个主张并且写出剧本的人"，这也许是他在电影初兴期的最大贡献。当然，他这一时期在表演、导演方面的实践和努力也不容忽视。

一位当年曾与他在明星公司共事十多年的电影界老同事后来在回忆中赞扬洪深说，戏剧家洪深先生对话剧能编能导能演，成绩卓著，有口皆碑，他在电影方面亦是专家。当时洪深年纪不大，与他相仿。洪深学问好，思想好，他常尊称洪深为"洪老夫子"，同时洪深又执教于江湾复旦大学，他遂以"不老反少"呼之(取英文"Professor 教授"之音)，非谑也。洪深在明星公司时，名义上是顾问，主要工作却是编剧。编剧人才历来稀少，当时更是凤毛麟角。明星公司得他大力帮忙，中期的影片在产量及质量上都大有起色。洪深编剧本，常是有感而作。洪深常常说，编剧拍电影，最终目的与唯一目的，是给观众看的，不是作者自我陶醉的，剧本的成败要看观众喜爱与否。最简便的办法，就是把剧本说给人家听，听听人家的意见，听听很多人的反应。换句话说，作者的主观企图要跟听众的客观效果见面一下、比较一下、考验一下，究竟有多少距离。第一，看看这样一个主题是否为多数人所关心、接受和喜爱；第二，在情节发展中，作者所安排的戏剧效果，例如喜怒哀乐，是否在听众的反应上得到预期的效果。

这个评价不可谓不高。事实上，在中国电影、戏剧青黄不接的时代，洪深的拓荒作用不容忽视。

1926 年 7 月和 8 月，上海戏剧协社两次公演洪深翻译改编的三幕话剧《第二梦》，洪深导演并出演男主角画家瞿知白。

对此，著名戏剧家陈白尘后来曾在回忆中赞扬道：

> 是年第一次看到真正的话剧——上海戏剧协社演出，洪深先生导演的《第二梦》，获得极其美妙的艺术享受。

该剧后来转移至新中央大戏院演出，盛况亦空前。

就在演出当年的11月，主管上海中华职业教育社的江苏省教育会为表示对话剧《第二梦》的满意，特以“江苏省教育会剧本审查委员会”的名义，函赞该剧“含哲学意味甚深，讽人须培养其固有之人格，为极有价值之新剧。艺术亦臻上乘”。

《第二梦》是英国剧作家巴雷的人生哲理剧，主要内容是说如果人生是第一梦，那么人人都想做第二梦，因为人生总是令人不满的，实则奉劝人应坚守其固有之人格。结合当时西学东渐、洋为中用的现实，该剧对于西方的伦理观念有所借鉴，演出在艺术上亦十分讲究，因而颇得学生们的欢迎，从而有力地推动了校园戏剧运动的蓬勃发展。沪江大学、复旦大学、暨南大学、交通大学、清心女校、培成女校等新式学校都受其影响，纷纷演出了《第二梦》和《黑蝙蝠》等翻译、改编剧。但这类人生哲理的戏却未必能得到广大普通观众的欣赏。

当年戏剧协社的同仁顾仲彝就曾说过，1926年戏剧协社公演了两次，第一次为洪深改译之《黑蝙蝠》，第二次为巴雷的《第二梦》。《第二梦》是一个关于人生哲理的剧本，大意是说人人都希望有重新做人的机会，如果人生是第一梦，他们都想做第二梦；但第二梦做到了，还是一样地不满意。富含哲理的剧本用真实的布景人物来表现，使一般过惯世俗生活的上海人不易明了，所以公演的结果，虽然布景煞费苦心，角色配搭得当，但并不受社会欢迎。

上海老文化人包天笑也回忆说：“洪深回国到上海来了，明星公司便聘请了洪深为编剧。他是在外国学习过戏剧的，研究有素，不像我们是个半吊子。自从洪深来了，明星公司似乎方始踏上了轨道，他是编导合一的，只可惜所编的剧，有些曲高和寡，北方人所谓‘叫好不叫座’，那就是上海观众的程度问题了。洪深是个诚挚而谦虚的人，那电影还在默片时代，当我们共同商量做字幕、分场景的时候，他以为我是老上海，不耻下问的。”[14]

1926年，洪深应邀赴北京往北京美术专门学校讲学，并携明星公司拍摄的影片《空谷兰》到京放映宣传。此前一年，北京美术专门学校增设了戏剧系，由赵太牟、余上沅、闻一多诸人负责创办。

也是在1926年，洪深为明星公司编导了无声电影《早生贵子》《四月里蔷薇处处开》《爱情与黄金》(与张石川联合导演)，大都是反映有产阶级男女生活的作品。其中《爱情与黄金》代表了洪深当时的“心理剧”风格。电影的内容是：一个银行小职员为了向上爬，对经理一家大献殷勤并被招为女婿，在举行婚礼时，他原先的爱人当众自杀，小职员无地自容，良心发现，也随之自杀。然而他在这一时期所编导的无声电影作品，在思想和格调上都比不上他的话剧作品《赵阎王》，只是在编导手法和处理技巧上为幼年期的中国电影引进了一些新的东西。这时，他还开始在明星公司特刊和其他刊物上发表一些电影批评文章，如《影片之道德问题》等。这大约也是中国电影批评的一个开端吧。

剧坛严师逢诤友

作为戏剧教育家的洪深，在复旦大学等高校及复旦剧社的教学以及校园戏剧活动也一直深受学生们的欢迎。

有人这样回忆说：“洪深是一位天才教授，谈话有天才，登台演讲，语惊四座。洪深取课本的精华，摘教材的要点，编成讲义。说得绘形绘色，说得活灵活现，妙趣横生，引人入胜，精彩百出，庄谐并陈，听者绝倒。益以才学渊博，思想新颖，生活丰富，见解精辟，使教材内容更见光彩。每逢上课，全班同学，从不缺席。别班同学，如值无课，便蜂拥课室窗外，屏息静听，一时传为佳话。”[15]

20世纪20年代，洪深担任复旦大学英文系教授，同时在该校开设“戏剧编撰”课程。当时的复旦还未实行男女同校，爱好戏剧的男同学便自发组织了复旦新剧社，多次邀请洪深去排戏，因无女生，他一直推托未去。直至1926年，学校开始招收女生，实行男女同校，洪深才建议把剧社更名为“复旦剧社”，并允诺为其排戏。因为，洪深回国后一直反对在演戏中男扮女装。

马彦祥等人也成为该剧社的主要成员，洪深还邀请知名导演应云卫为复旦剧社首次演出的几个独幕剧担任导演。正是由于洪深的参与，复旦剧社才开始进入了辉煌时期，并为中国话剧史写下了精彩的一笔。

当年的复旦剧社成员马彦祥这样说：

> 20年代，中国话剧刚刚开始萌芽的时期，那时的所谓演员，都是一些业余爱好者，既没有受过什么专业训练，也缺乏演剧经验。洪深先生就是在这一片荒漠似的艰苦条件下，开始他对演员的培育工作。他对我们这些初出茅庐的演员，从来不讲那些高深的学术性的理论，他总是从实际出发，用深入浅出的为我们所能理解的、通俗的语言，向我们灌输表演基本知识，而且学了就能应用。[16]

洪深效仿自己在美国时的老师贝克教授，把复旦大学的简工堂AI教室定为AI戏剧工场，先后为复旦排演了《女房主》《委曲求全》《五奎桥》等戏。

1930年3月，洪深为复旦剧社排演法国名剧《西哈诺》。该戏规模宏大，登场人物众多，女角也不少。洪深在排演中坚持按导演中心制要求，戏排得很是艰难。

西哈诺这一主角由当时在戏剧界已小有名气的马彦祥担任，当时他因为路过上海去看望洪深老师，便被拉进了剧组。

这天，《西哈诺》一剧在复旦戏剧工场排演，排演场上笑声不断，洪深却一脸严肃、一丝不苟。

“不行，再来一次！”洪深命令似的说。

“老师！这是第十遍了！”马彦祥几乎哀求道。

“第一百遍也得做，直到做好为止，现在我不是你的老师，而是导演，你不是我的学生，而是演员！”洪深斩钉截铁地说。

无奈，马彦祥只得虎着脸继续，一遍又一遍，直到洪深满意为止。

晚上，洪深敲开了马彦祥住所的门，说白天那样做是为了杀鸡儆猴，现在来向他道歉。

经过3个多月的排演，《西哈诺》终于在复旦大学与师生们见面了。其后他们又决定在新中央大戏院对外演出。

在首场对外演出即将开场的后台。所有演员都在化装准备，然而主演马彦祥却一直未到。“洪导演，不好了！马彦祥他高烧不退，无法出演。”从医院赶来的舞台监督报告说。

洪深急得浑身冒汗，救场如救火，他看看表来不及了，果断地对化妆师说：“给我化装，我来顶替他演西哈诺。”

台上演出正在进行，台下观众聚精会神、鸦雀无声，看着台上的西哈诺从一扇窗上飞身跳下，观众都为这一惊险动作捏了一把汗，只听“嘭”的一声，扮演西哈诺的演员干净利索地落地，一阵雷鸣般的掌声顿时响彻全场。

扮演西哈诺的洪深立定后，一阵钻心的疼痛霎时袭上心头。他自知受伤，但面对台下观众，他不露声色，还暗暗警告自己：“绝不能倒下，不能给剧团丢脸！”一直坚持到大幕合拢，台下观众又响起一阵热烈的掌声时，洪深才突然浑身无力地瘫倒在舞台上。舞台监督和其他演员忙上前把他抬到后台，他坐在椅上痛苦地挣扎着，问：“怎么样？我这个西哈诺演得还合格吧！”

“合格，简直太动人了，洪导演，你还疼吗？”舞台监督轻轻问他。

“洪导演，马彦祥赶来了！”不知谁叫了一声，只见马彦祥冲进来跪在洪深面前，哭着说：“洪导演，老师，都怪我！”洪深微笑着对马彦祥说：“怎么？你的热度退去了没有？”马彦祥紧紧地抱着洪深：“老师……”

“洪导演，明晚第二场怎么办？听说鲁迅先生也要前来观看。”舞台监督忙问道。

“老师放心，我一定能演好。”马彦祥坚定地说，其他演员也异口同声说：

"洪导演放心！我们一定能演好《西哈诺》这场戏。"

1928年，洪深还为复旦剧社导演了两部翻译话剧《女店主》和《寄生草》，在导演过程中，洪深结合戏剧实践为初学戏剧的年轻演员编了一首阐述表演技巧的宝塔诗：

听
反应
接得紧
一刻不停
越说越有劲
不演戏要演人

"听"，是要求演员在舞台上，哪怕自己没有台词，也必须要注意倾听别人的台词，要全神贯注地听，听对方每句台词的含义和感情。

"反应"，是说演员在认真听了对方的台词以后，随时做出相应的、真实的心理和生理上的反应，这是演员的一项重要基本功。

"接得紧"，是说除非剧本有特殊的规定情景，戏总要接得紧凑，尤其是在互相对话时，否则对话情绪就会中断。

"一刻不停"，指在表演进行中双方的情绪交流不要有丝毫中断，否则戏就松了。他最反对有些演员在舞台上只顾自己，不知道帮助同台的其他演员。

"越说越有劲"，指对白说到最末尾时，千万不要掉下来（洪先生的习惯用语叫作 don't drop），否则这场戏就松了。

"不演戏要演人"，是说会演戏的演人物，不会演戏的才拼命做戏。

这是洪深在借鉴西方戏剧理论后，结合自身的戏剧实践对表演技巧的精炼总结。这首宝塔诗确实影响了当时和后来的一代代戏剧电影表演界同仁，这已为中国戏剧发展的历史事实所证明。

1924年春，洪深把英国作家王尔德的剧作《温特米夫人的扇子》改译为发生在中国上海的都市故事四幕话剧《少奶奶的扇子》。“改译”与“直译”不同,洪深“改译”该剧,当年曾获得后来成为左联领导者的瞿秋白的肯定。瞿秋白曾于第二年的《新青年》译文“跋语”中说:“‘改译’本为戏剧家洪深所倡,原意是在接近中国读者。周作人当年提倡直译,实在流毒不浅:中国文法与外国文法完全不同,如果直译,那便是外国文初学小学生之练习簿。”由此可见洪深“改译”一举之于外国戏剧的借鉴,乃至对于中国新文学建设的促进,价值不容低估。

《少奶奶的扇子》由洪深改编、亲自执导,并兼任主角之一刘伯英。在《少奶奶的扇子》一剧的排演中,洪深进一步完善了严格的排演制度。该剧于1924年4月、7月两次在上海公演,取得了很大成功。正如洪深所说,国内戏剧界久已感到要向西洋效法的改译外国剧的技术,表演时动作与发音的技术,处理布景、光影、大小道具的制作技术,化妆与服装的技术,甚至广告宣传的技术,在排演《少奶奶的扇子》一戏的时候,都得到了令人满意的实践。

著名作家茅盾当年看了《少奶奶的扇子》的演出,57年后还在回忆录《我走过的道路》中禁不住颇带感情地赞扬道:

> 洪深回国后,汪仲贤介绍我认识了他,但也没有更多的交往。大约在一九二四年上半年,洪深导演了英国王尔德的话剧《少奶奶的扇子》。这剧原名叫《温特米夫人的扇子》,洪深为了通俗,改为《少奶奶的扇子》。剧本就是洪深自己翻译的,译文很准确,很风趣,又很通俗,是地道的白话。
>
> 我去一看,大开眼界,啊,话剧原来是这样的!只有这一次演出《少奶奶的扇子》,才是中国第一次严格地按照欧美各国演出话剧的方式来演出的:有立体布景,有道具,有导演,有舞台监督。我们也是头一次听到“导演”这个词。看了洪深导演的这个戏,很觉得了不起,当时就轰动了上海滩。(见《我走过的道路·上》)

茅盾是独具眼光的文艺评论家，他的评价是中肯的。

1924 年 4 月，洪深编导的《少奶奶的扇子》革新后在上海职工教育馆首次公演。舞台上以硬片布景代替过去的布条，使用真窗、真门、真屋顶，灯光按时间和气氛变化调节，演员表演力求摆脱文明戏的格式，在舞台设计装置、演员装束表演上，与文明戏时期比较也有不同程度的创新，这初步奠定了中国话剧表导演艺术在实践方面的基础。

演出结束后，剧场内响起经久不息的掌声，这是上海职工教育馆久未有过的情景。谢幕后回到后台，洪深心里很不平静。

多少年的梦想呵！戏剧、舞台、导演、观众，这些戏剧情结一直使洪深夜不能寐。而掌声，只有观众的掌声，才是洪深耳中最美妙的音乐；只有观众的认同，才是洪深人生中最大的幸福！他自始至终都把观众作为戏剧和电影演出的最终裁判者。

《少奶奶的扇子》轰动上海，使 20 世纪 20 年代的上海剧坛掀起了一阵热浪。这是戏剧协社那伙为戏剧拼命苦干的年轻人掀动的潮头，而洪深则是这伙年轻人中最起劲的弄潮儿。

就在大家对《少奶奶的扇子》一剧的演出一片赞扬之时，一天，洪深在家中收到一封信，拆开一看，竟然满纸都是批评的话，劝收信人莫“误于浮名”，看到最后落款，他惊讶地叫出了声：“田汉！是他。”

田汉发表的意见不同寻常，他不赞成洪深改译外国的戏剧作品，并提醒洪深莫误于浮名，莫与旧势力握手。兜头的一瓢冷水使洪深清醒了许多，他努力寻思着信中的深意，想着想着，心里豁然亮堂了许多。

“诤友！”他信笔在信笺上郑重写下了这样两个字：田汉。

岂不知，正是这一封信开启了两位中国戏剧大家终其一生的不解之缘，洪深视田汉为知己、诤友。

当《少奶奶的扇子》再次上演后，洪深赠券给田汉，令其观剧后晤谈，田汉因忘记了洪深告诉的门牌，只好写信联系：

洪深兄：

前者重观《扇误》益增钦佩。同时欲贡其愚见之处，亦先见数端。……欲趋寓面交，适忘号数。居同北里，函札往还，亦天下之趣事也。请顺告号数，当于尊暇时奉访。专此敬问。

时安。

弟田汉。⑰

于是，两人终于在田汉寓所见面了。

“洪深兄实为开中国导演之先河之人，小弟不胜钦佩。”田汉率直地说。

“田汉兄开门见山，上次观剧后那封信骂得好，人人都在赞扬，你却不然，可说是真知己。我以为中国戏剧必须学习西洋戏剧的舞台表现，以丰富和改造自己，否则表现当代生活实在困难。”洪深应答着并畅叙己见。

“洪兄见解十分深刻，只是我还以为仍需注意适合中国民族的欣赏习惯来吸收，《少奶奶的扇子》一剧可以看出在这方面有不少新意，不过今后题材最好多向平民百姓生活靠拢些才好。”

直至月上西梢头，洪深才不得不起身告辞。

自此，洪深与田汉剧坛诤友的佳话，就一直在处于初创期的中国戏剧界流传。

这里要插叙一段第二年中国第一家电影学校成立和影星胡蝶的轶事。

1925年夏，上海爱多亚路(今延安路)上，中国第一家正规的电影学校“中华电影学校”开始招生，后来的著名影星胡蝶就是由这家电影学校培养出的中国第一批有修养的新型演艺人才中的佼佼者。

1925年，由洪深编导的第一部影片《冯大少爷》问世，该片由明星公司拍摄，是洪深加盟明星公司后的第一部作品。同年，胡蝶也在大中华公司出品的《战功》中首次登上银幕。

中华电影学校每期半年，学生们学习表演术、影剧概论、编剧法、化妆术、歌舞等，洪深还要求学生学会开汽车和骑马。

后来，天一公司股东改组，影星胡蝶经洪深推荐，终于加盟明星公司，师生又走到了一起。

洪深经常写一些表现家庭情感的影片，这更适合表演贤妻柔母的胡蝶演出，胡蝶如鱼得水，名声大振。

1928 年，洪深又将舞台剧《少奶奶的扇子》改译成电影剧本，并亲自执导，宣景琳饰少奶奶，杨耐梅饰金女士，萧英饰徐子明，由明星公司拍摄成无声片，一时亦轰动上海影坛。

初创影剧新体系

1930 年 2 月 22 日至 8 月 4 日，由“洪深大闹大光明”事件而引起的长达近五个半月的涉外案件，终于以洪深一方的正义行为胜诉、《不怕死》影片主角美国演员罗克公开道歉而告结。

事件的经过是这样的：

2 月，美国的一部好莱坞有声大片传到上海，著名影星罗克主演的《不怕死》(亦称《上海快车》)一时间吸引了沪上各界不明就里的人们，场场爆满，在影坛掀起不小的波澜。

在一个星期天，洪深出于对外国影片的关注，走进了大光明电影院看《不怕死》这部影片。影片中的主角是由罗克扮演的“不怕死”的英雄。英雄好不潇洒，而华人则形象丑恶、状若野鬼。电影里唐人街上的许多中国人——都是日本演员化装学着说广东话——做的都是些犯法作恶的事，如杀人、绑票、贩烟土等。影片最后以华人的惨败和英雄的凯旋而告结束。洪深觉得：“那影片，就全部看来，对于中国人，是鄙贱，是戏弄，是侮辱，是诬蔑。”洪深实在不能容忍，看后走在大街上，他自言自语道：“太不像话了，简直是辱华影片。”

洪深径直找到南国社，田汉和洪深商定赴影院公开讲演，发动观众拒看此片，并决定让年轻力壮的张曙、金焰、廖沫沙三人届时跟洪深一起去，一旦有事,也好相互照应。

2月22日,洪深上午到江湾复旦大学讲课,下午抱着“应该唤醒上海市民,不再去看这场侮辱中华民族的《不怕死》影片”的想法,与田汉等一行四人不露声色地坐进大光明电影院。当影片出现辱华场面时,洪深像头咆哮的雄狮一下子站在座椅上滔滔不绝地演讲起来。一时间影院沸腾,当人们通过演讲的提示再回头看影片时,一切都明白了。于是,抗议和要求“退票”的声浪此起彼伏。

电影院洋老板见势不妙,便纠集影院的几位执事上前殴打洪深,洪深的衣服被撕破,金焰等三人忙上前保护。洪深等人也不示弱,双方激战起来,影院顿时大乱,影院执事又跑出去唤来了租界的西方巡捕,巡捕把闹事的双方带到新闸巡捕房。巡捕房明显偏袒电影院洋老板,无理拘留洪深,将他关在铁栅里三个小时,闻讯赶来的南国社和明星公司的朋友们在门外守护,一直等到晚上八点半洪深才被释放。

2月24日,《民国日报》发表了洪深前一天早晨撰写的文章:“我们至少应记得,我们是中国人,不能默受这样的侮辱与诬蔑。”“我们应当有点志气,我们不要看了。”“我从前在美国时,对于侨胞有过相当的认识,觉得他们刻苦茹辛,在重重压迫下求生存,富有革命性,永不忘记,永不羞愧,他们是中华民族的一分子,不断地帮助着在中国的中国人,决不如这张片中所诬蔑的那样坏。”文章最后,洪深表示:“我也将近四十岁的人了,如果多少能唤醒几个中国人,晓得要替中华民族争得平等的地位,虽吃点苦,又何妨呢?”[18]

2月24日,洪深委托律师以“公然侮辱妨碍自由,传述虚伪诈财惑众”的理由,正式向大光明电影院提起诉讼。

2月25日,洪深在《民国日报》刊登广告“洪深对大光明电影院宣言启事”。同日,上海特别市电影检查委员会在《民国日报》刊登洪深启事的同一版面,刊登“为罗克《不怕死》影片通告:本会除令禁在各地继续开映外,特警告国人,万勿再往观览”。

3月12日午后,上海临时法院第七法庭公开审理洪深诉大光明电影院《不怕死》一案。

“我的态度，是简单而明白：第一，大光明开映《不怕死》是侮辱国人，而公然侮辱人是犯罪的；第二，大光明所登《不怕死》的中西文广告，含有诈术，而欺诈取财是犯罪的；第三，我被强制禁闭和无故拘捕，是不争的事实，我有证人。”⑲

当宣布由原告申诉时，洪深从容地站起来说：

> 我们是中国人，人穷志不穷，绝不许任何外国人任意侮辱我们。《不怕死》是辱华影片，戏院应销毁《不怕死》影片拷贝；主演罗克必须向华人道歉。否则，我们绝不罢休。

讲到这里，旁听席上一片掌声，被告在洪深雄辩的言辞前自愧无词，十分狼狈。

拖了四个月，到7月24日，洪深为《不怕死》诉大光明电影院一案二度公开审理。

8月4日，《时事新报·游艺》栏刊出《不怕死》影片主角罗克之道歉函，罗克该函的译文称：“贵国人民对于该片之抵制，不无正当之理由。鄙人唯有敬向贵国及人民表示十分歉意，疏失之处，定蒙海涵也。该项影片在中国者，现已完全收回。”

经过艰苦的斗争，洪深“大闹大光明”事件终以洪深一方胜诉而告终。

“大光明”事件反映的是戏剧家洪深爱国、刚直、豪放的一面。而作为戏剧家的洪深还有更本质的一面，那就是他在披荆斩棘、努力创建着中国的戏剧理论体系。洪深每天凌晨即起，几十年不辍，他书房“嗒嗒嗒”的英文打字声流淌出的是他的心血，更是他矢志不渝的戏剧理论创新。

1929年，洪深的戏剧理论建设大获丰收。让我们浏览一下其时一些重要的戏剧论著吧：

> 1.《从中国的新戏说到话剧》——马彦祥著《戏剧概论·序》，

光华书局,1929 年 7 月版;

2.《戏剧 ABC》:世界书局,1929 年版;

3.《艺术与政治目的相同》(记录讲稿),《南国周刊》第 1 期,1929 年夏;

4.《北剧之将来》,见左明编《北国的戏剧》,现代书局,1929 年版。

另外,散见于各影剧报刊的文章有:

1.《片断的人生》,刊于《时事新报·戏剧运动》周刊第 12 期、第 13 期,1929 年 1 月 29 日、2 月 5 日;

2.《广东的戏剧运动》,刊于《时事新报·戏剧运动》周刊第 20 期,1929 年 4 月 2 日;

3.《剧本的内容与技巧》,刊于《民国日报·闲话·戏剧》第 1 期,1929 年 5 月 22 日;

4.《"戏剧的"是什么》,刊于《民国日报·闲话·戏剧》第 13 期、第 14 期,1929 年 8 月 14 日、21 日;

5.《内容与技巧》,刊于《民国日报·闲话·戏剧》第 13 期、第 14 期,1929 年 8 月 21 日、24 日;

6.《术语的解释》,刊于《民国日报·闲话·戏剧》第 15 期、第 27 期、第 28 期、第 33 期,1929 年 9 月 4 日、11 月 27 日、12 月 4 日、1930 年 1 月 22 日;

7.《什么是"戏剧的方法"》,刊于《民国日报·闲话·戏剧》第 19 期,1929 年 10 月 2 日;

8.《自由剧场运动》,刊于《现代戏剧》第 3 期,1929 年 7 月。

以下是洪深当年戏剧论述的主要观点。

关于话剧的特点和表演的本质等核心问题,他认为:

表演话剧的方法，也是模仿人生的。……尤其在台上说话的时候，一个演员，总是对了别个演员说。就是只有一个人在台上发挥他的情感心事，也好像是对着一位想象的人说，或竟对自己说……

在布景道具方面，虽比较地自由，可以用印象及象征等方法。但愈是用了这种"远人的"背景，愈须在表演时候，注意对话及描写性格，使人生意味，格外浓厚，观众在目眩五色中，仍能认识全剧所表现的是人生的。

话剧的动人是非常深刻的。因为在观众面前，实地表演出来，使观众亲自看，亲自听，直接地受刺激，直接地有感觉，不必如文字小说，须是间接的，使观众记忆起他以往的阅历，身受过的刺激，才会发生感觉的。话剧也是最平民的戏剧，民众可以人人了解享受，不必如图画小说雕刻或歌剧，先须对于艺术的方法，多少有过教育与训练，才会晓得好处的。

现代话剧的重要有价值，就是因为有主义。对于世故人情的了解与批评，对于人生的哲学，对于行为的攻击或赞成。——凡是好的剧本，总是能够教导人们的。但那教导的方法，是很玄妙的。不是像旧戏里说几句道学话忏悔话，就算是惩恶劝善，也不是令演员在台上贴标语喊口号。那话剧教导人的方法，是要想出寻觅一段故事，将我们所欲发扬的主义，在戏台上观众前，表演出来的……话剧仍须依赖着那利用了动人的故事教导人们的本能，至放弃固有的艺术，徒喊口号，是不能奏效的。[20]

这是在阐述戏剧与人生的关系，戏剧的写实功能和表达主题的方法。这种艺术的、为人生的写实主义的戏剧观，是和20世纪20年代我国文艺领域现实主义的进步文艺主潮合拍的，即使在这一文艺思潮的初创期，洪深也已清醒地意识到要让戏剧的思想倾向从戏剧故事中流露出来，而不能让演员在舞台上空喊口号去宣传主义,那是绝对不能奏效的。后来的实践也证明洪深这样的观点是十分可贵的。

关于戏剧的内容与技巧,洪深说:

> 内容到底是什么呢?简单地说起来,内容既不必是动人故事,也不是奇特的情节,也不是所描写的出色的人物,也不是优美的文辞,而是故事、情节、人物、文辞所表现、所说明、所证实那作者个人对于人生的认识、见解、结论、人生观、哲学;是那包含在剧本的许多事实当中,作者的一种抽象的普遍的主张!
>
> 至于技巧,就是将所要说的话,能用戏剧的方法说出来。……剧作者,从来不直接对台下说出他的主张,而须婉转地、曲折地用一件故事来表现传达所要说的话。
>
> 一切编撰和出演的技巧,有一个重要的目的,就是使得上台所表演的“很像人生”。既然是“像”,当然就不必是真的了。
>
> 不论是哪一派的作品,不论是写实是表现,最低的限度,要使得看的人,并不觉得是违反人生。凡在一出剧里愈是那故事、对话、布景、服装等,异乎寻常,那剧中人物的性格、思想,愈须忠实地、彻底地模仿着人生。必须剧中人的心理,完全是人生的。然后看的人,才会觉得这种古怪的所在,在他自己虽没有到过;这种诡异的衣服,他自己虽没有穿过;这种奇怪的阅历,在他自己虽没有经过;这种诗歌的语言,在他自己虽没有说过;但是在人生中,必然是可能的,应有的。总之,故事、对话、布景、服装等等,本是帮助作者表达他的意思的,既不可喧宾夺主,致观众注意了这些的新奇,而忘了全剧的意义;更不必在这些上刻意地求新立异,以致减少了全剧的“可信”性。一个剧作者能善用(不论是写实的用法或表现的用法)这些工具,来说出他心里所要说的话,这就是技巧。[21]

从上述观点可知,从本质上说,无论是写实主义还是表现主义的戏剧表现手法，都须让观众看清其与人生的相似性，让观众看得懂其合理性和必然性，使其可信。洪深是从观众接受角度来论述戏剧的本质的，其学理的进步价值由此可见一斑。

关于戏剧的方法，洪深说：

> 戏剧在台上模仿人生，只有三种工具：一是人的行动姿态，二是人的语言声音，三是背景服装，及一切应用的物件。这三种都是一样重要。如果三种的模仿人生是充分的，戏剧便真了，便活了，便不仅"像"人生，而且使观众觉得"是"人生了。有时候一段对话一个状态，或一种景物的表现解释批评人生，也许能比那长篇累牍几万言的小说，更为明白透彻，有力量。[22]

笔者以为，作为综合性的表演艺术，话剧的三个元素：动作、语言、舞台美术，洪深在其当年的《戏剧的方法》一文中都已说得十分清楚了，看似常识，却又未必全部都被话剧界人士所关注和加以实施。无论是从普及还是从专业的角度看，洪深当年以十分浅近的语言对这些话剧本质的强调及诠释，都值得给予必要的重视和恰当的历史评价。

至于戏剧是什么，洪深的诠释是：

> 戏剧是表现人生的。
>
> 在人生中，不论哪一类人事，普遍如争名争利；偶然如杀人报仇；琐碎如洗脸吃饭，在这一时候、这一环境，这一件事的发生，对于人生的前途幸福，影响愈大的，便愈是"戏剧的"——"戏剧的"是人生中有意义、有关系的人事。[23]

在该文中，洪深对于"情事非奇不传"的传统戏剧创作观念给予了反驳和批评，这是其话剧理论现代性的一个证明，也是话剧之不同于戏曲创作的一条分界线。而洪深对于戏剧所谓"奇特的普遍"的诠释，更是充满了辩证法，即要求戏剧所表现的情事最好能寓奇特于普遍之中，这就把戏剧题材的现代特性说得十分科学和贴切了,令人有茅塞顿开之感。

在话剧理论的初创期,洪深的这些提法和认识尤其显得难能可贵。

注:

①翁永康.浅谈五四时期的戏剧啊[N].文汇报,1979-05-04.

②余惠.毕身献身影剧的洪深[J].海洋文艺,1979(4).

③马彦祥.洪深年谱序[M]//陈美英.洪深年谱.北京:文化艺术出版社,1993:3.

④黄宗江.我的开蒙师傅是洪深[M]//阳翰笙,等.洪深:回忆洪深专辑.北京:中国文史出版社,1991.

⑤茅盾.祝洪深先生[N].新华日报,1942-12-31.

⑥马彦祥.话剧运动的先行官[M]//阳翰笙,等.洪深:回忆洪深专辑.北京:中国文史出版社,1991.

⑦鲁思.忆洪深[J].大众电影,1980(11).

⑧马彦祥.洪深论[N].中央时报,1931-04-10.

⑨何秀君.张石川和明星影片公司[M].//中国人民政治协商会议全国委员会.文化史料第一辑.北京:文史资料出版社,1980.

⑩洪深.我的打鼓期过了吗?[J].良友画报,1935.

⑪洪钤.洪深文抄[M].北京:人民文学出版社,2005:55-65.

⑫马彦祥.话剧运动的先行官[M]//阳翰笙,等.洪深:回忆洪深专辑.北京:中国文史出版社,1991.

⑬夏衍.杰出的戏剧艺术的开拓者:在洪深诞辰90周年纪念会上的讲话[M]//阳翰笙,等.洪深:回忆洪深专辑.北京:中国文史出版社,2005:7.

⑭包天笑.钏影楼回忆录续篇[M].香港:香港大华出版社,1973:9.转引自洪钤.中国话剧电影先驱:洪深历世编年纪[M].北京:中国电影出版社,2013:113.

⑮程步高.洪深的编剧方法[M]//程步高,等.影坛忆旧.北京:中国电影出版社,1983.转引自洪钤.中国话剧电影先驱:洪深历世编年纪[M].北京:中国电影出版社,2013:113.

⑯马彦祥.话剧运动的先行官[M]//阳翰笙,等.洪深:回忆洪深专辑.北京:中国文

史出版社,1991:27-28.

⑰洪深. 中国新文学大系[M]. 上海:良友图书公司,1935. 转引自洪深. 洪深文集第四卷[M]. 北京:中国戏剧出版社,1959:68.

⑱洪深. 不怕死!大光明戏院唤西捕拘我入捕房之经过[N]. 民国日报·闲话·戏剧周刊,1930-02-24.

⑲佚名. 洪深先生的表白[N]. 民国日报·闲话·戏剧周刊,1930-04-20.

⑳孙青纹. 洪深研究专集·从中国的新戏说到话题[M]. 杭州:浙江文艺出版社,1986:177-179.

㉑洪深. 术语的解释[N],民国日报·闲话·戏剧周刊,1929. 转引自洪深. 洪深文集第四卷[M]. 北京:中国戏剧出版社,1959:412.

㉒洪深. 戏剧的方法[N],民国日报·闲话·戏剧周刊,1929. 转引自洪深. 洪深文集第四卷[M]. 北京:中国戏剧出版社,1959:434-435.

㉓洪深. 戏剧是什么[N],民国日报·闲话·戏剧周刊,1929. 转引自洪深. 洪深文集第四卷[M]. 北京:中国戏剧出版社,1959:448.

第四章
在左翼戏剧的激流中(1930—1937)

投身左翼戏剧

1930 年是洪深人生道路上一个十分重要的转折点。他黑旋风般的刚勇性格和爱国激情,他向左翼靠拢的坚定步履,他不断促进左翼文化运动的积极作为,他对有声电影在中国生根开花的过程中所发挥的开拓作用,大家有目共睹。

这一年 3 月 2 日,在中国共产党组织的努力下,中国左翼作家联盟(简称“左联”)在上海中华艺术大学成立,这是中国文艺界的一件大事。在国民党白色恐怖笼罩下的上海,左联及进步文艺的深入发展是文化斗争的奇迹。洪深顺应时代浪潮,也加入了左翼文艺家的行列,灵魂深处开始了痛苦的蜕变。

1930 年 3 月 19 日,上海戏剧运动联合会成立,洪深以剧艺社(后改名光明剧社)的名义加入,成为该会成员;8 月 1 日,该联合会改名为中国左翼剧团联盟。

一天,钱杏邨(阿英)与田汉一起来到洪深寓所,余永贞连忙给他们倒茶,然后迅速回避。

阿英与田汉到洪深家的目的,是希望洪深进一步跟上时代,其影剧不能只盯着上流社会的太太小姐,还要考虑下层社会的工人、农民、士兵及平民百姓。洪深也觉自己应该在戏剧电影方面为广大百姓服务。

田汉告诉洪深说:"洪先生,不瞒你说,我已在钱先生介绍下参加了左联。夏衍等人的艺术剧社也参加了左翼剧联,你不是很欣赏他们的戏么?"

开始,洪深对自己国民党员的身份有些顾虑,但在知道左联的性质后即兴奋地答应了。

谈话毕,余永贞出来说:"洪先生,留客人在这儿吃顿便饭吧,我这就去安排一下。"

田汉笑着说:"不打扰了,以后有机会我们请两位去百乐门大酒店吃抓炒大虾,今天我们还要去拜会夏衍先生。"

洪深便托请两位郑重地代他向夏衍先生致意。

这天晚上,洪深的心中像翻腾的海洋,想了很多,也想得很远。父亲政坛浮沉的悲剧像阴影一样不时在他的灵魂深处冒出来,还有自己加入国民党时的誓言,以及近来日甚一日的迫害和检查……

"我莫非真的成了懦夫吗?"想到这儿,洪深的嘴角露出了轻蔑的微笑,他在深思熟虑之后,做出了决定。

在人生的关键时刻,哪怕迈出艰难的一小步,都可能影响人的一生。加入左联,正是洪深思想转折的一个标志。他后来自己也说他已读过社会科学的书,而因参加了左翼作家联盟,加上友人们的不断教导,他个人的思想、对政治的认识,开始有了若干改变。

1930 年 9 月,洪深参加了在上海举行的鲁迅 50 寿辰庆祝会。会上,洪深西装革履,以坚毅的步履走上讲台,面对着复旦的学子、同仁以及其他进步文化人士,充满激情地说:"希望在鲁迅先生 60 大寿的时候,能有更多的参加者,在更热烈的情绪下替先生庆祝。"

他的讲演赢得了不少与会者的赞许。

关于这件事，史沫特莱曾回忆说："一九三〇年，请我租一家小的外国餐室，好在那里举行庆祝鲁迅五十诞辰招待会和晚宴。这是一个混杂的又令人兴奋的集会——他们是知识分子革命的先锋队伍。另一群样子比较富裕的人，是由洪深教授率领的复旦大学的学生。他们曾经上演过易卜生的几个剧本和他们的教授(指洪深——笔者注)所写的一两个戏，这位教授同时又是中国第一家电影公司的导演。"①

1930 年 9 月，洪深与冯雪峰、陈望道、邓初民等创办了现代学艺讲习所，招有学生 100 余人。该讲习所由洪深出面，以自己的名字向公共租界工部局注册，故洪深有"任(该所)所长"之一说。但该讲习所只办了两个月就被查封了，洪深则因现代学艺讲习所注册人、所长身份之故遭政府逮捕，由上海高等法院二分院刑庭侦查，后因查无实据被释放。鲁迅还曾借钱给这个讲习所——鲁迅日记中 1930 年 9 月 30 日记有"借学校六十"，即指此事。

几乎在同一时段的 1930 年 4 月，上海艺术剧社亦被查封，还有五名戏剧工作者被捕。洪深闻讯怒不可遏。在上海戏剧运动剧团联合会的会议上，洪深义愤填膺地说："各位，你们说的各有道理，但是物伤其类，艺术剧社同仁今天的遭遇，我们不知哪一天也会遇上，岂能坐视不理!"

在座各剧团代表有的顾虑重重，有的一言不发、面露惧色，有的立即响应，要求发表宣言，要求戏剧自由。

经洪深再三说服，大家终于一致同意以上海戏剧运动联合会的名义发表一份告国人书，各剧团不必署名。

一份告国人书的发表激起了轩然大波，广大民众和文化人士反响热烈，国民党当局火冒三丈。

10 月初的一天，洪深回到家中，见室内书籍狼藉、器物横陈、乱作一团，妻子余永贞呆坐在沙发上，满脸病容，默默无语，神情痴呆。妻子说有一伙特务来家中搜查，搞得一塌糊涂，洪深望着凌乱不堪的家，脑子里一片空白，混杂着混乱和莫名的迷茫，一连几天他都没有迈出家门一步。

几天后，洪深突然接到上海社会局局长潘公展的一个电话，劝诫他说现在时局很乱,国民党员不可造次,不要忘了其父的教训,劝他以身体不好为由退避。

几天后,报上发表了一则洪深启事,言其工作过劳,“旧病复发,不得不从医嘱,辞谢一切,以得健康之恢复”。

洪深决定暂离政治是非的旋涡之地——上海,去家乡常州小住,以寻求心灵的安宁。常州,这个江南水乡,也曾是他幼年的幻梦,是他曾魂绕的地方呵!再见了,叫人悲喜交集的黄浦江畔。

当火车离开上海车站西去时,坐在列车窗口的洪深,眼睛里充满了泪水。

在洪深的家里,这一年又诞生了洪深与余永贞的女儿洪铜。

无论如何,这一年是洪深走上左翼影剧生涯的新开端,他以一个文化战士的姿态,在此后的反帝民族民主斗争和进步文化战线上呕心沥血、艰辛跋涉,取得了不俗的业绩。从愿做一个易卜生到成为一个坚定的文化战士,洪深的人生轨迹应和着民主革命的时代脉搏,在中国现代文化史上留下了一串坚实的足印。

农村社会分析剧的新开拓:《五奎桥》

1930年的深秋至冬末,对洪深来说是孤寂而沉静的。

他从政治是非的旋涡中拔脱,又沉湎于对农村生活和农民命运的深沉思考之中。

农村阶级对立的现实,江南家乡往事中那破落世家残存的记忆,广大农民的哀怨和无奈,社会科学书籍中关于人世间贫富不均的分析,其父政治悲剧的阴影……都萦绕在他的心际,使他反思,使他振奋,使他忘却个人的困扰,激起他创作的欲望。他的农村三部曲的第一部剧本《五奎桥》就诞生在此时此地。

五奎桥,是他们家的祖坟、祠堂、祖产乃至佃户的生存集聚地。这熟悉的意象勾起了他儿时的记忆,眼前的一切又都绝非儿时那般甜蜜,其中有呻吟,有血泪,也有磨难和反抗。万千意绪汇集笔端,经过他缜密的构思,形成了表现家乡乡绅与农民矛盾斗争的剧本《五奎桥》,这是洪深参加左联后创作的第一个话剧剧本。

这天洪深显得格外兴奋,他要庆祝自己又一个新剧本的诞生!

爸爸难得的兴奋使两个小女儿洪铃、洪铜也活蹦乱跳起来,这是这个小家庭近年来难得的欢愉。而《五奎桥》的完成又标志着洪深在创作上已站在了左翼戏剧的阵营里。

《五奎桥》讲述了这样一个故事:一个久旱无雨的酷夏,五奎桥一带的农民眼看田里禾苗濒临枯焦,心忧如焚,因为人工车水无济于事,于是他们试图引进"洋龙"(抽水机)以解燃眉之急。可是要引进"洋龙",就需拆毁阻碍行船引进的五奎桥。他们哀告周乡绅,始终难获同意,被逼无奈之下,他们奋起拆桥,从而掀起了一场轩然大波。

剧作中五奎桥的被拆毁,意味着原为五奎桥主人后裔的洪深真正成了其出身阶级的逆子贰臣。在作者的构思中,拆毁的不只是剧本中的五奎桥,还包括他思想上连通绅士阶级利益的思想之桥。因此,洪深自己说,"我个人的思想,对政治的认识,开始有若干改变",当自该剧创作始。

对于该剧,戏剧界评价很高,如 20 世纪 30 年代初就有人在报纸上这样说:

> 《五奎桥》,至少在戏剧上,是许多赝品中的一颗晶亮的珠子。是可以上得舞台的实实在在的一出戏。就一般的文艺方面而论,则在咖啡店文艺,女人大腿文艺,姻缘肉感影片,恐怖影片,新开天辟地连台好戏中间,对于这是要感谢的。
>
> 故事之简单,剧情演进的自然,就戏剧论,可以说是完美。剧中人物个性,除李全生我略觉有些不切实太理想外,其余都是自始至终被作者抓住了的。

因此，除企望《五奎桥》舞台上的成功外，还希望有许许多多的《五奎桥》产生出来。”②

20世纪70年代末有人这样评价说：

一九三零年后，洪深在进步的潮流影响下，认识有了新的转变。他创作了剧本《五奎桥》《香稻米》和《青龙潭》，合称为“农村三部曲”。在这些剧本中，洪深与其他富有浪漫主义气氛的作者不同，表现出强烈的现实性，技巧也很好，比《赵阎王》又进了一步。他的剧本不是主要给人阅读的，而是完全符合演出要求的。③

20世纪80年代有人这样赞扬说：

《五奎桥》是“农村三部曲”中最优秀的影响最大的一部。写农民在救灾抗旱中，同地主豪绅围绕一座桥——“五奎桥”而展开的激烈斗争。这座桥是官僚地主周乡绅家为了纪念“三代五进士”的盛事而造的。它是地主阶级威势的象征，是压在农民精神上的一块磐石。因此拆桥与保桥的斗争，实质上就成了反对封建势力和维护封建统治的斗争。

周乡绅的形象塑造得有血有肉。他对农民软硬两手交替使用，先是“说家常，拉交情”，宣扬“挽天意”“尽人事”，大唱反对洋龙的“爱国”高调，妄图麻痹农民的斗志，搞乱思想，继而搬出“法律”，吓唬群众，又造谣中伤，企图孤立农民的带头人；最后凶相毕露，动用暴力进行镇压。周乡绅的“笑面虎”的性格特征完全是通过自身的戏剧行动暴露出来的。与周乡绅相比，农民李全生的性格则不够丰满，但精神面貌还是清晰的。他正直无私，有胆有识，但又不免带有自发反抗的某些弱点。④

夜已经深了，而洪深居室里还不断响起打字机的嗒嗒声，这声音在江南暖冬的静夜里传得很远，有时偶尔夹杂着从隔壁卧室里传出的妻子余永贞的干咳声，粗心的丈夫却似乎对此并无觉察。

这天早餐后，洪深照例一边吃茶一边翻阅报纸，忽然，《益世报》上的一篇文章引起了他的关注：《洪深论》，作者马彦祥。洪深放下茶杯，忍不住仔细研读下去，读到最后，发现该文作者还预告了日后下文的小插题：(三)社会主义者的洪深；(四)洪深的作品评述；(五)洪深和中国剧运的关系。

放下报纸，洪深的脑海中又浮现出刚刚淡忘的伤痕：上海复旦大学教授楼里自己居室被特务搜查，书籍器物被翻得一片狼藉；潘公展局长笑容可掬的面孔和话中有话的警告；第二高等法院法庭上那貌似公正的法官无奈的笑容；妻子余永贞被惊吓得六神无主的木讷神情……

洪深心乱如麻，急忙提笔给自己熟悉的弟子马彦祥写信：

> 我正在觅求清静的时候，而人家偏是不肯放过我，仍是刺激着我的情感，我总觉得是太苦了。⑤

其实，洪深的内心又何尝不知，马彦祥是在文中公正地阐述他的戏剧才能，不过又指出洪深不为田汉和朋友们所理解，因而心情孤寂，不得不离开上海。洪深虽身为国民党员，思想上却完全赞同左翼立场，由于当年斗争环境的复杂，这一尴尬不仅在当时，也为他以后的坎坷人生埋下了祸根。

1931 年 3 月 15 日，洪深编剧、中国自己完成的第一部有声电影——蜡盘发音——《歌女红牡丹》在上海公映。

6 月下旬，洪深受明星公司之托前往美国，接洽选购有声摄影器材并聘请技师。8 月 21 日，洪深自美国返沪，除带回有声电影器材外，还聘来了美国技师。同来者有制片人茄逊(Harry Garson)、摄影师史密司(Jack Smith)、助理摄影师威廉森(James Williamson)及其他工作人员共 15 人。

11 月，明星公司开拍洪深编剧的片上发音的有声电影《旧时京华》。该剧本描写了清末一个贵族家庭衰落的始末，由张石川导演。这是明星公司利用从美国购进的设备和聘来的技师拍摄的第一部片上发音的有声电影，参加的演员有王献斋、朱秋痕、洪深等。1932 年 1 月底该片首映时，适值上海爆发“一·二八”事变，影片的放映因此受到很大影响。但这毕竟是中国本土独立制作有声电影的一个起点。

此前的1931年7月，我国在日本拍摄完成的第一部片上发音的有声故事片《雨过天晴》曾在上海公映。

在中国，要切切实实地办成一件事，着实不易。洪深不辞劳苦赴美接洽选购有声摄影器材并聘请技师归来，未料有人竟在9月21日的《文艺新闻》第28期上发表对于此事的非议文章。洪深看后十分气愤，在病与愤怒中，于10月5日在《文艺新闻》第30期上发表文章说明真相，并表明自己事业之追求所在：

> 想说事实：一、机器是买的，都是必要的。否则在照相和声音方面，决计弄不好。二、技师是请的，两位摄影师，一位电器工程师，两位化学师。三、“并未”请导演。四、我们根本就不曾请导演，只请技师，就常识而论，外国人能了解中国人什么？
>
> 我自己呢，极愿做成一位学者，但绝不是所谓名流。我的生存是靠自己的努力得来——我今天的地位，都是我一个人的心血，汗珠，努力得来——你说我是别人造成的么，你说我背后没有靠山就不能生存么！你这是存心地气愤我了，因为你明知道事实不是这样。
>
> 我觉得我对于戏剧，研究了多年，略有心得。我对于后人最大的贡献就是将我研究所得写了出来，庶几以后从事戏剧的人，不必像我这样吃苦费力。⑥

这一年，洪深并未气馁，他的英文打字机继续嗒嗒嗒地响着。他的“农村三部曲”的创作灵感依然使他不能自已，他创作的三部曲之第二部《香稻米》就在该年由他的脑际喷涌而出。

当时，有人这样评价这部作品：《香稻米》剧本的中心问题，虽在描写农村经济之急速崩溃，但“丰灾”却成为其重要的插曲。剧本通过“丰灾”（即20

世纪30年代的农民即使丰收却依然承载灾年之难)这一社会现象的表面,来折射农村经济破产这一大悲剧的全景。这半殖民地社会构造的特质,都被作者在《香稻米》中用非常复杂的场面表现了出来。

又说,作者描绘了落后的农民意识成长的过程,与他们由于被现实残酷打击,渐渐地在心理上起了变化而摧毁旧有观念的过程。

1932年,洪深在《文学月报》第7期上发表《印象的自传》一文,对自己在当时复杂政治环境下的尴尬处境进行了深刻的自我剖析:

> 我一生也演过不少的喜悲剧,诚然是充满着矛盾;我也曾随波逐流,做过许多别人都做的事情;我也曾牢持己见做人家绝对不肯做的事情;我还做过许多那别人想不到我会做的事情;甚至做过我自己晓得不应该或不必做的事情。关于我的以往,有一位朋友,曾这样地说过:"你的行为和你的历史环境是不容分离的;你再强硬一点,你会没有了;你再软弱一点,你也没有了。

洪深既是一个有正义感的进步知识分子,又是一个坦诚而真实的人。他毫不隐瞒自己的心曲,他的内心自剖,使我们得以更真实地认识洪深其人和他的内心世界,走进他的全部人格的真实世界。

这一年,洪深受明星公司委托,特别邀请了左翼著名作家阿英(钱杏邨)、夏衍、郑伯奇参加该公司的编剧工作。这使得左翼电影在当时的中国电影界获得了一席之地,从而对促进中国进步电影的发展起到了重要作用。

关于这件事,阿英曾回忆说:

> 1932年,大约四、五月,洪深来找我,说明星电影公司老板周剑云希望我并再找几位有点名气的作家做他们公司剧本顾问。洪深当时在那里当编剧。洪深说,明星老板感到形势发展,如影片内容不改变,怕赚不到钱,所以才决定聘请几位左翼作家。
>
> 我将这个情况向组织汇报了,不久秋白(指瞿秋白——笔者注)

> 找夏衍和我去谈话，决定派夏衍、郑伯奇和我去。为此事，秋白对我说电影社会影响最大，既然找上门来，我们为什么不去？秋白说，我同周剑云熟悉，洪深已在，这是个好条件，要利用它。⑦

洪深是一个有着爱国热肠的著名影剧家和教授，1932 年 7 月 13 日，他看到报上登出“中国第一有声影片有限公司（美国注册）”的大幅招股广告，不禁怒火中烧，他认为这是典型的文化侵略，是与其经济侵略相辅相成的。在大是大非面前，他又一次拍案而起，执笔写出一篇长文《美国人为什么要到中国来办影片公司摄中国片——请注意别放过了这个问题》，于 7 月 23 日在上海《晨报》上全文刊出。

在文中，洪深尖锐地指出，中国第一有声影片公司的开设，和日本人在上海开纱厂一样：中国人出汗出血、做牛做马，供帝国主义者享用作乐。而经济侵略和文化侵略密不可分，经济侵略的完成，也就是文化侵略的完成。……每个电影院，就是一个奴隶养成所，使得你服服帖帖地接受他们的统治和压榨。

不久，《晨报》又发表了洪深的另一篇长文《关于中国第一有声影片公司几件事实追问》，提出 44 个实质性问题，要求该公司回答。

洪深登高一呼，激起了社会的强烈反响，闹腾得沸沸扬扬的所谓“中国第一有声影片公司”至此彻底瓦解。洪深的呐喊挫败了美国妄图垄断中国民族电影的计划，捍卫了民族尊严。

鲁迅说过：“我们自古以来，就有埋头苦干的人，有拼命硬干的人，有为民请命的人，有舍身求法的人，……虽是等于为帝王将相作家谱的所谓正史，也往往掩不住他们的光耀，这就是中国的脊梁。”洪深就是这种“中国的脊梁”，他自 20 世纪 30 年代初加入左联以来，身上那种古代侠士“当理不避其难，临患忘利，遗生行义，视死如归”的刚烈品格就表现得非常突出，对“中国第一有声影片公司”的斗争就是继他在上海“大闹大光明影院”事件后的又一突出表现。

洪深的爱国主义精神不止表现于此,他还参加了复旦剧社旨在为东北义勇军捐款的义演,以海上名票的身份,以京剧《琼林宴》节目为义勇军筹款,参与复旦京剧社的演出和彩排。

当年的复旦校刊上有过这样的记载:

声誉卓著之复旦剧社,不日将公演名剧:过去在洪深指导下排演过:《寄生草》《西哈诺》《说谎者》。为社会人士所赞誉。表演细腻,台词清晰,态度雅正。最近因东北义勇军长期抵抗,饷械俱缺,为彼此共尽公责,乃排名剧《胜利》《战友》。[8]

为义军筹款,复旦京剧社行将彩排:除大部分会员义务登台之外,并聘请海上名票加入表演,节目有洪深教授之《琼林宴》。[9]

洪深这一年还完成了"农村三部曲"的第三部《青龙潭》。关于这一部,洪深在自己后来为"农村三部曲"写的自序中说:

第三部,本想写《红绫被》——那是前两部曲的必然发展。但因两次写了第一幕,都不能使我自己满意,所以搁下不用,另写了一出《青龙潭》。

《青龙潭》所写的是"口惠而实不至"的结果。讲解,演说,宣传,教育,平时似乎很收效果;然而都是靠不住的,如果负责的人,不能为农民解决生活上的困难,不能使他们获得实际的利益!

1932年,也是洪深电影批评文章丰收的一年。可以毫不夸张地说,洪深是当年电影批评界最活跃的一个人。

该年7月,电影艺术研究会在上海《晨报》创办《每日电影》副刊,洪深为发起人之一,且几乎每期都撰稿发表。

他当年在该副刊上先后发表文章达20篇之多,目录如下:

(1)有声电影的基本知识:1932年7月、9日、10日、11日;

(2)美国人为什么要到中国来办影片公司摄中国片:1932年7月21日;

(3)关于中国第一有声影片公司几件事实追问：1932年7月29日、31日；

(4)影评，《慈母》《一夜豪华》：1932年7月8日；

(5)影评，《〈小英雄〉甚好》：1932年8月5日；

(6)影评，《弄假成真》：1932年8月10日；

(7)影评，《奋斗》：1932年8月13日；

(8)影评，《飞来横祸》：1932年8月26日；

(9)影评，《爱神笑匠》：1932年9月4日；

(10)影评，《恋爱时代》：1932年9月10日；

(11)影评，《伤面人》：1932年10月29日；

(12)影评，《颠鸾倒凤》：1932年10月；

(13)影评，《天魔》：1932年11月19日；

(14)影评，《三姐妹》：1932年11月27日；

(15)影评，《戏妻记》：1932年12月24日；

(16)影评，《二十年前之秘史》：1932年12月25日。

还有与其他人合写的影评：

(17)《情医》，署名洪深/席耐芳，1932年9月24日；

(18)《努力》，署名洪深/孟令，1932年11月9日；

(19)《聪明三女子》，署名洪深/孟令，1932年12月15日；

(20)关于《战友》，署名洪深/苏风，1932年12月15日。[10]

与此同时，洪深还在《文学》杂志上发表其他文章，除上述《印象的自传》外，还有《时代下的几个必然人物》《我对于"九一八"的感想》，涉及自传、时评、时代风貌剪影等杂文。

1932年又是洪深心情十分沮丧的一年。这一年，洪深的第二任妻子余永贞因久患肺疾不治，在江苏武进病逝。这一突然的打击使得洪深一时间痛不欲生。他和余永贞毕竟生有四个孩子：子镇、女铃、女铜，另有一个（性别、排行均不详)过继给了洪深唯一的同母胞妹。

余永贞病逝时,这些孩子虽都还健康在世,但毕竟年幼,他们怎能失去妈妈!

在有声电影成长期的新贡献

1933 年是中国左翼文化取得丰硕成果的一年,就世界而言,这是红色的30 年代,世界左翼文学空前繁荣,苏联、法国的左翼文学发展势头凶猛。就国内来说,该年 1 月,茅盾的长篇小说《子夜》出版,在社会上引起强烈反响;4 月,瞿秋白发表《子夜和国货年》一文,称《子夜》为现代“中国第一部写实主义的成功的长篇小说”。同年,影响颇大的王统照的长篇小说《山雨》,茅盾的短篇小说《秋收》《残冬》(《农村三部曲》之二、之三),鲁迅的杂文集《伪自由书》、与许广平通信集《两地书》等相继发表或出版。

中国左翼文学创作成绩斐然。然而,中国左翼文学的命运却并不那么一帆风顺。

该年 5 月 14 日,丁玲、潘梓年在上海被捕,应修人因拒捕而坠楼牺牲。为此,洪深与多位文化人士联名,强烈要求政府当局释放丁玲、潘梓年。

5 月 23 日,由民权保障同盟领导人发起,众多文艺界人士如蔡元培、杨铨、陈彬和、胡愈之、洪深、邹韬奋等签名,发出营救丁玲、潘梓年的电报。

该年,洪深为明星公司编剧《压迫》,并导演阳翰笙编剧的《铁板红泪录》。

1933 年也曾被称为“中国电影年”,洪深在《1933 年的中国电影》一文中对这一年中国电影取得的业绩做了全面的述评。

据统计,从年初到洪深写文章时为止,1933 年国内共生产影片约 66 部,其中明星公司 18 部,联华公司 10 部,天一公司 7 部,各小公司合 31 部,片名如下:

1月:《三个摩登女性》(联华)、《恋爱与骨肉》《东北义勇军战史》《东北义勇军血战史》(以上小公司);

2月:《狂流》《失恋》(以上明星)、《天明》(联华)、《四郎探母》(小公司);

3月:《琵琶春怨》(明星)、《城市之夜》《都会的早晨》(以上联华)、《孽海双鸳》《追求》(以上天一)、《春风杨柳》《三生石》(以上小公司);

4月:《女性的呐喊》(明星)、《大丈夫》《荒岛野人记》《孤军》《她的心》(以上小公司);

5月:《脂粉市场》《春水情波》《道德宝鉴》《前程》(以上明星)、《除夕》(联华)、《血书》《觉悟》《和平之花》(以上小公司);

6月:《健美之路》《现代一女性》(以上明星)、《二孤女》《图中秘密》《清白》(以上小公司);

7月:《我们的生路》《文武香球》《心腹之患》(以上小公司);

8月:《母与子》《压迫》(以上明星)、《母性之光》(联华)、《生机》(天一);

9月:《满江红》《姊姊的悲剧》(以上明星)、《飞絮》(天一)、《猺山艳史》《到上海去》《拼命》(以上小公司);

10月:《春蚕》《残春》(以上明星)、《小玩意》《古寺鹃声》《清道夫》(以上联华)、《苦儿流浪记》《挣扎》《飘零》(以上天一)、《白金龙》《春潮》(以上小公司);

11月:《铁板红泪录》《香草美人》(以上明星)、《半夜枪声》(联华)、《血路》《三镖客》《晨曦》《离恨天》《爱拉廷》《西方夜谭》《蛮荒之花》(以上小公司)。

洪深说,从这66部影片里,可以看出几种明确的主流。第一,不断的凶残的帝国主义对我们民族生存的威胁,和强烈而广泛的民众对帝国主义的反抗。第二,反对封建体制的作品这一年也有了很多成就,例如揭露土豪劣绅助长灾害的《狂流》,反对封建婚姻制度的《琵琶春怨》,揭发遗产罪恶的《孽海双鸳》。第三,就算上面说及的有暴露倾向的作品,一年来占有了最大的成分,就是比较落后的作品,也有意无意地加上了一些暴露的穿插。

不论以哪一种观点，我们确信着：中国电影的新的转变是一桩值得祝福和夸示的事情。

春天，的确已经是初春了，虽则还有寒风，还有霜雪，但是无数的怒茁的新芽，已经一天天地正在成长。

洪深该年在《文学》杂志上发表的《1933年的中国电影》一文中，这样欢呼电影春天的到来。

是啊，洪深已经在展开双臂拥抱1933年这中国电影的春天了！

在影评方面，洪深该年收获亦甚丰，仅在《上海晨报·每日电影》上，从该年2月至10月，他就先后发表了《〈大饭店〉评》《莫斯科之英雄》《铁血鹰魂》《生路》(署名洪深/席耐芳)、《父母子女》(署名洪深/孟令)等多篇影评。

洪深的影评，学术性颇浓，像发表在《晨报·每日电影》的《〈大饭店〉评》，不但深入分析了片子的得失，还将小说与电影做了比较。洪深是中国电影的先驱者之一，研究中国电影的人，不应忽视洪深所作的贡献。

《铁板红泪录》被认为是洪深所导演的影片中最好的一部。洪深在左翼电影运动时期，特别是1933年，对我国电影的发展贡献颇多。

下面是当年洪深和阳翰笙关于创作电影《铁板红泪录》时的一个插曲——

一次，洪深、夏衍来阳翰笙住所，请他写电影剧本。

阳翰笙说："我是写小说的，不会写电影剧本。"

洪深就说："你就照小说写么，我给你改。"

电影《铁板红泪录》的剧本就是这样被逼着写出来的。

这一年，洪深在繁忙创作的同时还完成了《洪深戏曲集》的出版和《洪深戏剧论文集》的编辑工作，这是洪深在戏剧理论活动方面取得丰收的又一个年头。

1933年10月，洪深为自己的戏剧论文集撰写了这样的序：

在这多篇文字中，我只对于论表演术的三篇，比较能够自信。用“行为心理学”来解释戏剧表演的技术，是我斗胆首创的；敬请诸位“法家正之”。

洪深学识渊博，他在行为心理学、西方哲学和美学等方面的造诣，使他不仅能赋予自己的表演理论以学理的深度，且可以对自己舞台实践的心得做出理性的升华。他的表演理论无论是就学术性还是就实践色彩而言，在当时中国戏剧界都是首屈一指的。

该年的9月和10月，洪深在《戏》杂志第1期、第2期发表了《表演电影和表演话剧》和《三个S》两篇关于影剧表演艺术的短文。在文中，他谈到了影、剧演员表演的异同，并指出表演的共性即是“三个S”。他说：

舞台成功的演员，了解了二者的不同，是可获银幕成功的。

Sincere——诚恳不造作；Sureness——做戏不犹豫；Spontaneity——按部就班如第一次一样。

该年2月，爱尔兰作家萧伯纳(George Bernard Shaw)访问上海，洪深作为中国戏剧与电影文化团体的代表请萧伯纳吃饭，请萧伯纳演说并亲自担任翻译，还与萧伯纳合了影。萧伯纳访华，在当年的上海无疑可算是一桩盛事。

这年4月，为了给抗日筹集款项，洪深把自己创作的话剧《五奎桥》交由他所执教的复旦大学学生社团复旦剧社做了第一次正式公演，并自任主角。

那时，在复旦剧社的排练场上，七八十人出演，真是济济一堂。洪深自任周乡绅一角，他还请了朱端钧任导演，自己则既做演员又协助朱导演组织排演现场。他要求演员一切服从导演，自己则来回奔忙，满头大汗，其繁忙程度堪比当年在该剧社排练《西哈诺》一剧。

当年的复旦大学校刊曾这样记载：

复旦剧社排演名剧《五奎桥》。《五奎桥》须演员七十多人，伟大不亚于《西哈诺》,朱端钧导演。[11]

为抗日筹款,复旦剧社加紧排演《五奎桥》,洪深教授自任主角。[12]

年底,复旦剧社又公演新戏,外国戏剧《约翰·曼利》,并配奏音乐。这是洪深当年在美国演过的一个剧本,现由朱端钧译成中文,它既包含着有传统道德气味的旧内容,同时它又有旁白、独白,在为爱而牺牲的故事中充满诗的情调,流露着无限崇高和优良的情感。剧里还有一首凄婉的歌曲,配着哀怨的音乐,尤为悦耳。作为学院的大学生剧团,其演出中外各色剧目,旨在锻炼学生的戏剧表演技巧,应在情理之中。

紧接着的1934年,41岁的洪深在影剧及文学著述方面再次获得丰收。

这年5月,洪深撰写的《电影界的新生活》一书由南京正中书局出版。此书是"新生活丛书"40种中的一种,其余各种亦由不少著名学者参加撰写,如哈佛大学毕业的医学家刘瑞恒、美国留学的常州籍女作家陈衡哲、法国留学画家林风眠、法国留学戏剧家唐槐秋以及音乐家萧友梅、戏剧家顾仲彝、优生学家潘光旦等。

《电影界的新生活》全书两万余字,共五章:

第一章　构成分子的复杂:复杂的参加底动机

发财——谋生——出风头——好玩——爱好艺术——文化运动——中国电影品类的不齐——电影在目前所负使命的重大——为什么从事电影——自我批判的重要

第二章　电影工作的困难:电影须要合作

三种专识(文艺·技术·商业)——从业员应备具的资格——健全的身体——清楚的头脑——平素的修养——社会能力——情感的克制——每人应研究自己的弱点

第三章　所谓电影界的习气

第四章　新生活与计划电影

第五章 新生活的实践

洪深在《电影界的新生活》第五章起首便提出：

“规规矩矩的态度，正正当当的行为，清清白白的辨别，切切实实的觉悟”，这是从事任何事业而冀望成功的人所必须备具的条件。

该年7月，他发表了关于中国戏剧改良的文章。文章说：

昆剧的代替北曲，是民众戏剧的逐渐贵族化。它的存在，只可供少数学者的研究与鉴赏。

封建的但是大众的歌剧不妨仍予利用，唯须彻底改换内容。好在一部二十四史中的史实，本是为适合某一时代政治需要而任意改造的。

话剧的创作应不受任何的传统的约束。⑬

洪深该年撰写的著名《编剧二十八问》被收入《中国电影年鉴1934》。

这年5月，洪深撰写完成了《申报总编纂(长毛状元)王韬考证》一文。该文是洪深专为6月出版的《文学》杂志之《中国文学研究》专号而写的。

洪深之所以对王韬这位生活在19世纪清代晚期的中国知识分子进行考证，是企望“我们可以明白认得王韬的生平、性格、事业和他在文化上的贡献”。洪深更是指出当时较少见的这位曾游历欧洲的平民知识分子：

一生也有不少的矛盾：劝人不要“遁迹居夷”，而后来自己竟是老做西人的佣书；又如他数次上书清军当局，献呈剿灭太平之策，而后来又去上书忠王，劝他夺取上海；这些都不足怪；这些都是一般知识分子动摇转变的态。

洪深认为：

在变革动乱的时期中，不仅王韬一个人是如此；也不仅是在太平革命的一个时期中是如此。

6月这期《中国文学研究》专号，在当时得到了许多著名学者的支持，而且得到了鲁迅的赞扬。

六月一日出版的二卷六期《中国文学研究》专号，内容十分丰富。试举出若干题目可见一斑：《十年来中国文学新资料的发现史略》/郑振铎、《中国纯文学的姿态与中国语言文学》/魏建功、《中国诗歌中之双声叠韵》/郭绍虞、《论〈逼真〉与〈如画〉》/朱自清、《申报总编纂(长毛状元)王韬考证》/洪深、《左传遇》/俞平伯……真是琳琅满目，无怪鲁迅几次向我谈到这期专号，每次都表示满意。他当时还给郑振铎写过信，称赞这期专号："本月《文学》已见，内容极充实，有许多是可以明白中国人的思想根柢的。"⑭

20世纪30年代，中国的电影编剧理论还处在拓荒期，1934年出版的《中国电影年鉴1934》是其中的力作，这里以其中洪深的《编剧二十八问》为例，便可窥见一斑。

第一问，故事是否完备？该文指出，一个完备的故事要有三个要点：起因、转折与结局。三要点还把故事分为四部分，即起因之前的前言，起因到转折之间的为纠纷的进展，从转折到结局是解决的经过，结束之后有一段余波。前言与余波有时可以省略，而对于复杂的故事，中间的两部分则往往循环重复。

第二问，情节用何格局？洪深阐述了喜剧的格局、悲剧的格局、加速的格局、迁缓的格局、单纯的格局、繁复的格局的不同，要求编剧依据创作的"社会目的"预先研究决定。

第三问，材料是否匀称？洪深提出了审度材料的必要性和重要性，特别指出如果电影是十本，那么第五本、第七本、第九本很重要，即要写好三本戏。一部电影应该写好这最重要的三场戏，否则平铺直叙，就无起伏、无焦点，就会成一本流水账。

第四问，排次是否适当？洪深说，故事有顺序法、倒叙法和杂叙法。他引用毕特金教授的话说："材料的排次，应当顾到三点：如何使观众了解一件事的因果，如何使得观众相信一件奇特而不大可信的事，如何使得观众感到兴味。一件事的历史的次序，有时固然不能不更动颠倒，但更动以愈少为愈妙，因顺叙法最能使观众了解和记得，所以是最能激动观众的情感的。"[15]

第五问，能否引起兴味？故事能否引起兴味，洪深以为可分为三类：一是情节的兴味，二是人物的兴味，三是社会的兴味。

第六问，是否善用技巧？洪深说编剧的技巧是三个S，即悬念（Suspense）、出奇（Surprise）与满足（Satisfaction）。

第七问，人物是否真实？洪深说："一个时代，必然有那被环境社会所磨炼成的某某型的人物，而故事都是这种人物做出来的。"

第八问，选择是否得当？洪深以为："一个人的行为。本来是十分复杂的，时而为理智驱使，时而受情感推动；很少是能前后一贯、自己不互相矛盾的。然而他应付环境的历史，往往无形中造成他做人的习惯；他的行动举止，渐渐地有了一定的格式，和他相熟的人，皆可预测，他受到了某种刺激，必然有某某种的反应与答复，他自有他的一套处世法则；这时候他便有了特殊的个性与人格了。"

第九问，配合是否相宜？对此，洪深引用了明末清初戏曲家李笠翁说过的话："一本戏中，有无数人名，究竟俱属陪宾，原共初心，只为一人而设。"为什么一部戏不能没有一个主脑呢？因为不如此，观众便难以摸着头脑抓住线索，便会感到混乱与乏味。

第十问，描写是否清楚？戏剧描写人物的方法，共有六个，三个方法是直接的：一是说明他的行动（习惯的行为、临机的应付、一时的举动、偶尔的发作，以及气度、姿态、眉目手足的小动作）；二是记录他的言词（爽直地说出他的思想与情感，无意地流露他本欲瞒人的心事，以及故意所作的欺人之谈);三是模仿他的口气(他的年岁、门第、职业、教育、气质,都可以从他说话的方式、用字、音调中显露出来的)。其余是间接的:四是形容他的背景;五是注意他给别人的影响;六是听取旁人对他的口碑。

第十一问,背景是否确切?洪深以为,一个故事有三层背景:地方的、时代的与社会的。故事的这三层背景都得顾到,但也有时候三者之中格外注重一种,于是便有"属于某一处的故事"。

第十二问,色彩是否明显?人事的纠纷可以成为好的故事情节,经精密地分类过,结果只得36种剧情。

第十三问,空气是否统一?洪深认为,空气就是情调,空气不统一,不但不能紧紧抓住观众的情感,甚至会使观众迷懵而无所适从。

喜剧方面又可分为:(1)过分夸张而卡通化的;(2)以情节取胜的;(3)形容人物或生活的幽默的;(4)以真的事实与奇异的幻想相掺和的。

悲剧方面也可分为:(1)以情节取胜,刺激观众的恐惧惊慌紧张这类情感的;(2)诚恳忠实地反映人生的;(3)带些感伤而富有诗意的;(4)愁惨严重的。

以上八种,情调不同,根据现实的限度,恪守情理的需要也不相同。

第十四问,剧旨是否伟大?每一部剧本必有一个中心思想,每一部文艺作品都应当是作者阅历了、观察了、认识了人生以后的结论,就是他改善时代生活状况,以求增加永久的人类幸福的一种社会主张。

第十五问,发展是否合理?洪深以为,事的发展有三要点,即一忠实,二有必然性,三不离剧旨。

第十六问,剧本所写何物?洪深以为,一个实际应用的剧本,所写入的共有七项:(1)指出每件事所发生的地点和时间;(2)记清每个背景内到场的人物;(3)详细叙述每个背景内一切事实的经过;(4)特别说明那些比较隐微曲折的心理变化、有意义的姿态行动,以及有关系的用品物件;(5)简洁地写下剧中人在必要时机所说的言语;(6)将故事中过渡的或次要的部分,有时不必用画面演出,或画面所不能演出,或虽能演出而仍不完全清楚的,用总说明来解释;(7)提取一个适当的剧名。

第十七问,事实是否视觉化?电影影本是给人看的,故事的叙述应当就是许多幅连缀着的好看的图画。一件事情的意义、一个人的心事情绪,都得用醒目有趣的行动很明显地表达出来,无须再用言语解释。

第十八问,镜头运用是否恰到好处?"镜头"是否柔和美丽?"角度"是否新奇不俗?这是导演者与摄影师的事,编剧者可无须过问。但是每种镜头各有其特别效用,编剧者应该知悉,如果运用得不当,拍出来的影片就会词不达意。

第十九问,画面组合如何?影片画面的组合也和其他艺术的结构一样,有几个根本条件:一是变化,二是调和,三是相衬。

第二十问,解释与分析是否充分而不冗长?

(1)有重要用途的物件须有事先的布置与安排;(2)有意义的小动作须特别提出说明,以便摄制时不致忽略放松;(3)凡难以表演的隐晦曲折而层次繁复的心理,须分析得十分清楚。

第二十一问,开场是否醒豁?洪深提出迂缓的开场方法有五种,急迫开场的方法有两种,此外,还有一个特别开场的方法,就是用楔子或前奏曲,或者自己在现代追述以往的事。

第二十二问,收结是否有力?洪深认为,故事的收结应当一完即了,大忌拖泥带水,如果稍有微波,应当简短而隽永。

第二十三问,剧名是否具有吸引力?在该问中,洪深说明了提取剧名的"五要"和十种方法。

第二十四问,字幕是否能帮助剧情?在该问中,洪深说明了字幕的三个任务和"四忌":一忌呆板重复,二忌用得太多,三忌笔调不一致,四忌冗长。

第二十五问,对话是否显示性格?简言之,剧中人告诉你事实,都是从他的"情感的颜色眼镜"里看出来的。剧作者写对话的时候,应当对说话人的天生性气、平日为人、在现时环境中的地位和身份、怀着什么心事、此刻有什么情感,面面都顾到。甚至极平淡的随便一句话,仆人进来报告"晚饭预备好了”,说话人也有他的个性和身份。

第二十六问,是否流利顺口?对话原是有生命的人说的话,就得使观众听了觉得是该人说出来的。

第二十七问,是否具必要性?对话有三个条件,第一是经济,第二是经济,第三还是经济。一句话被留在剧本里,应当是为了某一种必要的效果,否则对话本身无论如何优美,也务必割爱删去。

第二十八问,文辞是否美丽?洪深告诫电影剧作者务须记得,对话是戏剧的,而不是文字的,美丽在骨干而不在外衣。字句应当秀丽而不在堆砌辞藻。

以上虽说只是属于入门性的电影编剧工具书常识,却也道出了许多基本的影剧编剧规律,在中国电影戏剧的拓荒年代无疑具有理论和实践指导的价值。比如对于电影剧本的本质,对其视觉性、动作性、语言的个性化、故事发展的一般过程和情节构思的常规,该文都做了简要而又清晰的诠释。特别如他介绍,在一个十场的电影剧本中,要重点写好其中的第五、第七、第九场重场戏,以及情节的36种基本类型等常识。这些虽然都出自西方的影剧理论,但其编剧规律的普遍意义不容置疑。

这部电影编剧术语工具书,对从事电影编剧工作的新入门者而言,当然是不可或缺的,是一本常用必备的重要参考书。在1934年这个中国电影事业的发轫期,这本工具书更有其不可替代的电影理论奠基价值。

洪深的戏剧电影理论著述表明,他是我国“懂表演,懂舞台,懂观众,懂作家”的影剧理论家和实践家。田汉称赞洪深“是新戏剧家中学理地、实际地最懂得‘表演术’的”[16]。这真是一语中的。

在表现派与体验派两大表演流派的争论中,有人把洪深归入表现派。诚然,洪深很重视表演技巧的运用,重视演员基本功的训练,他在《电影戏剧表演术》中要求演员要“‘装龙像龙,装虎像虎’,扮一人像一人,做一行像一行”,但这并不是脱离人物性格、脱离生活的技巧卖弄;相反,他对技巧的运用是建立在他对生活的长期观察和积累之上的。在重视表演技巧的同时,洪深也十分重视人物心理的真实性，他要求演员有真切的内心体验。他认为，“不管舞台上一切表面真实可‘像’至如何程度，剧中人物的行为，必须事事被观众认为合于情理”；又说，即便表面不“像”，只要演员体验准确了，就是舞台上“更高的真实”。因此他告诫演员在舞台上“不要演戏要做人”。在论述演员如何把握表现与体验的关系时，洪深认为演员在舞台上如果只有表现而没有真情绪，动作就不完备；只有体验真实而深刻，表现才能产生巨大的艺术魅力。可见洪深并不排斥表现中的“体验”。

说到洪深这一时期的家庭生活，也有一些小插曲。本来，余永贞去世后，洪深曾经和复旦大学外文系毕业的张女士有过一段感情发展，但是女方提出的条件是，只有洪深做官才肯答应婚事。这怎么可能呢？于是，洪深放弃了这段感情。那阵子，他脑海里又不时浮现出余氏临终嘱托时的情景——

那天，洪深一进门就觉得气氛异常，他悄悄把常青真叫到一旁。常青真脸带愁容地说：“洪先生，太太她这几天很不好……总是咳嗽不止，我觉着你该多陪陪她……”

洪深走到余永贞的病床前，看到她那奄奄一息的样子，心中顿时凉了半截，他甚至自责对妻子关爱太少，他愧疚地坐在床前，握着余永贞瘦骨嶙峋的手掌，心中很不是滋味。

余永贞睁开眼看到他，喃喃叫了声：“先生，把青真叫过来。”洪深立即示意让常青真到床前来。余永贞有气无力地对洪深说：“先生，看来我要不行了，请你答应我一个要求吧，这是我今生对你的第一个也是最后一个要求。”她看了一眼青真。说：“先生，我死后，为了这个家，为了孩子，你就要青真为妻吧，她会照顾好你们的。”

这时的洪深突然觉得自己没有理由拒绝一个和自己相伴了半生的女人临终前的唯一要求，他默默地对余永贞点了点头，并把她的一只手放在自己的掌心里，紧紧握着，似乎要用手心的余温去传递自己内心的负疚和认同。

余永贞去世后，洪深于次年（1933 年）春与常青真在上海由（冯姓）律师签署文件，二人结婚，住在上海蒲石路蒲石里。婚后，常青真称洪深为“洪先生”，洪深则称常青真为“洪师母”，两人相敬如宾，十分和睦。

对洪深，常青真知之甚深，她说：

> 洪老一生，对孩子、对妻子、对家庭，充满了感情，很负责任。洪老对孩子和妻子是平等的，满怀着爱护和关心。[17]

在20世纪30年代前期这个中国电影的春天，洪深为明星公司编写的有声电影还有《劫后桃花》。这个时期也是洪深电影创作的黄金时期，参加左翼文艺运动激发了洪深的创作激情，而爱国者的热情又使他的灵感喷涌而出。一时间，明星、联华、新华、艺华几家公司都在开拍洪深的剧作，而《劫后桃花》则是最能代表洪深艺术成就的名作。

这部作品中融入了洪深在青岛的一段经历和感受。

在青岛崂山，洪深有一份祖业，即“观川台”，后被日本人侵占。洪深写过一篇散文《我的失地》，揭露日本人侵占崂山祖业的经过。

这又要追溯到洪深离沪赴青岛的一段经历。

洪深当年从美国回来后购买了西文书籍近万册，他在离开复旦大学拟往青岛山东大学任教前，将自己的藏书捐赠给了复旦大学(洪深先后将自己藏书捐赠复旦大学总计约3000册)。

1934年8月，洪深偕妻子常青真和两个女儿铃和铜到青岛，任山东大学外文系主任，一家人住在青岛当时的黄县路11号，直到洪深离开青岛。

其间，洪深在青岛撰写了《我的失地》一文：

> 我每次到青岛，也许我是太“生的门得尔”——Sentimental——吧，总得设法到南九水去探视一次。去时总是独自一人的时候多；我轻易不敢对人家说，我才是这屋的真正主人；人家也不晓得我还有这样一块“失地”。[18]

11月，洪深在青岛故地撰写发表《留得青山在》一文：

松槐无恙，青岛“大衙门”顶上的国旗可是已经换过三次了。

青岛的青山，怎样可以留得住！[19]

这一年下半年，洪常氏（常青真）在青岛产下他们的第一个孩子，这个女儿名钢。

洪深于 1934 年 8 月到青岛山东大学，于 1936 年 3 月离开青岛回到上海。在这短短的两年间，他做了不少工作，给人留下了深刻的印象。

不久，洪深又以《留得青山在》为基础，编写了电影文学剧本《劫后桃花》，刊载于《文学》1935 年新年号上。丰富的阅历、真切的情感、熟练的技巧，使这部剧本在人物性格刻画上入木三分，引起了文学界和电影界的极大关注，又因时逢举国抗日救亡热潮日甚一日，明星公司不惜投巨资拍摄该片。

这是一个时间跨度较大的影片：遗老祝有为的花园别墅靠近青岛炮台区域，为保住别墅，祝有为通过汪翻译巴结上了德国总督。而祝家花园种花的刘花匠与小姐祝瑞芬经常照面，不免互生好感。一次，刘花匠因看不惯汪翻译的洋奴相，当面斥责讥讽，然后怒走他乡。青岛从德国人手中转入日本人手中，祝的表侄余家骧当了日本特务，因祝家一向看不起他，为报私仇，余家骧设计害死主人，把别墅变成了“日本军人俱乐部”。祝太太不知真相，托余家骧设法收回房屋，余却以娶祝瑞芬为妻作为交换条件，祝太太岂肯妥协。几年后，青岛由中国政府收回，别墅又变成了公署职员宿舍。祝太太晚景凄凉，虽多方奔走，房子仍无法收为己有，不得已将女儿祝瑞芬嫁给了家庭教师李先生。这时，刘花匠也回到青岛。这天，祝太太、祝瑞芬、李先生、刘花匠一起来到花园别墅门前，只见庭院桃花依旧，但已物是人非。

影片表现了近 25 年间青岛的世道变迁，刻画了为侵略者效劳的汉奸的无耻嘴脸。对往事的联想，可以鉴今。经过张石川的导演处理，一人一个个性，每一场戏都给人留下了深刻印象。

影片结尾耐人寻味：“日本军人俱乐部”的牌子被拿下以后，祝太太、祝瑞芬等人隔门看见当年种的桃树已开满桃花,这时,一个健壮青年从桃树上跳下,将一盏日本灯笼取下来踩得粉碎。淡出,影片结束。影片在摄影技术上也有创新,在当时获得了极高的票房收入。片中,祝瑞芬小姐由胡蝶出演,直至 20 世纪 80 年代,这位影后在回忆往事时,仍对 30 年代该片的拍摄记忆犹新。

1934 年、1935 年,几家电影公司都拍摄出了思想意识和艺术水平都有相当水准的优秀电影,如:明星公司的《劫后桃花》,电通公司的《桃李劫》《风云儿女》《都市风光》,联华公司的《渔光曲》《大路》《新女性》。其中洪深继《劫后桃花》之后,又编写了《新旧上海》《女权》《社会之花》《梦里乾坤》和《四千金》等。他这一阶段在电影方面的贡献显而易见。

投身国防戏剧的热潮

1935 年,洪深继续在山东大学外文系授课,并担任外文系系主任一职。

这年 7 月,洪深在上海《良友画报》发表了《我的打鼓期已经过了么?》一文,这是他对自美国回来之后二十年来自己话剧和电影工作的一个回顾。

在这一总结性长篇回顾文章里,洪深说:

> 公元一九一四年起到现在为止,我干戏剧足足有二十多年了。前天我偶然翻到一张一九一五年在清华时所摄的剧照——剧名已忘了,可是还拖着一条辫子——不禁有点惘然。
>
> 回国后想干戏剧,可是一时找不到很多的同志。那时欧阳予倩不在上海,汪仲贤一方面在新舞台做职业演员,一方面编着《时事新报》的《光》,一点闲空的时间都没有。谷剑尘、应云卫、孟君谋、陈宪谟诸人还没有认得。
>
> 不久,欧阳予倩、汪仲贤介绍我入那本来由谷剑尘、应云卫主持的戏剧协社,我想,这一回合作同志有了,心里真是说不出的高兴。

戏剧协社在某一个时期，非常之有生气；是中国第一个戏剧团体的讲组织、讲纪律、讲方法的。没有会长、副会长等名字；而有一个理事会，每一个理事有一定的职务和责任，社内事情（尤其财政等）完全公开，无论何人，不许例外的优待，等等。协社的人，我到现在还能记得的。

过了几个月，明星影片公司请我去做编剧顾问，车马费每月四十元。在我和明星公司订立的合同上，声明虽不能兼任别家影戏公司的职务，但仍得继续戏剧协社工作。在我当时的观念，是以为在戏剧方面，已经试验过，我能晓得它的社会效果的。而在电影方面，我还是初试——我在美国，并没有学过电影——固然它所触接的民众，为数更大，但到底是一种商业组织，一面教育，一面营业，恐怕不是件可能的事，所以不愿放松了戏剧。可是协社的同人或其他朋友，都不在这一点上而在个人的地位上着想。爱护我的劝我不要自堕人格，如郭任远教授对我说，“电影界的道德观念是向来薄弱的，不必说上海，就是美国的好莱坞又怎样呢。”不谅我的人，如复旦一位同学刘光炎君说，“洪先生拿他的艺术卖淫了”。

我那第一次导演的影片是《冯大少爷》，颇受当时的知识分子所称道，但小姐奶奶们不大欢迎。我觉得世界上有两种悲剧。一种是落在时代之后，英文叫作 Outlived his time，就是他的时代已经过去了，他该当死了，但偏老而不死。还有一种悲剧，是跑在时代之前（Born before his time），他的时代还没有到，他所做的事情，和所说的话，当时的人，都不以为然；必须过了些时，才会觉得他是不错，就是梁任公所叹喟的：“十年以后当思我！”这两种悲剧，我是不断地阅历着的，落伍的时候也有，跑得太前的时候也有。

一个人不是万能的，就是“美国留学的戏剧专家”……——不是万能的。第一，要晓得，在大学里习戏剧，所重的是理论和文学，讲到舞台的实际，是必须到舞台上去实习的，但这样实习的机会，在美国是非常之少;我个人在美国因为要想在职业戏院里学习而去寻生意,曾经天天奔走老板之门,而两年中只成功了三次。第二,即使我得了个机会,能在职业戏院里登台上演,我所能学得到的,很是有限,你得慢慢地看,慢慢地偷,至于各人的吃饭秘密,当然不肯公开传授给你的。第三,在美国样样都讲专门,演戏也讲专门,例如惯演神经病患者,便永远演神经病患者,别种角色,不会来请教你的,在大学里,更是如此。戏剧只是一个总名,里面分许多部类。譬如我所专习的是"编剧",别的当然也会,但总不如那"医治戏病"(Play-doctoring)是我专长。可是中国一般的人,都以为外国的学堂戏院电影公司里的人,个个都不像中国人那样自私自利而是天上赐福的安琪儿,他们一律地忙着把他们的珍宝全盘地献给赠给塞给中国留学生的。留学生不但应当样样都会,而且应当样样都精;作品不但应当名誉好,而且还得赚钱多;办事不但须有效果,而且须要立刻有效果。这在事实上是不可能的,他们便刻薄你不是真金,而是镀金,我所遇到的许多困难,都是从这点误解而起的。

我认定从事戏剧和电影的人员,都是文化运动上的战士。但诗人到底不能比军人的。诗人的作用,有些像军队中的军乐队,他在情绪上可以鼓励和领导别的战士,但比起那些拿着枪冲锋的,作用要来得间接一点,而我呢,只可算是这个军乐队当中,一个敲打小铜鼓的人而已。[20]

洪深在自己的回忆文字中真实地说明了自己20年来在电影和戏剧事业中的奋斗历程和苦衷,可他无论遇到怎样的困境,总还是像一名文化战士那样,敲打着小铜鼓一直冲锋向前。这篇文字,不只留下了史料,它在字里行间所显示的,正是洪深那不屈的战士性格的真实写照,是他内心世界的自我表白,读之令人动情不已。

这里还必须着重指出，洪深是一位在戏剧电影方面难见的全才。在纪念洪深100周年诞辰时，一位中国电影史专家就这样全面地评价道：

> 洪深在我国电影界前辈中，是第一位对电影编剧、表演、导演的技巧及电影理论和电影评论作出了多方面贡献的全才。他的电影理论及技巧的著作，数量之多，涉及面之广，都是首屈一指的；仅在1935年，洪深就出了四本有关电影的著作：
>
> 《电影术语词典》，天马书店出版
>
> 《电影戏剧的编剧方法》，正中书局出版
>
> 《电影戏剧表演术》，生活书店出版
>
> 《电影戏剧表演术图解》，世界书局出版
>
> 有哪一位电影家在这方面可以与洪深媲美呢？没有。[21]

欧阳予倩认为，洪深是把电影戏剧当作学问来研究的，他读的书很多，也比较有系统，他的治学和工作方式都比较科学。欧阳予倩说："他知识很广博，作为一个戏剧导演，具备像他那样丰富学识的，在我们朋辈当中确实很少。"

郭沫若在为洪深著的《戏的念词与诗的朗诵》所作的序言中说洪深"对于话剧之外的一般的文学和艺术都有广泛和深刻的了解"。

洪深确实是一位知识渊博的学者，除了在早年所受的专业教育方面打下了深厚的基础外，他长年累月的刻苦读书与钻研也十分令人感动。

对于洪深来说，1935年是其影剧成果的一个重要丰收年，无论对其人生事业的历程而言，还是对中国影剧的历史来说，这一年都可圈可点。

还有，从话剧演剧事业这个层面来看，洪深一直支持的业余话剧社——复旦剧社，不仅成了当时国内最有影响的四大话剧社团之一，演出了许多有影响的剧目，而且还为我国的话剧事业培养了不少骨干。

> 作为业余剧团的"复旦剧社"是有潜力的，从洪深先生创办Al

实验室起，一批又一批的学生被吸收进剧社，历届演出了不少脍炙人口的戏。

“复旦剧社”1935 年 6 月在上海演出《委曲求全》。那年夏天，洪深先生暑假由青岛返沪，“复旦剧社”的朋友去拜访他，当时谈到想排俄国的《雷雨》——即《大雷雨》，洪深先生说，有一个中国的《雷雨》很好，你们可以演。当时曹禺的《雷雨》刚刚发表。[22]

1935 年 2 月某日，田汉被政府逮捕，第二天深夜，“五六位同志聚集在洪深先生所借的东方饭店四楼房间里，商谈如何营救田老的事。洪先生万分不平地讲：我亲自去南京向国民党交涉。假如他们说田老是‘左联’人物才被捕的，我可以告诉他们：‘我也是左联的人，你们把我抓起来和田先生关在一起好了’”[23]。

同年 7 月，赵家壁担任主编组织编选的关于第一个新文学十年的十集《中国新文学大系》在上海开始出版面世。该大系的十集分别聘请了当时在新文学各领域的领军人物如胡适、郑振铎、茅盾、鲁迅、郑伯奇、周作人、郁达夫、朱自清、洪深、阿英等为各集编选者并为该集撰写导言，洪深就是其中戏剧集的编写者。他的《现代戏剧导论》即他在 1935 年为该集所写的长篇导言，可谓煌煌大作。《导论》细致地回顾、总结了从“五四运动”到抗战前夕这一阶段的话剧历程，客观、真实，并引用了大量现已难得见到的原始资料，可信可贵。这应是中国戏剧史工作者的必读书，也是想要了解中国戏剧发展历程的人的重要参考资料。

这一年，洪深还有一个重要的贡献，就是他所写的《一千一百个基本汉字使用法——献给正在推行识字运动的诸位先生》，特别是其后的《一千一百个基本汉字使用教学法——献给推行识字运动的众位先生》。[24]

这本书，是他在语言文字方面旨在推进汉字普及的学术性力作。由于左翼文化的推动，中国迫切需要文学大众化与文化普及大众，进而在 20 世纪二三十年代形成了文字改革的热潮。

在我国文字改革史上，赵元任是先驱，而1935年洪深所写的《一千一百个基本汉字使用教学法——献给推行识字运动的众位先生》(以下称《一千一百字》)应运而生。该书既乘了文学大众化的东风，又接续了现代中国文字改革的余脉。20世纪30年代的文学大众化运动又与左翼文化相辅相成，开展得如火如荼，因之就更加促进了洪深关于文字改革的思考，而这，正是《一千一百字》在当时得以产生的真正原因。

追溯起来，20世纪二三十年代，中国现代文学和文化界开展的文学大众化运动曾发生过三次大讨论，它促进了中国现代文学的发展。但这些讨论大都在文学大众化的价值、意义和必要性等问题上着力，对于如何实现大众化，特别是对于文字改革与"大众化"的关系等问题则关注不够。

比如，第一次大讨论是在1928年9月创刊的《大众文艺》上展开的，其间，该刊出版了两期"新兴文学专号"，组织了两次"文学大众化"座谈会，议题是"为什么要提倡文学大众化""什么是大众化""大众文学与无产阶级文学的关系"等，参与人员有郁达夫、李初梨、彭康、鲁迅、茅盾、梁实秋等30余人。这次关于文学大众化的讨论并没有在大众化内容、方法等问题上深入下去。当然，这也与当时他们所处的社会环境有关。

而洪深的《一千一百字》则从普及汉字的层面上，面向大众识字的具体困难，探索接地气的实实在在的文字改革思考方案，其实践和学术价值自然不容低估。

1935年，洪深还导演了如下话剧剧目：

1.《寄生草》(话剧)/英国原著翻译剧本：山东大学剧社公演，青岛，1935年5月；

2.《回春之曲》(话剧)/田汉编剧：中国舞台协会公演，南京，1935年12月；

3.《黎明之前》(独幕话剧)：中国舞台协会公演，南京，同上。

这年6月，洪深还撰写了《匆匆十年》，自6月1日起在上海《民报》副刊《影谭》上连载。内容是他1922年回国前在美国一年多时间的生活经历，小标题有：《〈木兰从军〉在美国》《洪深与沈洪》《美国戏剧界的新友人》《黄面鬼》《Ada》。全文原定六万字，当时仅发表了近一万字，此后未再见发表。这可算是我们至今见到的洪深散见在外的一份相对比较详细的早年自传。

青岛绮丽的山水使洪深得以摆脱冗务，获得短暂的宁静，他的健康状况也有所好转。但国难当头，一个有民族自尊心的中国文化人又岂能置身事外、袖手旁观？

洪深以杂文、戏剧等为武器进行抗日宣传，他写了《"审头刺汤"的研究》等文章借古讽今，又将田汉的《狱中诗》刊登发表，他的小戏《门以内》，用对比的方法表现上层官僚与下层人民生活上的霄壤之别。

洪深的抗日活动引起了日本侨民组织和山东军阀韩复榘的注意，他们公开指名要搜捕洪深。

直至1936年早春的一天，蛰居在料峭残冬淫威之中的常青真正带着孩子等洪深回家吃饭，洪深却紧急赶回家安排她带着自己病故的第二任妻子余永贞所生的女儿铃和铜及与常青真在青岛所生的大女儿钢一起乘船离开青岛前往上海。

在码头上，洪深隐约听见孩子们的哭叫声："爸爸——"，他泪花盈眶，望着远走的轮船驶向水天相接处，心中像倒翻了五味瓶，不知是苦、是辣、是酸、是甜。

洪深寄居在朋友家避过了风头，但这终非长久之计。最终他只有转道苏州，然后赴沪投入国防戏剧的时代大潮之中。

1936年，日本帝国主义侵华气焰日渐嚣张，中国面临着血与火的考验。

已经43岁的洪深与每一个有良知的中国人一样，把一腔热情奉献给了宣传抗日救国的正义事业。

1936年6月7日，中国文艺家协会成立大会在上海福州路大西洋餐厅内召开。

茅盾、郭沫若、夏丏尊、郁达夫、郑振铎、洪深等九人被选为理事。会后为大家备有茶点，每人收取一元钱。

这里华灯齐放，乐音袅袅。在一个拐角闹中取静的桌几前，洪深西装笔挺，与老友傅东华谈兴正浓。

洪深当时的确经济拮据、捉襟见肘。为了不当场出丑，他不露痕迹地说换装忘带钱包，连说不好意思让傅东华为自己代付一元钱，可见他是真到了"一分钱难倒英雄汉"的境况了。

1936 年，为了抗日救亡，中国共产党在进步戏剧界及时提出了"国防戏剧"的主张。洪深立即投入到了"国防戏剧"的热潮之中。

张庚曾说："国防戏剧，洪老是主要人物。"[25]

这是符合事实的。当时，洪深可以说把全部心血和热情都投入到了抗日救亡的"国防戏剧"事业中。

洪深于 1936 年 6 月 10 日与夏衍、周扬、于伶等创办光明半月刊社，出版《光明》半月刊，并在创刊号上发表由他执笔、集体创作的独幕剧《走私》。

洪深住的东方旅馆的房间，就常常是集体创作讨论剧本的地方。一天，他们聚在这里讨论当时一种普遍存在于市民中的侥幸心理。

"现在还有不少国人以为战争不会打到家门口，只要买点大米、咸鱼，可以苟且偷安了。"沈起予说。

张庚说："是呵，我隔壁有位姓陆的太太在家里存积了许多洋白糖、咸鱼、大米，以为可以得过且过了，战争打起来也可度日，实在令人可气又可笑！"

洪深："好啊，就以陆先生、陆太太一家为主人公写部独幕剧，刺一刺这种小市民心理，如何？"

凌鹤说："好，剧名就叫《咸鱼主义》，怎么样？"

洪深笔走龙蛇，在集体讨论的基础上，一个通宵就写成了。在剧的结尾处，他着意用战火隆隆的炮声和战乱中汹涌的人流，使陆太太与陆先生两人首尾无法相顾，以打破这"咸鱼主义"的美梦。

1936 年 11 月，洪深参加导演团，共同执导了夏衍的国防戏剧《赛金花》。

剧中李鸿章一角由金山扮演。一次演出后，金山请洪深吃西餐，席间自信地问："我演得行不行？"

洪深沉思有顷，说："不行……"他接着一手拿叉子，用另一手指着金山说："你在台上一会儿吹胡子瞪眼，穷凶极恶；一会儿又对着洋人直哆嗦，干什么？"

"我是为了表现李鸿章卖国的凶残本性和奴才相，你的大作《表演术》不也说表演需表现吗？"金山不解地辩护道。

"不错，要表现，更要体验。不要演戏，要演人！"洪深有力地说。

"不要演戏，要演人……"就是这个秘诀，使金山受益终生。

1937 年 1 月，上海八仙桥青年会堂，洪深以个人名义召开政界、文艺界名人座谈会。面对潘公展、傅东华、戴望舒等各界名人，在民族危亡系于旦夕之际，洪深以他几乎与生俱来的演讲才能大声疾呼：

"现在国难临头，到了今天，我们就要放弃这些小怨仇，大家结合起来，为民族的最大怨仇而去做统一救国工作。"

稀稀落落的掌声，令洪深有些难堪，这种难堪和尴尬甚至一直陪伴着洪深的人生之旅，特别在遇到曲折时更令他难以释怀。特殊的国情与复杂的斗争环境，有时未必给予坦诚和热情以预想的回应。可是无论怎样，洪深还是全身心地投入到民族救亡的大潮中去了。国防戏剧亦蓬勃发展，而洪深，正是其中的主要力量。

张庚曾说过："国防戏剧，洪老是主要人物，名为集体创作，实际上洪老下的功夫最多，而且很多作品就是在他住的东方旅馆的房间里讨论产生的。"[26]

在国防戏剧开展对敌斗争、唤起民众、宣传抗日方面，洪深的第一个广播剧《开船锣》，就从 1936 年 11 月 1 日起由刘亚伟等在私营的交通电台播送了。这是我国最早编出的广播剧，是洪深于该年 9 月 30 日写的唯一一部广播剧本，也是我们最早读到的广播剧本。该剧揭露了为虎作伥的汉奸活动如何猖獗，反动政府名为惩治汉奸，实则暗中和汉奸勾结的情况。这种揭露是深刻的，编剧技巧含蓄而不浅露，内容耐人寻味、引人思索，结构严谨，文字流畅，而不追求与卖弄曲折离奇的所谓情节。

1936年，伟大的文学家、思想家、革命家鲁迅逝世。洪深十分悲痛，10月20日晨，洪深将自己悼念鲁迅先生的文章《后死者的责任》由广州航邮至上海。洪深在文中表示："鲁迅先生不单是我们文学上思想上的一个先觉和指导者，在中国民族的反封建和反侵略的民族阵营里，是一个最坚强最勇敢的战士。我们应该在今天重下决心，跟着先生开拓了的路，努力向前进。鲁迅先生未完的责任，无可逃避地加在我们后死者的肩上了。"

1936年，洪深的剧本集《农村三部曲》由上海杂志公司出版。对于这些剧作，知名教育家陈瘦竹在他的文章中这样评价说："洪深的《农村三部曲》是他第一次较全面地描写江南农村生活的作品，也是从'五四'以来的现代戏剧中第一次较全面地反映农民的苦难和斗争的作品。我们如果将《农村三部曲》和前一时期的《赵阎王》相比，很分明地可以看到他的反帝反封建的思想更加彻底，而他的现实主义艺术也进一步发展了。"[27]

该年洪深创作的话剧剧本还有《汉宫秋》（独幕剧）、《多年的媳妇》（独幕剧）、《走私》（话剧剧本）、《鸨》；合作创作了《汉奸的子孙》《洋白糖》和《咸鱼主义》（皆为独幕剧）、《我们的故乡》（三幕剧）；导演了话剧《复活》《赛金花》（洪深为导演团成员）。

他在这一年里创作的还有《新旧上海》等多个电影剧本，其中电影剧本《女权》由洪深根据自己的剧本《爱情逃亡者》改编而成。由于原话剧本发表后即产生了较大影响，明星公司的张石川即请洪深亲自将其改编为电影剧本。从《女权》这一电影剧本中，我们可以看到洪深受到挪威戏剧家易卜生的名剧《玩偶之家》的影响。该剧本在一定程度上揭露了旧社会妇女无权的苦闷与挣扎。据斯诺整理的鲁迅谈话资料，鲁迅当年认为，"20世纪30年代中国最优秀的剧作家有：郭沫若、田汉、洪深和一位名叫曹禺的"[28]。从当时的事实来看，鲁迅的看法是符合历史实际的。

这一年，洪深还写了许多杂文、小说和报告文学。他以多才多艺的生花之笔，为抗战爆发前夕的文化战线辛勤耕耘，为国防文艺不懈努力，甚至为此使自己一家人的生计都陷入了空前的困境。

注：

①洪深. 洪深选集[M]. 北京：开明书店，1951. 转引自洪深. 洪深文集第四卷[M]. 北京：中国戏剧出版社，1959：284.

②戈宝权. 史沫特莱回忆鲁迅[J]. 新文学史料，1980(3).

③道希. 论《五奎桥》[N]. 上海晨报·每日电影，1933-05-20.

④余惠. 毕身献身影剧的洪深[J]. 香港海洋文艺，1979(4).

⑤潘克明. 前沿[M]//洪深代表作. 郑州：河南人民出版社，1986：5-6.

⑥洪深. 说明自美国回来之真相——洪深在病与愤怒中[J]. 文艺新闻，1931(30).

⑦洪深. 说明自美国回来之真相——洪深在病与愤怒中[J]. 文艺新闻，1931(30)

⑧吴泰昌. 阿英忆左联[J]. 新文学史料，1980(1).

⑨复旦剧社演出公告[J]. 复旦大学校刊，1932(128).

⑩复旦剧社演出公告[J]. 复旦大学校刊，1932(133).

⑪洪钤. 中国话剧电影先驱：洪深历世编年纪[M]. 北京：中国电影出版社，2013：158-159.

⑫复旦剧社演出公告[J]. 复旦大学校刊，1933(137).

⑬复旦剧社演出公告[J]. 复旦大学校刊，1933(141).

⑭洪深. 中国戏剧的改良[J]. 申报月刊，1937(7).

⑮茅盾. 茅盾回忆录·十七[J]. 新文学史料，1980(4).

⑯孙青纹. 洪深研究专集·从中国的新戏说到话剧[M]. 杭州：浙江文艺出版社，1986：212.

⑰以上“二十八问”有关内容原载1934年《教育电影年鉴》。转引自洪深. 洪深文集第四卷[M]. 北京：中国戏剧出版社，1959.

⑱田汉. “戏剧电影表演术”序[M]//. 洪深. 电影戏剧表演术. 上海：生活书店，1935.

⑲1995年12月24日洪深妻子常青真在上海住所，对常州市文化局蒋柏连和韩斌生

两同志的访询面谈。转引自洪钤. 中国话剧电影先驱:洪深历世编年纪[M]. 北京:中国电影出版社,2013:161.

⑳洪深. 我的失地[J]. 太白半月刊,1934(4).

㉑洪深. 留得青山在[J]. 太白半月刊,1934(5).

㉒原载于《良友画报》1935 年第 108 期,转引自洪深. 洪深文集第四卷. 北京:中国戏剧出版社,1959.

㉓程季华. 洪深与中国电影:纪念洪深先生诞辰 100 周年[J]. 当代电影,1995(2/3)

㉔凤子. 一个业余戏剧工作者的回忆:从"复旦戏剧"到"戏剧工作社"[J]. 新文学史料,1988(1).

㉕鲁思. 洪深先生二三事[J]. 新文学史料,1983(1).

㉖洪深. 电影戏剧表演术[M]. 上海:生活书店,1935.

㉗张庚于 1995 年在 12 月 27 日在中国剧协"洪深诞辰 101 周年逝世四十周年纪念会"上的发言。

㉘张庚. 洪深逝世四十周年纪念会发言[M]//古今,杨春忠. 洪深年谱长编. 北京:中国戏剧出版社,2009.

㉙陈瘦竹. 左联时期的戏剧·洪深的剧作[M]//南京大学中文系. 左联时期无产阶级革命文学. 南京:江苏文艺出版社,1950.

㉚鲁思. 洪深先生二三事[J]. 新文学史料,1983(1).

第五章
新戏剧运动的主要奠基者(1937—1945)

请缨亲赴抗日救亡演出第一线

1937年,洪深继续在中山大学任教。常青真携三个女儿来到广州和洪深团聚,全家住在广州东山庙前西街43号。

1937年"七·七"卢沟桥事变极大地激发了全民族的抗日情绪。7月14日,蒋介石发表"自卫宣言",宣布国共两党开始携手抗日。洪深兴奋得像陀螺般旋转不停,他要把自己的全部热血乃至生命贡献给抗日救亡事业,只有在这一刻,他的心灵和性格才真正趋向统一,他感到自己有用不完的力气。

7月上旬,洪深离开广州来到上海,与戏剧界朋友筹办集体创作和导演话剧《保卫卢沟桥》之事。下旬,洪深离开上海,到江西参加国民政府召开的庐山第二次各界名人的教授谈话会。在座谈会上,面对胡适等文化名人,洪深满怀爱国热情侃侃而谈,要求政府当局奋起积极抗战。由于他的演说极具感染力,现场的爱国教授们听后群情激昂。[①]

8月上旬,洪深作为19人导演团成员之一赴沪赶排出集体创作的三幕话剧《保卫卢沟桥》,并立即在上海公演。同时,他又马不停蹄地赶赴南京导演田汉编剧的话剧《卢沟桥》，并马上在南京公演。为了抗日救亡演艺事业，洪深在京沪一带穿梭往返，仿佛有用不完的精力。

8月9日，洪深在南京广场与马彦祥一起导演大型活报剧《卢沟桥》。广场上观者云集、群情激愤。在扮演日本兵的演员出场时，场外甚至骂声一片。正当演员们极其投入地沉浸在救亡演出的兴奋中时，忽然一队全副武装的军警拿着告示前来禁演，局面顿时急转，在场民众气愤汹涌。只见洪深一个箭步跳上临时搭起的简易舞台，面对军警、广大民众和全体演员，慷慨激昂地大声演说起来：

> 抗日何罪！救亡宣传何罪！我们不过做了一个普通中国文艺人在民族危亡之际应该做的事，为什么会被禁演？蒋委员长携手抗日的自卫宣言言犹在耳，你们究竟代表什么人来此禁演？如果回答不上来，请你们把那张贴在墙上的禁演告示马上撕下来！

旁边的全体演员和广大民众异口同声："撕下来～～"

这声音响彻广场上空，军警人员一看众怒难犯，怕事态扩大不好收拾，在僵持了一段时间后，只好撕下禁演告示，狼狈离去。

于是，演出在广大民众的欢呼声中继续进行，"保卫卢沟桥"的吼声震撼了整个南京城。

8月中旬，洪深又主持了上海话剧界救亡协会大会，商讨话剧界如何投身抗战救亡运动。

8月下旬，洪深写了辞去教授职务的辞呈，叫常青真拿去发掉。常青真拿着辞呈迟疑地看着洪深不语。洪深说："洪师母！你是明白人，战乱年代把那么多孩子留在身边，安全吗？等胜利了，我们再去把孩子接回来就是了。"

常青真一向是顺从洪深的，听后即刻出去发了辞呈，回来稍事收拾，第二天便乘南下的火车安排几个女儿去香港的事宜。

洪深随即在上海组织了"上海话剧界救亡协会战时移动演剧第二队"

(后文简称“上海救亡演剧第二队”),他自己任队长,金山任副队长,参加该队的有音乐家冼星海、演员王莹、田方等共 14 人,他们一起踏上了抗日救亡的大战场。

洪深对于率领抗战演出队参与抗日救亡演出之事是下了决心、有牺牲的思想准备的。

抗战开始,洪深热情地组织救亡演剧工作,率先带了一队人马到战地去演出。临行前夜,他想到历史上的岳飞、文天祥……想着想着似乎意犹未尽,遂拿起毛笔以工整的楷书写起了请缨遗书:

> 当此国难当头之际,洪深虽一介书生,为抗日救亡,率演剧队赴各地宣传,值战乱之秋,抱捐躯赴难、视死如归之决心。如遇不幸,妻子儿女烦请好友顾仲彝和马彦祥代为照顾。

临走前,他把遗嘱交给顾仲彝先生,要他好好保管。顾仲彝深受感动,紧紧地握住洪深的手,要他一路保重,并郑重地说:“我们一定会再见面的。”后来,顾仲彝先生果然把洪深的遗嘱一直保管到抗战胜利后才又亲自交还给他。

而且,洪深还有着一腔爱国热肠,对于朋友们,他毫不例外地劝他们积极参与爱国救亡活动,即使对明星公司的老板张石川,他也以好友的身份劝其迅速离开上海。临别,洪深还谆谆告诫张石川经理说:“你什么都可以干,就是不能当汉奸啊。”

第二天,洪深与金山率上海救亡演剧第二队投入到抗战救亡的火热战斗中,10 月 2 日,洪深带领上海救亡演剧第二队到达汉口。为了抗战宣传工作,洪深夫妇此前曾决定把幼子钟继续寄养在家乡常州,还决定把洪深病故的第二位妻子余永贞生的二女儿铜和常青真生的女儿钢一起送到香港暂避。常青真回广州安排完两个女儿到香港的相关事宜后,独自带着余永贞的大女儿铃北上到武汉和洪深汇合。这是洪深自中山大学 7 月初暑期放假离开广州后,和妻子常青真及女儿铃的第一次重逢。

10月，洪深在武汉为从各地赶来支援的多个剧团导演了多部抗战救亡话剧，除了前述的《保卫卢沟桥》《卢沟桥》外，还有《飞将军》《米》《塞上风云》《阿Q正传》《夜光杯》《最后的胜利》等。

这一年，洪深在话剧、电影创作及理论建设上也是硕果累累，电影有《镀金的城》《舞宫血泪》《风雨同舟》等；戏剧理论作品则有《抗战时期中的戏剧运动》《时代与民众的戏剧——于伶〈汉奸的子孙〉代序》等。

其中，话剧《飞将军》影响最大，作为国防文学的优秀作品，《飞将军》在当时起到了鼓舞士气、振奋民心的作用。

茅盾当年看后就曾说过："《飞将军》又提出了一个严重的实际问题，就是使后方将士得到正当的娱乐。在这一点上，《飞将军》本身就不失为一服温和的补剂，因为它是一出教育意义丰富的软性戏。"②

抗战剧《飞将军》的轰动效应

1937年，上海救亡演剧第二队在武汉，除了在卡车上流动演出《放下你的鞭子》《九一八以后》等活报剧外，还决定为抗日空军写个戏，在剧场演出。洪深本决定亲自执笔，并给该剧定名为《飞将军》。

但他突然病倒了，而且病势不轻，医生让他住院，他不肯。队里决定由常青真陪同他在东方旅社开个小房间休养。他临时指定颜一烟执笔代为写作。颜一烟是队里的秘书，一个挺清纯的姑娘，从日本留学归来，自愿参加了抗日救亡宣传，跟着洪深学演戏，可写戏这还是头一回。

颜一烟每天清早把自己遵嘱写好的戏一小场一小场地读给洪深听，由他加以指导修正。这一天，颜一烟走进东方旅社的小房间，洪深的病好像又加重了一些。她正准备离开，洪深似乎听到了响动，睁眼一看，发现是颜一烟，就问："写好了没有？"

"写好了第一场，你有精神听吗？"颜一烟答道。

洪深摇摇头,心情沉重地让颜一烟另外拿一张纸出来。

颜一烟拿了一张纸,等着洪深,不知他要说什么话。

洪深沉重地说:“你写吧:一、我一生只积蓄下一些中外书籍,全部捐给国家图书馆;二、我两袖清风,不留钱给孩子们,留给镇和铃的只是一些剧本译著,望镇、铃慎读。”

写到这里,颜一烟不禁泣不成声……

洪深问:“写好了吗? 拿来给我签字。”

颜一烟只好把手里的纸和笔交给洪深。洪深签上了自己的名字,看了颜一烟一眼说:“哭什么? 人生自古谁无死,你把这个《飞将军》剧本写好,比哭我强多了。”

颜一烟面对自己崇拜的老师,心中无限感慨:一位德高望重的名家、教授,不辞辛苦,投入抗日救亡烽火,在生死关头,他念念不忘的是子女、国家、戏剧事业……

剧本初稿写出来之后,颜一烟又一次来到东方旅社,此时洪深病情减轻了一些。颜一烟急忙把剧本《飞将军》的初稿一场一场地细细念给洪深听,洪深一场一场地提出修改意见,甚至有些具体的台词也修改了一遍。

剧本写成后,洪深情绪高涨,决定亲自导演,并担任主演。

颜一烟犹豫地说:“洪老师,你病还没有好呀。”

洪深深沉而肯定地回答道:“是的,我一直在和病魔斗争,一个人活着不作贡献,与僵尸有什么区别? 我洪某无德无能,唯有此心耿耿图报国家,至于角色安排,我也有了初步想法。”

颜一烟说:“我知道你决定干的事,谁也劝阻不住,只是不要过度劳累了,要知道,你可是我们队里的顶梁柱呵!”

洪深说:“我可以演高鹏飞这个抱有‘今朝有酒今朝醉’思想的空军军官,金山演空军英雄徐卓午,你演陈母,洪铃演二女儿……现在只愁两个人。”

“哪两个人?”颜一烟问。

“第一个是田方，他是好演员，但这个戏里没有他适合的角色。”洪深说：“还有王莹，是名演员，可这个戏里的陈大小姐我想外请中旅的唐君青来演，不知她会不会有想法。”

这时恰巧田方、王莹、冼星海等几个队委来看洪深，听了他关于演员的安排，都很同意。

“陈大小姐为什么没有安排人?”王莹问。

洪深忙说：“想请中旅的唐君青来演陈大小姐，就是不知王莹你有没有意见?”

“太好了！她准行，我演最后出场那位爱国女青年蛮合适的。”王莹急忙答道。

“那田方怎么办?”洪深高兴地问。

“我把舞台工作全包了。”

……

此刻，洪深脸上露出了会心的微笑。他想，抗日救亡把大家的境界都提升到了一个崇高的层次。面对这么好的群体，如果自己不全身心地奉献，真对不起这些可爱的年轻人。

想着，洪深浑身仿佛又充满了力量，他决定拼命连排《飞将军》，尽快把这出戏搬上舞台。

《飞将军》剧本发表时，洪深先写了全队人的名字，最后才署上“洪深”两字。

独幕剧《飞将军》反映了抗战初期社会生活的一个侧面，塑造了号称“飞将军”的高鹏飞，在社会消极思想的影响下对抗战失去信心的复杂思想性格，歌颂他的战友“宁为玉碎不为瓦全”的抗战到底的精神。该剧的演出在武汉轰动一时，不少国民党空军将士看后都十分感动，每天谢幕后都有不少空军指战员涌在后台门口要求签名、表示祝贺、表达决心，场面十分感人。

一次，一位全副武装、肩扛两花的空军中尉飞行员紧紧握住洪深的手说：“洪导演！假如有一天报上有这么一条消息，空军中尉×××击落日机多少架，那就是你们这场戏给我的力量。”

没几天，好几个演剧队齐集武汉，武汉的抗日救亡演出更显红火了。洪深面对这梦寐以求的局面，感到自己的戏剧才华在这儿才找到了施展的新天地，他仿佛又获得了新的生命。

从此，洪深的身影始终活跃在抗日救亡演出的时代热浪中。

1938年初春的一天，寒风料峭，天气晴朗。

在武昌，国民党主持召开了一次抗战形势座谈会，出席者都是从全国各地集聚到这里的社会名流、教授、学者等人士。上海救亡演剧第二队负责人洪深与金山也接到了邀请前往参加。

会议刚开始不久，一堆人就簇拥着国民党副总裁汪精卫来到会场，汪坐定以后，大会主席邀请他发言。汪精卫摇头晃脑地先是讲了抗战的形势吃紧，战局不容乐观，最后装腔作势、急促地说道：

当前抗战形势千钧一发、万分危急。随着上海、南京的沦陷，徐州的沦陷也只是时间问题，盲目抗战，只有牺牲、牺牲、牺牲！③

此话一出，举座哑然，大家像被兜头浇了一盆冷水，全场气氛顿时沉闷起来，不一会儿，有人开始偷偷交头接耳，不少人对这位鼎鼎大名的汪精卫的讲话虽然不满却也敢怒而不敢言。

沉寂片刻，一个坚毅的声音忽然响起：“我对汪主席的讲话有意见！”随着这声音，大家的目光齐刷刷地射向一个突然站起来、西装笔挺的学者模样的人，正是洪深。

洪深取下嘴边的烟斗，以演说家的姿态驳斥了汪精卫的亡国论调。

在场的人们开始沸腾，渐渐地，一股汹汹而起的怒涛开始冲击、奔突。见势不妙，那一大堆人立即簇拥着汪精卫落荒而去。

不少熟识洪深的人，如李公朴先生，甚至第一次目睹洪深风采的朋友都走过来和他握手，向他致意。主持人看到座谈会的局面已无法控制，只能宣布散会。金山怕形势复杂有变，便急急催促洪深一起回到队里。

当晚，洪深再一次失眠了。这些年来，他经历坎坷，遭遇突发事变，没有睡过多少安稳觉啊。

他想到："七七事变"以后，蒋介石不是代表国民党发表了关于两党携手对日宣战的宣言么，为什么汪精卫又是这样……而共产党的领导人，如周恩来，为什么那么坚决地主张抗战？历史不久将证明，谁最终会是民族的罪人。我洪深应无愧于历史、无愧于心。

就这样，洪深怒斥汪精卫的事迹不胫而走，迅速传遍了武汉三镇和全国各地。而后来到1938年年底，汪精卫叛国的事实更证明了洪深这次行动的正确性和预见性。

抗日救亡一线的戏剧官

1938年阳春三月，上海抗日救亡演剧第二队拆分为甲、乙两队，洪深率领甲队在湖北农村继续宣传抗日救亡。面对农村这块新开垦的文艺处女地，洪深感到新鲜，也感到这里需要文艺，抗日救亡的热情使他浑身充满了干劲。

一天，洪深正在队部紧张地安排下乡演出的事。颜一烟急急跑来专程送给洪深一份加急电报。洪深拆开一看，是田汉发来的，催洪深立即去武昌县(现武汉市江夏区——作者注)华林报到。"什么事?"颜一烟的眼睛里充满了狐疑。洪深猜测着说："也许有新的任务，我要离开你们了。""那怎么行！洪队长走了，我们怎么办?"颜一烟几乎是不加思索地脱口而出说道。

是的，洪深又何尝舍得离开这支队伍。洪深觉得颜一烟留日归来，能自愿参加抗日救亡宣传，真是个有正义感的好女子，队里有多少这样的好青年啊。

正义的战场是座熔炉，任何人都会迅速在熔炉中被净化；民族的感情是最无私的纽带，在那危亡的岁月，多少人都被这圣洁的情感紧紧地联系在一起，同生死，共患难。洪深的心头这会儿真是百感交集。

洪深听说颜一烟很快要赴延安了，就拿一张《飞将军》的剧照签名写了“学无止境”四个字送给她留念。

洪深走后，颜一烟仍久久地看着照片背面“学无止境”四个字，想着：作为洪老师的弟子，自己从老师身上学到的，何止是写剧本和演戏呵！

当洪深拿着电报心急火燎地赶到武昌，和田汉一起迈进阳翰笙的办公院时，清静优雅的环境一下子吸引了他。

田汉说：“到了，就是这扇门。”说时迟那时快，阳翰笙已经掀开门帘，说：“田公与洪老夫子，我在此已恭候多时了。”还是那张和蔼的面庞和那一齐梳向后面的整齐的头发，阳翰笙这会儿的神情显得格外高兴。

接着，阳翰笙把成立国民政府军事委员会政治部三厅的事告诉了洪深，并说要洪深担任六处一科上校科长：“说真的，像你这样的大教授、大专家，实在太委屈了。”

洪深听了先是吃了一惊，后来定了定神，想了一会才应允说：“过去我是为了不做官才去学戏剧，既然今天违心地为了抗日救亡演戏才来做官，若论大小就没有多少意义了，国难当头，一切为了抗日，何必说别的呢？”

就这样，洪深违心地当上了一名戏剧官。在他身着黄绿军官服，手戴白手套，佩着肩章，腰系武装带的这天夜里，他的脑海里又翻腾起来，潜于心里底层的往事并未如云烟般散去，此刻又萦绕心头——

命运可真会捉弄人啊！当年是实业救国，梦碎美利坚，后因父亲政祸毁家，弃工从戏，誓不为官；而今正值民族危亡、系于一旦之际，为抗日救亡、为国为民，我洪深又不得不奉命穿上戎装当戏剧官，命运真令人难以捉摸啊，竟叫人百思不得其解，哈哈哈，真是喜悲齐聚心头啊。

1938年11月13日的长沙大火，是国民党当局借口不把完整城池留给日本人而自己在撤退前主动放的。当时，国民政府军事委员会政治部三厅的抗敌演剧第一、第二、第八、第九队和抗敌宣传一队奉周恩来、郭沫若之命，由田汉、洪深具体指挥领导，参加了火后救灾工作。

临上汽车赴长沙前，田汉也跳上了车。到达目的地后，洪深把一切安排得井井有条，颇有快刀斩乱麻的风格。对此，周恩来也非常欣赏。洪深每天早上把演剧队长叫来布置工作，每天晚上听完队长汇报后还要向周恩来汇报。大火之后，掩埋死尸，抚慰居民，安抚伤病，恢复交通，洪深指导下的具体工作做得既科学又认真，很得民心。

工作进入高潮，要发救济金了。工作队的同志们已分别向四乡贴出通知，让受灾居民于这天上午分别进入教育会坪和四十九标两个广场。在交代发放任务时，只见洪深身着军装，面孔严肃地向各队队长及骨干说："周副部长要我们打好这一仗，一切行动要听指挥，如果有敌机临空，怎么办？已经下令，不拉警报。估计敌机丢炸弹的可能性很小，侦察的可能性很大。只要向群众做工作，大家不动，敌机看不清楚就过去了；如果跑动，也可能轰炸。善后工作队员戴着红袖章，一个都不准动，你们不动，群众就不会动，谁要动一动，军法从事。听清楚了没有？"大家立即响亮地回答："听清楚了！"然后洪深斩钉截铁地说："出发！"大家就按着安排分赴指定地点，每个人脸上都有一种从容赴难般的慨然之气，而洪深则仿佛决战前夕的一员军中大将，外松内紧的神气中透着几分男子汉的刚毅和果断。

虽然一切工作准备就绪，银行灾款却迟迟未到，涌进广场的几万灾民开始躁动起来。见到这个情景，洪深一个箭步跳上指挥台，以他那深厚高亢的嗓音大声说道："乡亲们，静一静！我是政治部三厅的洪科长，救济金一定会到，来了就发，我和全体工作队员向你们担保！请大家耐心等待……"群众看到一个穿军装的大官这样说，很快便安静了下来。不久，救灾款到了，按秩序发放，每人五元钞票，领到的人按队列离场。正在发放中，一架敌机果然临空，戴红袖章的善后工作队员一个个纹丝不动，照常发放，群众也安然有序。敌机在高空绕了两圈后就飞走了，发放救济金的工作就这样顺利地完成了。

当晚，在工作队条件十分简陋的长沙临时驻地，大家总结认为：当天这一高难度的工作之所以完成得如此顺利，是广大群众表现出了我们民族的优秀品质，在国难当头的环境中，中华民族的优秀品德表现得如此充分，真叫人感动。

一位队员插话说，他认为洪科长的指挥真有点大将风范，这也是保证这一天工作顺利完成的重要原因。

洪深则立即说其实自己只是奉命行事，对当天的行动做了最周密计划的正是大家都十分敬重的周恩来副部长，他才是保证这一切胜利的最重要的人物。

最后洪深说要去向周恩来副部长汇报大家的思想、请示明天的工作，会议才告结束。

洪深起身大步流星地离去，同志们不约而同地看着他离去的身影，等待着关于明天的指示。明天也许仍然会十分艰苦，但战斗着的明天是幸福的，这是在特殊的历史条件下，真正的爱国战士们才会有的真实感受。

1939 年 1 月，国民政府军事委员会政治部三厅人员已离去大半，由于国土大半沦陷，三厅撤至风景名城桂林。话剧界三元老洪深、田汉、欧阳予倩相聚了，其中洪深、田汉因同在三厅而可以不时相聚，唯独欧阳予倩自赴广州任职于戏剧研究所后，难得相聚。经过战乱，劫后余生的他们随着大批文化人士南下，三人竟相聚在桂林，怎能不感慨万千?!

身在桂林的广西省政府高等顾问马君武闻知洪深等三元老抵桂，便做东宴请三人。席间，大家面对艰难时势，不免感叹，伤怀不已。田汉耐不住寂寞说:"'流水不回休叹息，白云无迹莫追寻。'今日聚首，实属幸会，在座推君武老年长，让我们共同举杯，为祝君武老福如东海，寿比南山而干!"说完一饮而尽。

洪深素称海量，也一饮而尽。欧阳予倩与君武老酒量有限，只抿了一口，以表谢意。

……

当晚，马君武又请三元老赴王铺坪戏院看桂剧改进会的桂剧《三堂会审》和《梅龙镇》，当地桂剧名演员谢玉君(艺名如意珠)和尹羲分别在剧中担任主演。

对于地方剧的改革，田汉也认为要利用旧剧技术高的特点，发扬它。而洪深对旧剧自幼就抱有兴趣，还不时能乘兴哼唱几句京剧（当时称平剧）。1938年在武汉时，洪深还改写出楚剧剧本《新天河配》。

1939年2月初，洪深随三厅大队人马离开桂林赴重庆。

1939年3月的一天晚上，中华全国文艺界抗敌协会举行周年华诞宴，文坛众星济济一堂。郭沫若先生致辞祝酒，要求政府更加关怀文艺界人士，改善他们的生活处境，扶助他们的事业发展，同时要求在座的文艺界人士坚持战斗。

洪深这一桌有三位女作家：安娥、陆晶清、赵清阁。安娥是田汉夫人，洪深自然熟悉；而赵清阁，洪深在20世纪30年代初也与她打过交道，同在电影界共事，赵清阁亦久闻洪深大名。洪深借酒感时伤世，闷酒三杯下肚，兴头忽起，便举杯向同桌女杰挑战，结果因酒战三女杰而喝得大醉。

1939年也是洪深抗战时期话剧创作的一个高潮期，代表作是四幕方言话剧《包得行》。该剧通过无业游民包占云顶替卖壮丁的故事，痛快淋漓地揭露了国民党政府兵役中的种种丑恶现象。

对此，洪深曾记述说他们在路上两个多月，演员们用地方语表演四幕剧《包得行》70余次。乡村的百姓虽对话剧形式非常生疏，但因为故事讲的是抽壮丁服兵役的事，台上说话又是用的当地的语音与词汇，观众感觉甚为亲切。他们反应诚恳，论断剧中的人物与行事如此顶真，这些都是都市看客们消遣——至多鉴赏——的态度所不可比拟的。这使得洪深感慨万端：话剧在这里才获得它的真正知己！

关于《包得行》，评论家光未然评价说，《包得行》最要紧的是一个典型创造的成功，它塑造了中国抗战时期的一个新的阿Q……洪深先生笔下的包得行和鲁迅笔下的阿Q具有共同的阶级出身，因此也差不多具有共同的意欲与个性。二者出路不同，遭遇互异，行为各殊之点，如果阿Q迟生了二三十年，而且恰恰在抗战后方的四川，未必不会变成包得行。……但是较之阿Q，包得行是更为进步、更有斗争性的。

《包得行》曾以四川方言在偏僻的四川山村演出，受到群众的热烈欢迎。这部剧作表明，在20世纪30年代末期，洪深的话剧艺术在思想上、艺术上已达到了一个新的高度。

1941年，皖南事变的枪声打破了洪深对政治、对时局、对个人生存的一切幻想和期盼，他惊愕得不知所措，父亲惨死的阴影又袭上心头，他再次感到政治变幻莫测，原先对全民抗战所抱有的希望也在一瞬间破灭了。他的内心失去了平衡，仿佛一下子坠入绝望的深渊。

大女儿洪铃的肺病日趋严重，洪深更是忧心不已。洪铃是个乖巧的女儿，圆脸盘，大眼睛，样子特别像洪深，在长期的流离岁月中，她最招洪深疼爱。眼看着病魔在吞噬女儿脆弱的青春，洪深的心像刀割一般。为了给女儿治病，洪深买"雷米封"到处借债，特别是在年关前后，家里经济拮据，加上当时重庆物价飞涨，竟至走投无路。真是"一文钱难倒英雄汉"，堂堂大学教授却走到了山穷水尽的地步，洪深的头发在几天之间白了不少。

年关刚过的一个夜晚，洪深和常青真灯下相对、忧愁无语。洪深便向她肝肠寸断地低语着写了遗书："一切都无办法，政治、事业、家庭、经济如此艰难，不如且归去。"

接着，洪深服了奎宁，常青真服了大半瓶红汞，剩下的一点给了熟睡中的洪铃。好在洪铃喝得少，最早醒来，看到家中父母不醒，急忙打电话给郭沫若，这才使他们夫妻俩获救。然而，这场自杀事件留给当时人们的思考却是意味深长的，也迅速引起了各界的震动。

虽是1941年新年伊始，洪深却极度郁闷，以致无法解脱，但他依然在《新的希望》一文中充满激情地说："在抗战的热潮中，全国戏剧工作者已经团结得如铁一般的坚强，创造三民主义的新文化，新戏剧。"[4] 1月，他还完成了揭露汉奸罪行的独幕剧《樱花晚宴》。洪深还在"戏剧的民族形式"座谈会上发言说，中华民族最需要的文艺形式，应该是观众最习惯、最能跟随、最易理解、最能接受的。他还提出了在"抗战的实际需要之下更正确地处理现实也就是真正的现实主义"的观点，[5] 这是他基于抗战救亡之需要为现实政治服务的新现实主义观而提出的。

20 世纪 40 年代初期，一位著名的戏剧史论家曾对洪深 20 世纪二三十年代特别是抗战时期在"国防戏剧"以及救亡戏剧演出方面的贡献做过全面的总结和评述，他说："1936 年，戏剧界曾提出了'国防戏剧'的口号，就在这一口号的号召之下，产生了许多优秀的作品，……如洪深的《走私》。洪深是美国哈佛大学贝克教授的高足，他的戏剧学识与经验是非常丰富的，他不但是一位优秀的剧作家、导演家，而且他还是一位最会教书的教授。他对于戏剧理论的研究颇有独到之处。在编剧方面，洪氏是最讲究技巧的，因此，也就或多或少地限制了他创作的产量。战前，他所发表的剧作如《五奎桥》《赵阎王》，曾经轰动一时，尤其是后者。在国内，一个剧本里七场独白还是一个大胆的尝试，以独白来描写心理状态，多少是受了美国当代名剧作家奥尼尔的影响。他写过不少的电影剧本，1936 年的国防戏剧运动他是一位最有力的支持者，他主编的《光明》杂志几乎变为国防戏剧的专刊。复旦大学的复旦剧社之所以名闻国内，多半也仰赖他的努力。抗战以来，他写了不少的抗战剧，在武汉他创作了《飞将军》《米》，对以空军作题材的剧作，他是一位创始者。《飞将军》主题选择的敏锐，以及故事处理的技巧，可以说是抗战时期难得的剧作。入川后，他主持过政治部的教导剧团，就在那个时期他又创作了以兵役问题为题材的《包得行》，描写金融界在上海斗争的《黄白丹青》，以及《女人》等。《包得行》无论在编剧的技巧或演出的效果上都获得相当的成功，造就了战时剧坛新纪录。这一剧作可以说是洪氏在抗战时期的代表作，在抗战期中上演最多者当推《包得行》，在运用四川方言编剧，各种方言混合演出(以川语为主)的新的尝试上给了我们一个新的启示。洪氏年已五旬，但精神甚旺，创作亦颇勤，想来他会不断地为我们创作更多更好的剧作或理论。"⑥

剧坛名师桃李赞

抗日战争时期，特别到了20世纪40年代前半期，重庆北碚汇集了大批进步文人，身在其中的洪深深感政治局势的诡异多变，而他的生活又极其艰苦窘迫，于是他就自题了一首对联："大胆文章拼命酒，坎坷生涯断肠诗。"

"大胆文章"是洪深对于自己此前艺术道路的一个总结。从1922年归国初创作《赵阎王》到1930年在上海大光明影院抗议辱华影片《不怕死》，直至抗战后领导上海救亡演剧第二队赴内地进行救亡宣传演出，洪深无不在创作或演出中表现出大无畏的战斗精神。

而"坎坷生涯"则是洪深对自己大半生经历的真实描述，从清华求学到出国留学、弃工从艺，及至归国从事戏剧及艺术教育活动，再到辞去复旦大学教职，甚至写下遗书毅然投入抗日救亡第一线进行戏剧宣传活动，一路走来可谓曲折坎坷。

对联的后半部分"拼命酒"与"断肠诗"，是洪深在重庆时期复杂心情的写照。生活拮据，仅有的一点钱用来买点酒喝，无非是借酒浇愁，作为文人，又会写点发泄心中郁闷之情的诗文一泄胸中块垒。读整副对联，扑面而来的是一股豪气，其中又夹杂了些许哀伤之感。

至于有人说郭老写洪老"拼命文章大胆酒"的说法，据常真青说可能系误传。

抗战后半期，洪深在戏剧教育方面的成绩也十分突出，为抗战戏剧教育史写下了浓重的一笔。

洪深这时期继续在四川江安国立戏剧专科学校任教，1943年秋季开学又回重庆北碚复旦大学外国文学系任教。10月，国民政府军事委员会政治部军中文化工作研究班在重庆远郊山村"三圣宫"开办，政治部部长张治中兼研究班班长，洪深为戏剧系总教官，并亲自讲授心理学、舞台技术和导演三门课。

洪深一生从事戏剧教育多年，在戏剧界、电影界可谓桃李满天下，后来的不少著名戏剧家都是他的学生，他们对于洪老师的教诲可谓终生不忘、刻骨铭心。洪深这段抗日战争后期的戏剧教育生涯亦不例外。

1997 年 7 月 15 日晚上，北京的夏暑炎热难耐，在一次当年孩子剧团同仁的聚会上，来自台湾的王生善和当年的战友石曼便有这样一段对话：⑦

石曼："王先生，您近些年在台湾过得还好吗？"

王生善："还好。我 50 年代初去了台湾，至今已 40 多年了，一直在台湾从事戏剧教育，可一直忘不了洪深老师当年抗战时期在重庆对于我的教育和提拔。没有他当年的教育培养，就没有我的今天啊！"

"您不是当年还上过洪老师教过书的、搬到重庆的国立剧专吗？"

"是啊，我曾在当年国立剧专亲聆洪老师的教诲，洪深老师是中国话剧编、导、演全能，老师要我努力读书、悉心学习。我在剧专毕业，正面临就业困难时，洪深老师带我到军委会军中文化研究班任教官，这对我这个当年才 20 岁刚出头的年轻人来说，简直是破格栽培，这让我怎么能不感激涕零呢。"

一直动情地说到这里，王生善才略微停了停，擦了下眼边几乎落下的泪滴，又接着说："洪深老师亲自教给我编剧与导演的技能，从洪深老师那里，我学到了从来未知未闻的东西，奠定了以后几十年间展露才华的基础。更重要的是，洪深老师那种'有教无类'的教育精神和'因材施教'的教育方法，我终生铭记在心，贯彻到在台湾我的教学当中去，我始终加倍地照顾、爱护和培植自己的学生。"

石曼接着问道："那你这次邀约我来京，有什么需要我做的事呢？"

王生善说："我至今所获得的一切都是承受洪深恩师影响的结果。"接着他又急切地问："现在，洪师母和家人还在北京吗？"

石曼："她已搬到上海，和小女儿洪钤住在一起。"

"那么，能不能给我一张洪老师的照片呢？"

"我有，回重庆家里以后，我寄一张照片到台湾给您。"

一次客旅中的对话,竟使一位洪深当年的弟子沉浸在对50多年前洪深戏剧教育往事的回忆中久久不能自拔。

……

还有一位当年曾在军中文化工作研究班学习过的戏剧界人士项奇也充满激情地回忆说:

> 抗日战争时期,我由于受到抗战戏剧的影响,开始酷爱戏剧艺术,慕洪深先生之名,由四川万县到了重庆,报考了洪深先生主持的军中文化工作研究班的戏剧系(由当时政治部三厅主管),拜洪先生为师。在学习期间,受到了戏剧的启蒙教育。洪先生学识渊博、治学严谨、热情洋溢,他诲人不倦的精神,给我留下了深刻的印象。今天回忆起来,仍记忆犹新、历历在目。他的教育思想和教学方法,也值得我们继承和发扬。
>
> 洪先生办学思想最显著的特点,是让学生广泛地吸收知识,兼收众家所长。校址虽设在重庆远郊一个偏僻的山村——三圣宫,但聚集了许多专家名流来校任课,曹禺讲希腊戏剧,马彦祥讲西洋戏剧史,谷剑尘讲戏剧概论,郑君里讲斯坦尼表演体系,陈白尘讲编剧,焦菊隐、史东山等著名导演纷纷来校讲学,真可谓群贤荟萃。洪先生亲自讲授心理学、舞台技术(即舞台动作技能)、排演三门课程,并排演了根据芭蕾(现译为巴雷)原著改编的《第二梦》、曹禺的《北京人》两台大戏。[8]

一叶而知秋,洪深在他众多的戏剧教育的弟子心目中可谓剧坛名师。

半百华诞评洪深:中国新戏剧运动主要奠基者

1942年春,应新中国剧社之邀,洪深赴桂林为其导演《黄花》一剧,在此与田汉相会。因香港沦陷，听闻夏衍等一行人将至桂林，于是两人便一起前往车站迎接，夏衍、洪深两人相见，激动之至，拥抱过紧，只听“哎呀”一声，夏衍手抚胸肋部连连叫疼，洪深不好意思地忙查问原因，原来是左肋被挤伤。洪深深感抱歉，连说：“失礼！失礼！”夏衍也只好强忍疼痛说：“不要紧！不要紧！”田汉暗暗撞了洪深一下轻声说：“你老兄……”洪深连连摇头，悄悄对田汉说：“实在不好意思。”俗话说：“愤怒出诗人。”在洪深的血液中，的确天生有着这种喜怒形之于外的秉性。他的拼命喝酒，他的自我意识，他的二留遗嘱，无不表现出他富于情感的性格。

为了配合形势发展，洪深还建议新中国剧社改排《再会吧，香港！》，以反映孤岛香港爱国人士的艰苦斗争。该剧由洪深执导，新中国剧社以最快的速度组织团内外的力量创作、排演。首次公演，上座率极高，三周的戏票一售而空。

首演那天，戏刚开演，国民党军警即来叫停，洪深一面让杜宣去找欧阳予倩等设法挽救，一方面继续主持演出。直至第一幕戏演完，他才在全副武装的军警虎视眈眈的监督下，镇定地率全体演员走上舞台向观众致歉，洪深手中高举政府的许可证，全场观众一片哗然，他激愤地说道：“我有演出许可证，可是现在被禁演了，新中国剧社为此投入的全部人力财力都白费了，他们只不过都有一颗中国人爱国的良心，但是我们不得不服从政府，现在预售处的票款已准备好了，请大家有秩序地退场退款，感谢大家对我们新中国剧社的支持。”洪深悲愤的演说激起了台上台下众人的强烈愤慨。

“不退票！我们不退票！”人群中发出愤怒的呼喊，不少人更当场撕票以示抗议。

面对群情激愤，军警怕引起冲突，便迅速撤离了，新中国剧社的全体演职员跑到后台，忍不住抱头痛哭。洪深的行动，使新中国剧社和桂林文化界的人士对他深为敬佩。

1942年12月31日，恰逢洪深50岁生日（按中国人习惯祝九不祝十，提前一年），重庆影剧界在百龄餐厅集会庆祝，周恩来与文艺界300多人与会祝贺,会议由老舍主持,郭沫若致祝词。

郭沫若要人们学习洪深:(1)身体之健康;(2)思想之深远宏博;(3)生活之艰苦;(4)作品之丰富。郭沫若赞扬他多才多艺,是“艺术界的完人”。

洪深致谢词说:“人总是要过去的,而事业——对人类的贡献——是永生的。”

古语说:“五十而知天命。”到了知天命之年,洪深对自己一生所走过的道路当做何感想呢?

三年之后的一篇《戏剧官》,也许透露了个中消息。洪深认识到抗战“七年来最大打击,乃当日我为抗战而做官,遂以为所有其他的人亦必如此;而逐渐发现,事实殊不尽然;我不能不自笑‘天真’,妄言抗战一起,社会自然改善;一切丑恶,均因人人爱国而自然绝迹”,但他并不后悔,只是“希望那神圣庄严的‘官’字,永远,永远,永远,不再和那寒冷混沌的‘洪深’两字相连”⑨。

从不愿为官而演戏到为了爱国演戏而为官,再到对“官”字的彻底失望,洪深的大半生虽都与“官”“戏”两字相纠缠,但使他屡遭悲剧的真正原因却是他知识分子的天真、爱国者的热忱与复杂的政治斗争环境之间的不协调,他的人生因此而大起大落,他的道路也因此而极富个性,而他在国共斗争中的特殊身份又为其人生添上了不少难言的悲剧色彩。唯此复杂的斗争境遇,才产生了一个深刻而又高大的洪深。

五十大寿那晚,是他一生中并不多见的风光日子,面对曹禺“能编、能导、能演,是剧坛的全能;敢说、敢写、敢做,是吾人的模范”的祝词,面对众位同仁如潮般的好评,他还能说什么呢?那晚,他又喝了许多酒;那晚,他又一次经历了一个不眠之夜……

1943年的2月,洪深还为中国艺术剧社导演了宋之的*创作的话剧《祖国在召唤》。

---

* 宋之的(1914—1956):剧作家。河北丰润人,原名宋汝昭,早年就读于北京大学法学院,后参加左翼戏剧运动。剧作有《谁的罪》《雾重庆》《国家至上》《刑》《祖国在召唤》等。

7月,他又为中华剧艺社导演了夏衍写的话剧《法西斯细菌》(又名《第七号风球》)。

这年他还为重庆北碚的国立戏剧专科学校导演了曹禺的话剧《北京人》和法国翻译话剧《妒误》,并为国民政府军事委员会政治部文化工作研究班学员导演了曹禺的话剧《北京人》和自己过去翻译改编的英国三幕话剧《第二梦》。

1943年,洪深的戏剧理论再度获得丰收,他先后翻译、写作发表的戏剧理论著作有以下多种:

(1)《戏的念词与诗的朗诵》(重庆美学出版社,1943年12月)。

该书获1943年度学术奖,郭沫若为此书作序。在序文中,郭沫若说:"他费了两年多的功夫写出了这篇内容丰富而甚有价值的论文——戏的念词与诗的朗诵。这正是这一方面的科学化的第一步。……他把他丰富的经验和学识,透彻地融汇在了这儿,由四声以至于韵律,由发音以及于节奏,于念于诵之中求其共通,复于共通之中求其变异,新旧兼融,中西共治,条分缕析,反复论证,差不多把应该讨究的项目都逐一地予以了负责的解答。"

(2)《戏剧导演的初步知识》(中国文化服务出版社,1943年9月重庆、1944年9月重庆、1945年12月上海、1946年9月上海)。

(3)《声音表现》(上)(《戏剧月报》第1卷第1期,1943年1月)。

(4)《"对话节奏"试论》(《文学创作》第2卷第3期,1943年7月)。

(5)《论"如何导演业余演员"》(翻译稿)(《戏剧时代》第1卷第2期,1943年12月)。

(6)《声音技术》(1943年2月18日,刊国立剧专《校友通讯》月刊第四卷第4期)。

(7)《编剧二论》(译文)共两篇:一、《小说与舞台剧中的人物描写》作者〔美〕Louis Bromfield;二、《剧本写作方法》,作者〔美〕Arthur Richman(《戏剧时代》创刊号,1943年11月11日)。

1944年2月15日上午,中华全国剧协在重庆文化会堂举行第六届戏剧节纪念会，这是一次盛大的戏剧会演。洪深与邵力子、郭沫若、潘公展、夏衍、宋之的、马彦祥等200余人到会。当天下午，重庆文化界在文化会堂举行戏剧节庆祝会，洪深与夏衍、于伶、马彦祥等400余人参加，并观看了戏剧演出。

戏剧节期间，洪深撰文《民间的戏剧艺术——地方戏剧的研究》，论述了地方戏的特点，提出将地方戏中"含毒的东西统统丢掉"，但"绝不可怀疑地方戏之潜在势力，及其巨大的教育作用，我们要利用原有的形式，稍加改变，注以正确的意识，远大的精神，使国家民族的观念于不知不觉中注入人心"[10]。这充分说明了洪深在推进话剧运动的同时，依然关心着民族戏曲的命运和改革工作。

中华全国剧协第六届戏剧节期间举办了学术讲演，讲演者有洪深、马彦祥、曹禺、焦菊隐等当时知名的戏剧大家。

洪深讲演的题目是《柏拉图和亚里士多德的戏剧理论》，在讲演中，洪深说：

> 柏拉图对于艺术的态度，完全是功利主义的。他要求诗歌与戏剧为国家服务，而他并不深究艺术与文学的本质与性能。他的学生亚里士多德的理论就比他深刻得多了。
>
> 亚里士多德坦白地主张模仿：模仿一个"足以引起观众的怜悯与恐怖的失败"，正是悲剧的方法。
>
> 亚里士多德的戏剧理论是比较科学的。柏拉图虽欲利用戏剧作理想国中的教育工具，而绝不尊重艺术的本质与性能。……多少年来，戏剧工作者，研讨亚里士多德理论，而不甚理会柏拉图的要求，或者是不无理由的。[11]

1944年的戏剧节期间，重庆影剧界人士举行了各种庆祝活动，美国剧评家爱金生应邀做了一次公开讲演。讲演会由郭沫若主持，在旁口译的就是洪深。他当时不但能译得确切无误、流畅易懂，而且还加进了他自己的见解。无怪乎郭沫若最后致谢词时大大颂扬了洪深一番，连说两次“我还没有见过像洪老夫子这样好的翻译”。

在1942年年底洪深的半百华诞上，郭沫若、夏衍等文化界的领导者们对于洪深的高度评价，不仅肯定了他20年来竭力推进影剧运动的丰功伟绩，也确立了洪深作为新戏剧运动主要奠基者的历史地位。

注：

①洪钤. 中国话剧电影先驱：洪深历世编年纪[M]. 北京：中国电影出版社，2013：105.

②洪钤. 中国话剧电影先驱：洪深历世编年纪[M]. 北京：中国电影出版社，2013：206.

③洪钤. 中国话剧电影先驱：洪深历世编年纪[M]. 北京：中国电影出版社，2013：215.

④洪深. 新的希望[J]. 青年戏剧通讯，1941(8).

⑤洪钤. 中国话剧电影先驱：洪深历世编年纪[M]. 北京：中国电影出版社，2013：228.

⑥田禽. 中国戏剧运动[M]. 北京：商务印书馆，1944.

⑦石曼. 我与台湾影剧界人士的交往[J]. 红岩春秋，2006(6).

⑧项奇. 洪深先生的教学活动[M]//回忆洪深. 北京：中国文史出版社，2015：101,102.

⑨洪深. 戏剧官[M]//洪深文集第四卷. 北京：中国戏剧出版社，1959：528. 530.

⑩洪深. 戏剧官[M]//洪深文集第四卷. 北京：中国戏剧出版社，1959：284.

⑪洪深. 戏剧官[M]//洪深文集第四卷. 北京：中国戏剧出版社，1959：342,343,347.

第六章
黎明前的戏剧硕果(1945—1948 年年底)

新创戏剧《鸡鸣早看天》

1945 年 8 月,日本无条件投降,中国军民艰苦卓绝的抗日斗争终于取得了胜利,一时间,全国民众沸腾了。

此时生活在雾都重庆的洪深兴奋得一连几天都睡不着觉,在北碚复旦大学的教工寓所里,洪深不停地来回踱着步子,口中喃喃着:“经历了多年苦难的人民要求民主,要求真正的民主生活……真是鸡鸣早看天哪!”

顷刻间,一股创作的灵感冲击着洪深,使他不能自已……他在思考,心在战栗,一忽儿似乎像热病缠身……

他只用了短短 12 天时间就创作了三幕话剧《鸡鸣早看天》,并要求以最快的速度 10 月在重庆公演。

一天,洪深在对参加《鸡鸣早看天》演出的演员讲剧本,剧本的主旨是要“启发人民大众要求民主生活的自觉性”。

他希望观众能够理解这出戏的悲欢离合的内含因素,这是时代使然,而不是个别人物造成的。

该剧的故事发生在川北公路旁的小镇上。

由于汽车抛锚，旅客都投宿在镇上的小旅店，于是各种性格、各种关系的旅客之间就在这家小旅店的特定环境中发生了矛盾冲突。剧本通过这个生活的横切面，揭露了抗战胜利后国统区混乱丑恶的社会观象和复杂尖锐的社会矛盾。以“未晚先投宿，鸡鸣早看天”这副对联的下半句，暗示人们在抗战胜利的新形势下，要及早看清形势，抛弃黑暗，走向光明。

全剧三幕一景，简洁、生动、流畅，人物性格栩栩如生。

有演员问：“剧中的那几个主要人物请洪老简要说一说？”

洪深稍做思索，即侃侃而谈：

> 《鸡鸣早看天》写的是抗战胜利后的社会一角，主要人物吴文谟是一个专横的大哥，一个有着封建思想的独断独行的家长，另一个则是受压迫经常挨打受骂的人物，即他的妻子大奶奶。还有朱太太和王桂芳母女这一对旧社会的下层妓女。而另一主要人物汉奸林先生则想霸占她们。

又有人问：“这一剧目的艺术特色究竟是什么呢？”

洪深说：“问得好，说明你们动脑筋思考了。这是抗战胜利后社会的形形色色的一幕杂剧，反映着当时的世态人心，实在是真实而且丰富多彩。”

这是抗战胜利后洪深立即交出的第一个剧本，也是那几年剧坛比较成功的现实主义戏剧作品。

对于这一剧本，后来不少戏剧评论家给予了肯定，有人说：

> 洪深一生写了几十部话剧剧本，常被人提起的有《赵阎王》《五奎桥》《香稻米》等，而初版于 1945 年 10 月的三幕闹剧《鸡鸣早看天》却有些被冷落。其实，作者本人却很看重这部作品，两年后还将其改为电影剧本。这部剧本也确实代表了洪深话剧创作的最高水平与其创作特色。

这部剧作创作于抗战胜利后一个月左右,眼光之敏锐、现实感之强令人称奇。其实,紧密追踪时代的脚步本是洪深剧作的基本特色之一。同是紧扣时代脉搏,田汉往往直接从精神切入,而洪深则从社会切入。①

1946 年 3 月 4 日,洪深也为新中国剧社导演了《鸡鸣早看天》一剧,在昆明云南大剧院隆重公演。该剧用方言演出,连演十余场,场场满座,非常热闹。

这年的一个静谧的凌晨,习惯凌晨即起的洪深又开始在书房的英文打字机前写作了。他的写作习惯是先在英文打字机上打好提纲,再用中文开始写作。

这时他在写《戏剧官》一文,他写道:

至于我个人对于做官不感兴趣,那是因为在十四五岁时听信了教我读古书和做策论的老夫子偶然说的一番话。他刚卸任县知事,回到家乡,重做私塾教师。他说:"做一个本分读书人,无论什么达官贵人,不能不让你坐着谈话;而自己一做到官,哪怕上司是你的学生或晚辈,不能不立着见,还他规矩!"啊呀,立着见,还他规矩!我私念,我一生能不能够永远保全"坐着见"的权利呢!……

往日是不愿做官,才去做戏;今日却是因为做戏,才来做官;真可算是人生的"哀乐纽"了。我做官做戏,一样认真;装龙像龙,装虎像虎,在官言官,在军言军,我注意立正敬礼,"还他规矩",即对郭、田(指郭沫若、田汉——笔者注),亦是如此。②

写成后,他看了一遍又一遍,真是感慨万千……

其实,从这一年一直到 1946 年、1947 年,洪深还陆续写了一些"剧场漫话"之类的杂文,但大多未发表。文章对于他自己一生的戏剧活动,当年戏剧界见到的一些改革戏剧现象,乃至西方戏剧典故多存议论,时见新意。

如《窃火者》一文，对于希腊作者伊士奇所写《捆缚的普罗米修斯》悲剧中的“普罗米修斯”这一盗火者的形象就多有褒赞。③

1946 年 1 月 7 日，政治协商会议中共代表团的新年鸡尾酒会在重庆胜利大厦举行，洪深与中外著名人士 500 余人赴会，大家为欢庆抗战胜利、建设民主团结的新中国共同举杯，可谓群贤毕至、胜友如云。

该月 9 日，在政治协商会议前夕，重庆的七个文化界团体假座西南实业大厦举行茶话会，招待出席政协会议的文化界代表，冯玉祥、马寅初、陶行知、茅盾、侯外庐、李公朴、洪深等 500 多人出席。

会间，洪深面对当时国内形势悲愤地说道：“我们千辛万苦熬过了抗战的八年，将来还要到汉奸下面去找一碗饭吃！希望政治协商会议代表救救我们！救救戏剧电影界，救救中国！”④

没过几天，洪深与阳翰笙、曹禺、宋之的、马彦祥等 50 余人发表了《致政治协商会议各委员意见书》，重庆《新华日报》等进步媒体纷纷刊载。该文如重磅炸弹，一下子在陪都重庆山城炸开了锅。

《意见书》大胆揭露和抨击了国民党政府对电影、戏剧运动的迫害，提出了六点要求和五点建议，一致要求废除对话剧、电影、旧剧、新剧的一切审查制度，保障戏剧电影业的营业自由，并强烈要求“内战必须立即停止”“和平建国纲领必须制成”“联合政府必须由此而迅速诞生”⑤。

1946 年 1 月下旬，洪深应新中国剧社之邀，赴昆明为该社导演两部话剧：阳翰笙写的《草莽英雄》和他自己前一年创作的《鸡鸣早看天》。

《草莽英雄》一剧描写四川袍哥，即保路同志会在辛亥革命时期的反清活动，为排此戏，洪深翻阅了大量有关辛亥革命和青红帮的史料，并亲自带队随剧团演职人员去向帮会龙头大哥求教，熟悉帮规帮法，学习帮会中的礼节风俗，并将这些美化为舞台动作，事后请帮会人士来看排戏，以得到他们的认可。

到了帮会的驻所大厅，洪深熟练的帮会行话和合规得体的言谈举止得到了帮会龙头大哥的啧啧称赞：“好样的！诚心做事，无事不成，佩服佩服……”几下子,他们就成了无话不说的哥们儿,叫随行的演职人员无不佩服得五体投地。于是,他们体验生活、收集资料的活动得到了帮会龙头大哥的大力支持,进行得一帆风顺。

1946 年 2 月上旬,昆明的第三届西南剧展(亦称第三届戏剧节)即将举行,昆明戏剧家和戏剧团体在新中国剧社召开座谈会。会上推举新中国剧社等 12 个戏剧团体和田汉、洪深、高竹秋、范启新、陈豫源 5 人为筹备委员,负责筹备此次剧展。该剧展的开幕庆祝大会于 1946 年 2 月 10 日在西南大剧院举行,洪深、田汉、孟超等人参加了这次大会,大会演出了歌舞、杂耍与戏剧节目。

在这次戏剧节上,由洪深导演、新中国剧社演出的《草莽英雄》一剧在云南大剧院公演。

公演头天,云南大剧院被装扮得焕然一新,门口放置着许多祝贺的花篮,昆明各界名流纷纷前来捧场。演出一时轰动了春城,演出的成功使濒临困境的新中国剧社恢复了元气。

参加演出的新中国剧团演员有(前为角色名):罗选青——高博、罗大嫂——兰馥心、时三妹——熊纬、何玉庭——陆群、唐彬贤——严恭、朱老九——樊赓稣、骆小豪——岳勋烈、王云路——刘皓、李成华——宗杨、汤法儒——袁之远、冯杰——奚立德。

洪深回到重庆后,写信给新中国剧社的石炎,说道:“你们实在困难,就把这钱(指导演费——笔者注)给你们演员。”热情慷慨地支持新中国剧社。[⑥]后来,新中国剧团的演职员们都异口同声地称赞道:“洪老不光是个好导演,也是位慷慨大度、乐于助人的义士啊!”

在这次戏剧节的《特刊》上,洪深撰文发表了对《草莽英雄》一剧的看法,他指出:(1)站在人民立场上看四川保路会对辛亥革命的丰功伟绩,值得大书特书;(2)其组织散漫,无明确政治认识的失败教训“将永远是明亮的镜子垂训后世”;(3)其因胜利冲昏头脑而招致失败的教训,说明“革命工作之艰苦,不在于发难,而在于守成”,这是“今天也要扪心自问的”。[⑦]

今天读来,这些话依然意味深长、发人深省。

无畏的民主战士

1946年3月的重庆山城依然乌云密布，斗争形势异常复杂，国民党加紧了反共的步伐，在特务学生的煽动下，一部分学生举行反苏大游行。

3月2日，重庆的复旦大学《谷风》墙报上的一篇文章吸引了广大师生的目光：《反苏大游行真相》，作者是华侨学生庄明三。

校园里一时间议论纷纷、群情激愤。

特务学生但家瑞看后，和身边的几个打手把庄明三从宿舍里拖了出来，把庄明三押到大礼堂去公审，并强迫他下跪。

洪深手提英文打字机路过该地，见到此情此景，怒不可遏："光天化日，堂堂学府，岂能私设公堂，拷问学子，天大的事也有校规、法律，容不得你们一伙人自作主张！"

洪深说完大步流星地奔向校训导长室，特务学生们簇拥在后，一起冲了过去。

训导长迫于反动学生的淫威不敢干预，使得特务学生更加嚣张。

"红教授！红教授！赤化的教授。"

恶言恶语的声浪此起彼伏。

洪深把头探出窗口大声抗辩道："我不是共产党，我洪深连枪架在脖子上也经历过，还怕你们不成！"

忽然，石头、瓦块雨点般向训导长室门窗袭来，好心的师生连忙把洪深拉到另一个房间去。晚上，许多教授与同学都来到洪深寓所，洪深寓所一时挤满了人。

"洪教授，你干涉得好！否则那些家伙也太令人气愤了。"有人说。

"我们对你表示慰问，学校当局实在是欺软怕硬！"又有人不平地说。

这时，常青真也在一边说道："洪先生的后脑神经炎和两耳失聪症也加重了，那些学生哪里像个学生的样子哦！"

洪深气愤地说要辞职抗议。

“我们支持您,洪教授!”大家一齐说。

此事激起了全校师生的公愤,教授们纷纷签名,学生集会罢课,郭沫若、茅盾、田汉等 20 余人致函洪深表示慰问,中国民主文化教育协进会、中国民主宪政促进会亦纷纷去函慰问。该事件最后以开除反动学生而胜利告终,“洪教授”的美名也在复旦校园传扬。在社会舆论的强烈抗议和重重压力下,校方被迫挽留洪深。⑧

后来有人回忆当年洪深的处境说:“就在出事的这天晚上,我有机会随许多教授和同学去慰问洪深教授,洪先生愤愤地、动情地告诉我们,‘当时我看见那位同学伏在地下,没有看见他的脸,还有一位带枪的兵守在他旁边,我立刻就想起枪毙人的情形了。假若那时候我不问不闻,提着打字机低头走过,我觉得这才是耻辱,我这一辈子都会不安的。他们当时叫打,我并不怕呀! 就是打死,我也还是要说话的——读圣贤书,所为何事?’”⑨

后来常青真回忆此事说:

> 1946 年春,为了《谷风》壁报上这篇稿子,特务学生竟迫令一年级学生庄明三在烈日下跪在登辉堂前草地上,还要一特务学生持枪监视他。洪老为特务学生无视国法校规,气得冲进训导处仗义执言,竟遭到特务学生的辱骂,继以砖石扔击,特务学生但家瑞还越窗进入训导处直接打骂洪老。
>
> 洪老说:“我个人倒不怕,只怕两边学生打起来,要流血。我不走,走也没有地方去。”我们在北碚夏坝的住所,每晚有特务持枪包围监视一月之久。为此,洪老气得后脑小血管破裂,遗留了脑神经炎的病,健康受到很大损害。⑩

不久,李公朴、闻一多两位民主人士遇害,消息传来,深深地刺痛了洪深的心。李公朴是洪深的武进同乡,闻一多是他的清华校友,噩耗传来,真叫洪深怒不可遏。

1946 年 7 月 21 日，上海全国文艺界协会(简称上海中华文协总会)召开临时大会，悼念李公朴、闻一多两位民主人士。

清早起来，在复旦大学寓所里的洪深就一直心情沉重，他默默吃完早餐，面对穿衣镜平静地穿好西装、系好领带，把演讲稿认认真真地看了一遍才装进衣袋，取出钥匙郑重地交给常青真，满脸不无严肃地说："我迈出这门槛，什么事都可能发生，你要照顾好孩子……"常青真接钥匙的手颤抖着，她咬紧牙关目送洪深出门，望着他义无反顾离去的背影。

在大会上，洪深侃侃而谈："他们叫我'红教授'，但我不怕，我首先是一个中国人，我要照一个中国人的良心去办事……"洪深面不改色地一股劲讲完，赢得了热烈掌声。

洪深回沪后除继续在复旦大学任教外，还在上海市立实验戏剧学校兼课。1946 年 8 月，洪深为上海实验剧社导演《春寒》，该剧于 8 月 10 日在上海兰心戏院公演，由陶金、舒绣文、方伯、夏天、白沉、秦燕、宗由、章曼苹、朱江等参加演出。这是洪深抗战胜利后返沪导演的第一部戏，获得了评论界的一致好评。

9 月 10 日，越剧皇后袁雪芬在左派人士的支持下召开记者会，斥责并控诉了自己因在艺术上接受了共产党指导和帮助而遭国民党特务威胁的事实。洪深听后在会上仗义发言，为声援袁雪芬大声呼吁："让一个善良的人活下去吧！"

1946 年 10 月 4 日，上海各界人士 5000 余人又在天蟾舞台举行大会追悼李公朴、闻一多，洪深担任大会司仪，邓颖超代表周恩来出席大会并讲了话。

洪深知道这是一次不寻常的大会，在这次追悼大会上做司仪是有生命危险的，因为台下就有很多特务，因而，复旦大学一部分同学留了做好戒备的心理准备，以应付突发状况。

会前，洪深对复旦大学学生蔡平说："会议下面肯定有特务会捣乱，作为司仪，我会努力把握会议节奏，万一出了乱子，我就挺身而出，我已做好思想准备,做闻一多第二!”

说着他紧紧握着蔡平的手,蔡平已经清晰地感受到了洪深那从容赴死的决心,他的眼光里也充满了信任和担忧,不禁语气沉重地说道:“洪教授保重!”⑪

会上发言未完,台下小特务们就开始胡缠乱叫,洪深按照议程一一进行,坚持将大会进行到底,沉着地挫败了特务们的捣乱图谋。

1946 年 10 月 19 日,又是一个特别的日子,上海全国文艺界协会、中苏文化协会等 12 个文化团体在拉斐大戏院举行鲁迅逝世十周年纪念大会,郭沫若、沈钧儒、叶圣陶、茅盾、洪深等人出席大会。

上海拉斐大戏院里几千人云集一堂,舞台上方挂着“纪念鲁迅逝世十周年大会”的横幅。会议开始前,现场灯火齐明,乐音缭绕,周恩来步履矫健、神采焕发地走上主席台,与郭沫若、茅盾、洪深等人一一握手。

周恩来以他那外交家特有的风采发表了鼓舞人心的演说:

> 各位女士、各位先生:鲁迅先生离开我们已经十年了,但他的革命精神永远值得我们学习……我们要以鲁迅为榜样,为“争取独立、和平、民主、统一”的新中国而斗争。⑫

这天会后,洪深到家很晚。他显得异常兴奋,因为他受到周恩来的秘密接见,他决心跟周恩来他们一起走,去迎接新中国的诞生,这些年来,国民党当局实在叫他太失望了。

10 月 20 日,洪深又和上海文化界人士及鲁迅夫人许广平女士一起,到万国公墓为鲁迅先生扫墓。他在鲁迅的墓前默默许下誓言,要肩负起鲁迅未竟的事业,为争取中国的独立、和平、民主和统一努力奋斗,沿着鲁迅的道路勇敢地走下去。

1946 年 11 月,洪深为上海剧艺社导演《草莽英雄》,该剧于上海光华戏院公演。洪深自费请复旦大学 100 多位学生观摩此剧;此外,他还邀请了 500 位“堂口龙头”观看演出,借以了解民间社团内部人士对于该剧的反应。

1947 年夏，洪深坚定地支持复旦大学学生的反饥饿反迫害活动，为此，他建议全校教授罢教，并以复旦大学教授名义发表通电，向南京政府提出严正抗议。然而这一正义之举却遭到了反动分子和特务的威胁，洪深前后被殴击达七八次之多，住宅被特务监视达一月之久。在反动政府的压力下，复旦大学不得不变相解聘洪深的教授职务，致使洪深一家的生活陷入困顿，全靠在上海市立实验戏剧学校教课和写作的收入维持生计。更为不幸的是，他的幼子洪锴因患慢性结核脑膜炎，需每天注射当时昂贵的链霉素，虽未见效，却使他举债累累、情绪不宁，不能集中精力从事任何需要持久用心的工作。

对此事，狄小青曾采访、记录下常青真的回忆：

1947 年夏，洪深同志支持上海学生举行反迫害反饥饿运动，遭到特务持枪威胁和殴击。他是支持进步学生的，有一次刚走出家门，三四个特务蒙着脸举着刺刀对着他，他很镇静，后来被特务架着到校长家，家里立即受到搜查，三个住在三楼的学生也被逮捕。[13]

还有人在文章中回忆说：

那是在 1947 年 5 月 30 日下午，一位进步学生接到紧急通知，躲到洪深教授家中。因为有消息说他已被列入黑名单。到了洪深教授家，看到还有两个进步同学也躲在洪深家。

夜间，同学们听到洪深蹑着脚几次上楼去看望他们。大约到了晚上 9 时左右，他们听到洪深教授被人叫出去了。不一会，洪教授回来了，他严肃地对同学们说："敌人已经包围了学校，教授宿舍也被严密封锁了，看来，只好委屈你们跟敌人去一趟，我和别的老师一定尽力在外面营救你们！"

洪教授临别又嘱咐同学们："出了门你们千万不要把手放在口袋里了，以免敌人以你们企图拒捕为借口杀害你们！"

停了一会儿，洪深教授一字一顿地说："对不住，我没有能保护你们！"想不到，洪深教授这么刚强烈性的人，说到这里，眼眶里的热泪一滴一滴地流淌了出来。[14]

到了暑假，校方虽说要继续聘请他，但实际上聘书不发，洪深被变相解雇了。复旦大学不能安身了，洪深一家只好从江湾搬到北四川路横滨桥上海市立实验戏剧学校，一家六口挤在四楼一间房子里暂且安身。

专著《青红帮丛考》

这是洪深在那个特殊时期里的一个特别研究成果，导演《草莽英雄》使他对这些神秘的民间组织产生了兴趣。

1946年6月中旬，洪深乘飞机自重庆回到上海，他只携带了一只皮包，里面装着《青红帮丛考》已完成部分的初稿《安清会的兴起》。

据该月洪深致马彦祥信中所说："《青红帮丛考》已写了一章，两万多字，抄书居多，盖弟见解特别，故不能不多引文献及材料，从正史以至稗官，真是'无奇不有'，全书预定十四章，总约三十万字，预定半年写完也，当在上海小报纸寻发表，以后再印专书。……"[15]

洪深所写该章，后曾在相关报刊连载，同道对其价值多有赏赞。据其友人范启新所说，洪深经过长期调查研究撰写的《青红帮丛考》之一《安清会的兴起》一文，在《文潮》月刊自第一卷第6期起连续发表(连载至第二卷1、2期——笔者注)，此后洪深将原稿寄范启新在云南《观察报》上连载，并要范代为保存原稿。1949年肃反中材料被封，后即遗失。为撰此文，洪深"找尽了参考资料，求遍了入教帮规"。全文原定30万字，共分14章，但除发表的这一部分约两万字外，全文未见连载，也未见出版。

这是一部研究中国近代史的宝贵资料，[16]在云南《观察报》上，当年就有推荐该书的文章。请看：

这是一本大异于目下市上发售的这一类的抄古董的书，几经修改之后，承他的盛意寄给本报连载，这是在青红帮也喊着组党参加政府的现在，欲对中国此种秘密结社有彻底的认识的话，这一篇辉煌的著作是值得向读者诸君予为介绍的。

在这一章中，作者洪深对于青红帮这一民间秘密结社的称谓及其由来，对于青红帮和民族革命的关系皆有清晰的调研和表述，这对于研究我国近代民族革命史实在是有着不可或缺意义的一本专著，下面试录片段以为鉴证。⑰

洪深通过对这些民间秘密社团的研究，阐述和介绍了中国民族革命的历程，其用心可谓良苦，其价值亦不可低估。原稿的遗失，殊为遗憾，兹不赘述。

洪深回沪后，常青真就带着女儿洪铜、洪钢、洪铃和儿子洪锴四个孩子跟随复旦大学的大队伍，由陆路辗转几省回到上海。此时洪家住江湾复旦大学教师宿舍“庐山新村”十九号。而此时，常青真才得知寄养在常州亲戚家的儿子洪钟早已夭亡。

1946 年 7 月，洪深还在其发表的《命运论与决定论》一文中强调说：

相信命运的危险，就在这里：使人悲观，使人消极，使人放弃努力，使人无意斗争，使人得有借口去推卸他对社会应负的责任。

决定论无一处不与命运论相反。命运论者不正视现实，而只能感情地迷信；决定论者依据现实而理智地从事克服，到达目的。

在过去的八年间，我们说，尽管千回百折，抗战胜利一定是我们的；在今日，我们说，尽管千回百折，和平民主一定会实现的。这是决定论者的看法，而不是盲目者的算命。所以受苦难的人们，是应该积极一点，继续与丑恶斗争；不必灰心！灰心于事何补！⑱

导演术的新突破:执导《丽人行》

1947 年 2 月下旬,洪深应滞留在无锡的原抗敌演剧宣传队第九队(后文简称“演剧九队”)之邀,从上海到无锡为该队导演田汉创作的 21 场大型话剧《丽人行》。为此,他以带病之躯,先后辞谢了上海一家电影公司和一家剧团的邀请。

田汉创作的 21 场大型话剧《丽人行》是一个包括 21 个场景的创新剧本,这就使得剧本在舞台上演出时要换 21 个场景。对于这个难题,大导演洪深的处理方法是:把舞台分成三组,布景则是风格化的粗线条,通过灯光转暗进行转景,这样就避免了这出戏因频繁换场景而给人断续割裂的感觉。

这个剧本在演出上有着极大的困难,前前后后共有 21 场,开头还有一段报告员的报告,这在田汉来说是一种新形式的尝试。

这部剧从开幕一直演到闭幕,中间不停,借灯光的暗转来交换场景。21 场戏有在室内的,有在电影院门口的,有在马路区的,有在监牢里的,有在贫民窟的,还有在江边上的,而这不同的布景,不仅在经济上对演出者而言是个难题,而且对舞台工作者来讲,繁重的换景工作也不是在极短的暗转中就可以办到的。因此,演剧九队在获得这个剧本的首演权后,随之而来的就是焦虑和苦恼。

2 月 21 日,洪深由上海赶来后,这个苦恼的问题就被他消解了。

这个戏以三个女性为中心,故事差不多是分成了三组进行的,情节因此比较松散,再加上置景的困难,演出可能是吃力不讨好的,洪深经过缜密的考虑后,决定用更新的形式来处理它。

洪深把舞台分成三个部分,借着灯光的变幻,在不同的场面演戏,这一部分演戏时,另一部分的舞台工作者可以穿上黑衣上台换景,即一场戏完毕后,灯光移向这一场,继续这一场的戏。在布景上,洪深决定采用风格化的手法来处理，每一场布景用粗线条构成，但道具还是写实的，这在剧团经济困难和舞台设备还不够科学化的时候，对于方便新形式的戏剧演出而言的确是一个好办法。在场与场之间，为了加强观众对戏的了解，加强反应，引起共鸣，洪深便在每场之中加进一个既在台上戏内又和观众保持联络的报告员，用她来提示观众对戏的注意，解答观众对戏的疑问。在新戏剧由文明戏转入话剧，陷入狭隘的几个三面墙中，舞台形式已不足以表演现实生活内容时，这种形式上的创新，确实令人欣喜。

洪深为什么要排演《丽人行》，他自己说得更清楚：

三十年来，田先生除了对推动全国剧运，有伟大的功勋而外，在创作方面也有丰伟的成就，《江汉渔歌》《新儿女英雄传》《新雁门关》等十余革新的旧戏的创作，在战时战后各大城市和前线的兵营和乡村，都有百数十次的成功演出，在话剧方面的创作，为数也不少，不过近年来他的精力用在改革旧剧方面要多些，自从《秋声赋》以后，一直到现在才写了《丽人行》一剧。

读过第一遍以后，我就受了极大的感动，我爱好这剧作，加之演剧九队要首次上演这戏，更使我非常愉快地来担任这个导演工作。

演剧九队自一九三七年抗战起从上海出发，一九三八年军委会政治部在武汉成立，同时组织了十个演剧队。一九三九年长沙大火，随后又送他们到江西十九集团军前线工作，可以说我都是发起人、主持人，也可以说是他们中间参加工作的一分子，这更增加了我担任这次导演工作的顺利和愉快，何况他们这些年确实进步很快，我在工作之余，得到了不少的安慰。

今年三月十二日是田先生的五十大寿，上海和全国友人们不约而同要扩大给他祝寿，为的是要追随他，向他学习，我来担任《丽人行》的导演，也含有向他致敬的意思。

其实,无须我赘言,九队诸位同志对这次的演出,显现出高度的热情,给予这次的"突击"工作一个极大的保证,这多半是由于剧作的感召,假若这次能够贡献给观众一个动人而完整的演出,那首先得感谢作者田先生,其次是九队诸位同志的热忱与努力。

这是我担任《丽人行》导演工作的一点感想。⑲

洪深是有着丰富经验的大导演,在当年享有盛名,他在导演《丽人行》过程中的一些指导意见,饱含了他在导演艺术方面的宝贵经验。

在《丽人行》的排练场上,洪深努力做到有问必答,把戏说透。

一位演员问:"《丽人行》的三个女性中,究竟哪一个是主角?"

洪深说:"《丽人行》属于几根主线同时发展的戏,它不是从一个人的遭遇影响全体,而是以三个女性为主,有三组戏,也就是三根线同时发展。但三个女性都受到日本帝国主义和封建势力的压迫,这就是她们遭遇的共同点,这样我们就不难找到共同的主题。"

洪深还对演员们条分缕析地说:"这个戏的衬景要做到'风格化',有钱人与无钱人的门窗如何分别、用什么光、配什么色彩都要注意,变化多,要灵巧,比如十个布景,构图可以简单一点,不能每一个都用片子。衬景不能写实,要'风格化',同时需要灯光帮助建立气氛。"

他又说:"戏最怕的是四五人或更多的人同时在台上,只有一两个人作戏,其他的人都没有反应。我要求台上注意反应,要一台戏!"

他不厌其烦地向众演员说:

怎样才可以演出一个角色的人格和身份呢?一定要把握角色的四种习惯:(1)日常生活的习惯;(2)肌筋活动的习惯;(3)理智的习惯;(4)感情的习惯。

批评家是理智地分析角色,但创作家是要以感情去接触角色。演员与批评家不同,他们不能理智地去分析角色,而要生活到角色里去体验角色。

> 演戏要能有四个字:"入情入理"。
>
> 演员要站在观众的立场,找寻角色的可爱的地方。
>
> 演员要清楚地确定人物关系。
>
> 我的表演老师教给我两件事:
>
> 一、强烈的情绪,是慢慢走到的,不是突然达到的。
>
> 二、要有"过渡",从这个情绪要"过渡"到第二个情绪上。比如从怒到恨,要经过许多过程。
>
> 你们大部分都是"高潮演员",而从这个高潮到那个高潮之间没有"过渡",金圣叹批《西厢》时有一句评语:"文前盘旋,文后余波",这句话用在表演上再恰当没有了。比如表演哭,不是突然而来,突然而去,应该像大海的波浪一样,有起伏,有余波。
>
> 你们的表演是欧洲影片和初期苏联影片的作风,而不是美国影片的作风,你们的感情是真挚的,但你们用起感情来就忘了,比如欧洲影片上的哭的镜头,哭得很真,但是满脸鼻涕眼泪,丑得很,美国影片上的哭都哭得美,哭得叫人喜欢。你们还停滞在主观表演上,我定要达到演技上的主观与客观的统一。[20]

洪深为这个戏增加了一个报幕员的角色,让吕复写出报幕员的台词,他认为这是一部多幕好戏,有21场戏,打破了一般的话剧格式,刻画的人物都很鲜明,人物之间和人物内心的矛盾冲突也丰富多彩,有几场好戏很动人。因此每场之间不能让观众等候换景,要利用报幕员半分钟左右的台词时间把场景换过来,使全剧没有空隙、一气呵成。洪深对演员的要求很严格,每排一场戏,总要求演员走10遍,走完以后,经他加工,再走5遍到10遍,而每走一遍,他都要求演员在内外部技巧上有新的感受、体验和创造。

他还常说,演戏,应该是一台戏,他要求所有在台上的演员都要进入角色。

洪深运用大刀阔斧的闪电式处理,一气呵成,在两周内排成了这部大戏。在其中运用了报告员串接戏的场次，运用了写意的风格化衬景与写实的道具相结合的舞台美术手法，取得了明显的舞台效果，全体演职员也从中得到极大的锻炼和提高。

3月初，田汉从上海专程赶到无锡看彩排，对洪深的处理非常满意。

“很多人接到这个本子，都认为没法排演，可是洪深导演却不同，他不仅排出来了，而且别具一格，不愧是大导演。”田汉看后满意地说。

在场的人们都松了一口气，露出了欣慰的笑容。

3月15日，洪深与田汉、阳翰笙、安娥等老戏剧家走进剧场看戏。开演前，无锡的观众中有人认出了他们，四周观众都站了起来，后座的人站在椅子上，掌声雷动，他们只好也站起来向观众致意，观众开始欢呼，场上气氛一时十分活跃。

演出结束后，田汉、洪深陪同阳翰笙到后台去看望演员，当晚还到凤凰餐厅连夜座谈。

席间，大家用热烈的掌声欢迎阳翰笙发言。

阳翰笙热情地说：“这个戏不论对过去和今天都有很大意义，台词写得简练……《丽人行》给今后的演出打开了一条新路。”最后他强烈建议把这个戏拿到上海去演出。

洪深最后以导演身份提出了一个问题，他说：“一个戏演的时间长了就会‘油’，戏要想越演越好，就不要模仿昨天，这次演出希望有新的创作，小动作可以增删，这是我研究表演心理学几十年得来的一点经验。”大家听了觉得茅塞顿开，座谈进行得欢快、热烈。

经过精心排演，大型多幕话剧《丽人行》终于在1947年3月9日在无锡公演了，从9日到21日，连演了14天，共26场，场场座无虚席。有的观众从十几里路外跑来看戏。受日伪压迫多年的观众，《丽人行》引起了他们的强烈共鸣，演出盛况空前。

19日，田汉第四次来看戏，他又邀约了于伶、安娥、夏康农等。前后两批上海戏剧电影界的前辈和朋友来无锡看戏，洪深都全程陪同看戏，听取意见。客人们在肯定之余,也提出了改进意见,最令人兴奋的是都建议把这个戏搬到上海去公演。洪深很高兴,马上拟定了到上海的公演计划。

演剧九队到上海去联系剧场,得到了刘厚生和“观众演出公司”的帮助。

此剧公演于上海拉斐大戏院,4 月 21 日彩排,有梅兰芳、熊佛西、欧阳予倩等前来观看,24 日公演的第一天又有茅盾、郭沫若等来看戏。

在为上海戏剧电影界演出时,洪深与田汉都亲自接待,听取意见。该剧一直演到 5 月 21 日,连演 28 天,共 50 场,场场客满,甚至剧场门口还出现了“黄牛”票,票价被炒到原价的一倍以上。这是洪深与田汉领导演剧队以来又一次具有深厚情谊的艺术合作,也是洪深与田汉大力支持演剧队在国民党统治区占领文化阵地、配合民主运动的一个令人难忘的壮举。

《丽人行》描写了抗战时期三个女性的不同命运和道路,有着强烈的现实主义特色。

在导演过程中,洪深还大胆借鉴了中国传统戏曲的艺术方法,对剧本主题思想的体现以及表演形式、舞美、灯光、布景、道具等都进行了完整新颖的构思。为了帮助观众理解剧本,加强舞台反应,引起共鸣,洪深还在场与场之间增加了在戏中时进时出的报告员角色,用以沟通观众、承前启后。

对于长期以来统治话剧舞台的“三面墙”的单一表现形式而言,这种新的表现形式无疑是一个新的突破和创造。

为了适应《丽人行》换景多(21 场 13 景)的特点,洪深采用了虚实结合的风格化的舞台布景:背景是虚的,以几件真实而富有特征的道具创造一个典型的环境,用几块简单的不同颜色的硬片在舞台上显示不同的时间和空间。洪深还运用舞台灯光的变化和切割,扩大了舞台的表演区。

当时,《丽人行》以其独特的艺术风格、饱满的政治激情和强烈的现实主义色彩轰动剧坛,它是洪深导演艺术日臻完善的重要里程碑。

1947 年 8 月,洪深的家中又遭遇不幸,三岁半的幼子洪锴夭亡。洪深为替小儿治病债台高筑,再次陷入贫病交困的境地。

正当他家境艰难之际,他的政治处境也十分不妙。他由于参加复旦大学的反饥饿反迫害运动，被复旦大学变相解聘。9 月，熊佛西办的上海戏剧专科学校(即前文"上海市立实验戏剧学校")开学，洪深到该校研究班讲课，讲授"导演术"。而今他又受到政府的警告，看来得离开上海了，但大同电影公司的经理张石川还约他写一个电影剧本呢。

这年秋天的一个下午，洪深匆匆来到赵清阁家中。

"无事不登三宝殿，我是遇难有事相求。"洪深一进门就说道。

"我已受政府警告，随时可能离开上海，有两件事相托：(1)戏剧专科学校的课还未上完，要你代我兼下去，熊佛西校长已同意了；(2)大同电影公司要我写电影剧本，我们合作写，明天我们去一个咖啡店谈剧本，谈完后你先写初稿，如何?"他几乎不容赵清阁插话，一口气谈完了他所有的决定，赵清阁欣然应诺。

就这样，他们决定以辛弃疾一首词中的"几番风雨"为剧名，由赵清阁先写出初稿，交由洪深进一步加工修改。为了戏剧创作，洪深可谓是见缝插针、煞费苦心。

为影剧批评奠基

20 世纪 40 年代后半期，是洪深影剧评论和批评十分活跃的一个时期，也是他一生影剧活动的重要时期。

在电影评论方面，早在 20 世纪 20 年代，在 1926 年出版的《明星》特刊第 15 期至第 20 期上洪深就连续发表了 8 篇文章，通过对影片的评述来阐明自己的电影观念。

30 年代初左翼影评兴起后，洪深更为活跃，写了大量具有鲜明时代性和战斗性的中外影片评论文章。

40 年代影剧理论活动更为活跃，仅 1947 年，他在继续主编上海《大公报》之《戏剧与电影》周刊期间，就为该周刊撰写"编后记"达 45 篇之多。1948

年，洪深继续为上海《大公报》主编《戏剧与电影》周刊，直至该周刊于该年 11 月 24 日停刊，先后共出版 108 期。洪深共为周刊撰写了“编后记”64 篇，发表文章 22 篇。

其中，1947 年 6 月，洪深在《戏剧与电影》周刊第 36 期“编后记”中，针对光沛先生一篇针砭当年影剧界拜金意识的文章写道：

如果市侩主义曾经流行于话剧界；如果话剧界“争取观众”的努力渐已变质堕落为争取“买主”；如果“既要卖钱又要具有现实主义”的主张造成若干工作者的投机与庸俗；如果“只求存在而不问为什么存在与怎样存在”使得若干话剧工作者不择手段；如果“连到行帮义气都没有”的“小圈子”，腐蚀着目前的话剧界；如果市侩主义将使那原为服务与教育人民大众的话剧，成为无耻的“娱乐卖淫”的“寄生艺术”——如果这些正在困苦着今日的话剧界；那么，恕我直言，今天走入与工作于中国电影界的我们，似乎应当更加警惕：“钱”与“卖钱”又会怎样“挟着雷霆万钧之力”支配与控制一切——我个人非常感谢光沛先生的这篇文字。

10 月 29 日，洪深在《戏剧与电影》周刊第 54 期“编后记”中又赞扬说：

影片《一江春水向东流》自是一部不可多得的佳作。它的技术上的成就，尤其是在演技方面（几乎没有一个人不是卓越的）与在蒙太奇方面从广义的到狭义的无不优美，我个人看来，乃是空前的。

1947 年 10 月，洪深又发表《创作题材的困难》一文，在文中他痛苦地表示：

我们想写的，偏偏不能写；能写的，我们又不愿意写。这真是我们这些生于非常的动乱时期文人的共同悲哀！

这说的是洪深的心里话，这些年来，为了戏剧创作，他的个人和家庭可谓备尝非常时期的动乱之苦。

需要大书特书的是，洪深1947年4月完成了《抗战十年来中国的戏剧运动与教育》一文，该文辑引了大量的历史资料，唯物地、历史地阐述和记录了中国戏剧运动和戏剧教育在抗战期间不断改革与发展的道路，是研究抗战戏剧运动发展史和戏剧教育史不可多得的历史资料。

这是洪深继戏剧理论文字《现代戏剧导论》(即1935年为《中国新文学大系(戏剧集)》撰写的导言)之后，又一篇重要的戏剧批评和史论文字。

1948年，洪深还在《戏剧与电影》周刊上发表了许多文章，其中一篇《关于"表面真实"》的文章曾认为，应"允许部分地放弃表面真实"，这是对于艺术真实的一个科学的解释。

洪深在该周刊上撰写的另一篇《关于"小城之春"的窘言》的影评文章，对这部电影给予了很高的评价："看片子的时期，似乎都在经验人生，我觉得这是不容易有的成就，这正是每一个'戏剧工具'运用者所向往而未必每次能够做到的。"

洪深该年发表了自习备忘录《论者谓易卜生非思想家》，文章对美国文艺理论者 Barrett H. Clark 认为易卜生不应享受思想家之名表示异议：

> 在曾受易卜生甚大影响的我们——在写剧的诸方面，从目的内容到技巧，都曾向易卜生学习的我们，不能不觉得话的苛求与不公。作者的成为思想家，在于他对于人生的基本见解，确是他时代中的积极性的思想。[21]

后来收入《洪深选集》以及散见于新中国成立前后数十年报刊上的零星篇什，以及他为自己的剧作或剧作选所写的"序言""前记"之类，都是颇有影响力的影剧批评资料。

为现实服务的指导思想统帅和决定了洪深"思想第一、兼顾技巧"的批评标准，同时也使他的影剧批评坚持了全面、历史和现实的原则。

洪深的影剧批评涉及范畴相当广泛，他是我国话剧舞台和电影界少有的全才——他不仅是一位优秀的影剧作家和学识广博的影剧理论家，还是一位很有成绩的影剧导演和演员，一位实际影剧运动的指导者。多方面丰富的影剧实践使得他的影剧批评呈现出特别切中肯綮和特别熟谙舞台及银幕规律的特点，这是很能诱人深入探讨的。

由于洪深自己是知名的影剧艺术家，有着丰富的创作经验，深知创作的甘苦，因而在评论他人的作品时，他能充分发现和尊重艺术家的创作个性，尊重其劳动成果，按照影剧艺术创作的规律来进行深入细致的思想艺术分析。他的影剧批评大大丰富了中国现代影剧理论的宝库。

1948年春季，洪深受聘任厦门大学外国文学系教授，为该系三年级和四年级学生讲授"外国戏剧名著选读"和"欧洲文学名著选读"及"文学批评"课程。离沪赴厦前，上海文化界与洪深夫妇聚会合影以送行。

仅仅半月之后，抗敌救亡演剧九队又邀洪深回沪执导四幕悲剧《大凉山恩仇记》。洪深因为该剧作者是年轻人，所表现的是川康少数民族风情，其中农奴与主子的恋爱又十分动人，遂答应出任导演。

在排练中，洪深着意安排江俊和苏茵分别出演《大凉山恩仇记》中的农奴主和女农奴。因为江俊是洪深在《丽人行》中发现的苗子，洪深有意培养他。

由于彩排时在场熟人多，江俊不好意思，爱情戏演得很不到位。

排练完后，在东方宾馆洪深住所里，洪深训斥江俊：

"艺术最容不得虚情假意，马马虎虎，这是对于艺术的不负责任。"

江俊这才感到这位过去对自己慈祥亲切的老师发起火来还真够让人受的，这次教训令他铭记终生，在其后来一生的演艺活动中，他再也不敢敷衍了。

1948年春的一天，在厦门大学教学楼，听闻著名戏剧家、留美名教授洪深要来校上"外国戏剧名著选读"课，楼道里挤满了人。

在厦门大学的第二学期，洪深又为厦门大学外文系四年级学生开了"欧美文学名著选读”和“文学批评”课。

洪深善于学习其他专家之长，并一直秉持着中国传统道德的“尊师”观念。

有一次语音学讲座，主讲人为厦门大学文学院院长周辨明教授，他要求外文系的学生必须参加，学生们到达讲座厅后忽然发现：“咦，怎么，洪深老师也在座啊。”

洪深小声地告诉身旁的学生们说：

> 周先生是国内外闻名的语音学专家，他在这方面的造诣很深，他又是我的老师，他的讲座，我非听不可。[22]

关于洪深和在上海的女作家赵清阁合写的电影剧本《几番风雨》，赵清阁后来也有一段深情的回忆：

> 关于写电影剧本，原是我十几年前的志愿，他（指洪深——笔者注）鼓励过我，现在他又要和我合作，这是他成全我，我很高兴。……第二天他约我谈剧本……
>
> 听洪深谈剧本是很有趣的，他不住地吸烟，还一边吃茶点，他说这样才谈得起劲。他先讲述他构思的一个还不完整的故事梗概，塑造了三个不同典型的女性，都是真有其人，而且是我熟识的。生活素材是丰富的，当然他也概括了许多类似的典型，他讲我记，然后我向他提出了一系列问题和我的看法、想法，我们认真地共同研究、分析，统一了认识，最后他指定剧本初稿由我执笔。以辛弃疾一首词中的“几番风雨”为剧名，点出当时的历史形势、思想意义，他很快就到厦门去了，写作中无法随时向他请教，剧本草成后寄他修改定稿，我们的合作就这样告一段落……《几番风雨》于 1948 年 10 月摄制，由何兆璋同志导演，谢晋同志助理导演。这是我从事电影文学的第一部影片剧作。[23]

形势发展很快，解放战争捷报频传。1948 年年底，一个晴暖的上午，一个陌生人敲开了洪深厦门住所的大门。

“我是中共华南局的，奉周恩来先生委托，给洪先生捎来中共中央统战部的邀请信，请你秘密前往我东北解放区。”那位陌生人见到洪深就开门见山地说。送完信，那位陌生人很快就离开了。

“周恩来！还记得我……”洪深的心里顿时腾起一股暖流。

1948 年冬，在中共党组织的安排下，洪深假称到香港治病，离开厦门，经香港到了东北，进入解放区。

注：

①张中良. 鸡鸣早看天，长夜何时了[M]. 中国新文学图志（上），人民文学出版社，1996.

②手稿写于 1945 年，后收入 1959 年 6 月中国戏剧出版社《洪深文集》第四卷。

③洪深. 洪深文集第四卷[M]. 北京：中国戏剧出版社，1959：383.

④⑤洪深. 申诉几年来的痛苦[N]. 新华日报，1946-01-10.

⑥⑦⑧洪深，马彦祥，等. 致政治协商会议各委员意见书[N]. 新华日报，1946-01-20.

⑨郑北田. 洪深教授[J]. 人物杂志，1946(4).

⑩常真青，李嘉. 怀念亲人洪深[J]. 戏剧艺术，1981(2).

⑪1981 年 12 月 3 日陈美英访汪培、蔡平谈话记录。见陈美英. 洪深年谱[M]. 北京：文化艺术出版社，1993.

⑫周恩来. 在上海纪念鲁迅逝世 10 周年大会上的演说[N]. 文汇报，1946-10-20.

⑬狄小青. 回应洪深同志的创作和生活：记常真青同志的谈话[M]//全国政协文史和学习委员会. 回忆洪深[M]. 北京：中国文史出版社，2015：170.

⑭孟庆远. 我所认识的洪深教授[J]. 追求. 1986(3).

⑮1946 年 6 月 24 日洪深致马彦祥信。见陈美英，宋宝珍. 洪深传[M]. 北京：文化艺术出版社，1996：340-341.

⑯1981 年 10 月访范启新谈话录。见陈美英. 洪深年谱[M]. 北京：文化艺术出版社，1993.

⑰亭. 介绍洪先生:并推荐其新作《青红帮丛考》[N]. 云南·观察报,1946-10-31.

⑱洪深. 命运论与决定轮[N]. 周报,1946-07-13.

⑲洪深. 导演丽人行[J]. 青年新闻,1947-03-10.

⑳㉑孙青纹. 洪深研究专集·从中国的新戏说到话剧[M]. 杭州:浙江文艺出版社,1986.

㉒黎舟. 洪深先生在厦门[J]. 新文学史料,1994(4).

㉓赵清阁. 我是怎样从写小说到写电影剧本[J]. 海洋文艺,1979(4).

第七章 对新中国的奉献(1949—1955)

意外殊荣

1949年1月7日,因轮船发生故障及遇到大风,阿尔丹号轮船在海上颠簸了12天后,终于到达解放区大连。党中央派李富春、张闻天同志专程迎接。在大连期间,党组织安排洪深一行游览市区,参观工厂,乘专列经沈阳到达哈尔滨,准备参加新政协会。①

2月25日,洪深与其他一些民主人士乘坐专列由东北抵达北平。

2月,常青真带着两个女儿钢和铃离开厦门乘海轮到上海,由共产党上海地下组织安排住进江宁路一新式里弄房底楼,二楼住的是中共地下党员张英、张玮夫妇和张英母亲,三楼是地下党员刘厚生。

5月,第一届世界和平大会在布拉格召开,洪深随中国代表团转道苏联参加布拉格会议,在苏期间洪深等人拜访了苏联作家协会。

到了布拉格,郭沫若来找洪深:"洪老弟,明天大会发言,我们决定让你代表中国代表团去讲演,表达中国人民向往和平的美好愿望,我了解你,你在讲演上的功力是第一流的,这可是代表我们即将新生的国家啊!"

这晚,洪深再一次经历了一个不眠之夜。不是为了生活的煎熬,也不是因为事业的艰辛，而是他头一次代表一个国家的人民，在世界讲坛上表达一个民族的热望。当了几十年的国民党员，他得到了什么呢？而他还没有加入共产党，共产党的政权却给了他如此殊荣，他那颗正直而易于激动的心怎能平静下来。发言稿他写了又改，改了又写，几乎熬了个通宵，可大脑却一直处在兴奋之中。

他的发言获得了雷鸣般的、长时间的掌声，当他快步走下主席台时，他几乎想飞，几乎想用心向世界呐喊：中国人民真的要站起来了，要站起来了！在那新中国即将诞生的前夜，在那已经冲破了黑暗的黎明。

作为新中国第一代文化和平使者，洪深没有辜负人民和新中国交给他的使命。

5 月 12 日，中国参加第一届保卫世界和平代表大会的代表团乘火车回国，途中，同代表团的徐悲鸿为洪深画素描肖像画并题款："浅哉兄由欧返国车中卅八年五月十二日悲鸿"②。

7 月，常青真带着两个女儿钢和钤乘坐上海军管会安排的专列，和在上海的一些民主人士家属等到达北平。洪深自 1948 年末和妻女分别后，终于团圆。党组织有关部门安排洪深一家四人入住北京饭店二楼朝北的一间客房。

该月，洪深参加了在北平举行的中华全国文学艺术工作者代表大会。以后，洪深服从周恩来总理的安排，留在北京，在中央政府部门做行政工作。

据洪深夫人常青真回忆：

> 新中国成立后，洪老的心愿是要回复旦教书的。他提出回到上海在复旦大学教书。但周总理要他留在京城，于是他听从了，留在北京搞行政工作。但洪老他想教书，想写剧本，想排戏。于是他只能在繁忙劳累中，从自己紧张的时间中，抽自己一点点的休息时间来用在教书——北京师范大学音乐系主任，写剧本——《这就是"美国的生活方式"》，导演《四十年的愿望》《法西斯细菌》，以了心愿。③

9月22日，中国人民政治协商会议第一届全体会议通过主席团提议，设立六个委员会，洪深是其中“中国人民政治协商会议第一届全体会议宣言起草委员会”的委员。

该月，党组织有关部门把洪深妻子常青真安排到北京电影制片厂工作；洪深的两个女儿洪钢和洪铃也被安排分别进入干部子弟学校：北京师大女附中和北京育才小学。

文化使者与最后的奉献

1949年10月1日，中华人民共和国成立，定都北京。

10月，洪深一家四口自北京饭店搬出，住到北京西四大红罗厂胡同内小红罗厂胡同四号西厢房。

12月16日，周恩来签署任命书，任命洪深为“中央人民政府文化部对外文化联络事务局副局长”，局长为萧三。

洪深陷入了沉思：这太意外了！他是为戏剧而奔波了大半生的人，戏剧就是他的生命。抗战时期，为了救亡，作为一个爱国者，他当了戏剧官，违背了平生不做官的誓言；而今天他又要抛开戏剧去做官，这将从根本上违背他当初弃官从艺的抉择，他一时几乎无法接受。然而这是周总理的选择和信任，周恩来可是他后半生的引路人啊！

他纠结了很久，终于，他用理智战胜了感情，多不容易啊！他几乎要从心底里喊出：周恩来先生啊，是您给了我后半生的生命，我就是放弃一切，也不会放弃对您的尊重和崇拜，我就是放弃了自己的初衷，也不能辜负您的信任和期待……

洪深走马上任了，立即全身心地投入到外事文化工作之中，他对于新中国的一切都给予了极大的热情。

他编写了关于初涉外事工作的注意事项等方面的小册子——《对外工

作须知》,这本册子成为当时外事部门工作人员的启蒙读物。

洪深的工作包括迎送外宾和陪同外国友人观看演出,参与对外文化交流宣传活动,参加对外文化交流宣传方面的会议,撰写有关对外文化交流宣传的命题文章等。洪深工作的这种性质,让他不可能享有正常的固定上下班时间。

洪深工作的对外联络局地处东四,他经常早上从家里带两个夹肉的烧饼作为午饭,或中午买两个烧饼充饥。

起初,对外文化联络局由萧三和洪深两人负责,后来萧三到国外赴任,就由洪深担任局长。

对国外搞文化交流、交友和宣传新中国,任务十分艰巨。对洪深而言,这是一门新的学问。新中国成立之初,从旧政府接过许多旧的烂摊子,只有这一行是崭新的业务,还无规矩可循。

洪深虽是国内外知名的作家、艺术家,但面对国际文化交流方面的工作,他还得从头学起。事无巨细,他都亲自动手干。他原本一心挚爱着戏剧,却因为对外宣传和联络工作是党和国家领导人周恩来信任他、交给他的重任,他就下定决心毫无怨言地担当了起来。

因而,洪深不仅是我国话剧、电影艺术事业的开拓者、先驱者,也是新中国对外文化交流工作的开拓者和努力耕耘者。

不久,抗美援朝开始,洪深亲率慰问团赴朝鲜前线慰问。回国后,他为中国人民志愿军的英勇精神所感动,连做了近百场报告,宣传最可爱的人的英雄事迹和爱国主义精神、国际主义精神。

这天,他声音嘶哑,发烧至 39 度,十分疲惫。常青真心疼他的身体,就说:“洪先生,今天就不要去做报告了,你该吃了药好好睡一觉,这些天,你马不停蹄地讲啊讲,太吃力了。”

洪深连说不碍事,说毕喝了几口胖大海茶,就急忙起身离去,常青真忙为他围好围巾,把他送至门口,望着远去的小汽车淹没在夜色中。

1950 年 7 月,洪深出任“戏曲改进委员会”委员。

1951年2月23日，周恩来签署任命书，任命洪深为“政务院文化教育委员会对外文化联络事务局局长”。

1951年7月，《洪深选集》由开明书店出版，该书收录了《赵阎王》《五奎桥》《香稻米》以及电影《劫后桃花》四个剧本和他自己写的序言。

洪深还为中央戏剧学院话剧团导演他创作的话剧《这就是“美国的生活方式”》，在北京盛大公演。

这年10月，洪深陪同来参加我国国庆观礼的印度、缅甸、巴基斯坦、印度尼西亚等国代表团到东北及天津、南京、上海、广州等地参观访问。

1952年5月1日，洪深陪同来访的匈牙利国家人民文工团参加首都“五一游行”，行至天安门广场，该文工团代表在洪深陪同下走上天安门城楼向毛泽东主席献礼。

根据周总理的指示，这一年要派一个艺术团出访北欧六国。

经过慎重考虑，洪深决定派一个杂技团出去。此举引起了不少人的议论与不满：“简直是出洋相，等着瞧，看看外国人怎么评价我们的要把戏代表团。”

风声传到洪深耳朵里，他心如针扎。他担心的是：我们国家的进步文艺处于初创阶段，虽说颇富教育意义，但艺术上多较粗糙，且多了些说教气息，出国演出不一定会受到外国友人的欢迎，国情反差巨大，特别是对于社会制度不同的北欧来讲更是如此。

尽管心里难过，可洪深还是咬紧了牙关，反复默诵着：“周总理啊，我无论如何会干下去。你放心吧……”而后，他又像一团火似的扑向新的工作，继续做一名称职的对外文化使者。

这年7月，洪深率中国人民杂技团赴北欧芬兰、瑞典、丹麦三国巡回演出67个城市，10余万观众观看，影响极大。

洪深率领的杂技团出使北欧取得了巨大的成功，芬兰总统谷科宁接见了来自新中国的首批文化艺术使者，芬兰国家音乐厅专门辟出中国杂技团的演出场地，“中国杂技”成为当时的北欧的热议话题！

面对鲜花、掌声和荣誉,洪深的眼眶里不止一次湿润。

在紧张的外事活动的缝隙里,洪深不顾身体的疲劳,几乎用尽了他的一切业余时间去参与自己心爱的戏剧活动。他是在用生命为新中国做着最后的奉献。

1953 年,洪深亲自为中国青年艺术剧院导排《四十年的愿望》。

这是青年作者创作的大戏,写工业题材,初稿较粗糙,洪深以其深厚的功力边排边改。

“我对这出戏倒还蛮有信心呢!”洪深在排练场上边排边鼓励其他演员。

果然,经过改造和精心排练,戏出来了,人物也立起来了,大伙儿都很佩服洪导演。

“真是大导演,什么本子经他一点化,就会出彩!”有人不禁脱口赞扬道。

洪深听了不以为意,直到请工人师傅来看了连排感到满意他才松了口气说:“OK!”他总是把观众当作真正的评判者。

该戏连演百场,获得了巨大成功,并被批准赴朝演出,洪深激动不已。

他要求亲自参加演出,说自己可以演尾声中那个老农民,且长衫、道具自备,准能演好,为志愿军演出光荣。

该年 10 月,第一届中国戏剧家协会推选洪深为副主席。

10 月 4 日,洪深参加中国人民第三届赴朝慰问团,任第一总分团副团长。尽管没争取到演出机会,可朝鲜三千里江山每一寸土地上流传着的志愿军事迹激励着他,他真正打心眼里感到,作为新中国的文化使者,是值得自豪的。因为,那些最可爱的人不愧是中华民族的优秀儿女。此时,工作中遇到的一切郁闷和不快都被抛到了九霄云外。

1954 年 6 月,洪深陪同苏联、匈牙利等东欧六国驻华使馆文化参赞南下参观访问,第一站南京,随后再到上海、杭州。

7 月,洪深到上海,到以原抗敌演剧第九队为基础建立的上海人民艺术剧院参观座谈。

同月，洪深到杭州，并和时在杭州的田汉看望了京剧表演艺术家盖叫天，参观了浙江美术学院。

9月15日，中华人民共和国第一届全国人民代表大会第一次会议开幕，洪深以大会正式代表的身份出席会议，并被选为中国人民对外文化协会副会长。

他领导创办了外文版《中国文学》杂志，邀请叶君健等翻译家参加编辑工作。这是新中国的第一份外文文学杂志，对于当时中国与外国的文学交流活动起到了开拓和积极的作用。

这年，洪深又挤出一切业余时间，为中国青年艺术剧院导演《法西斯细菌》。他精心地按新中国成立以后的时代精神对该戏做了新的处理。为了给一名女演员做示范动作，洪深一跤摔在地上，背上顿时感到锥心般刺痛，当大家再扶起年已60的洪深时，他却推开大家，强做轻松地掸掸身上的尘土说："我受过严格的形体训练，区区一跤没有问题。"

他还对演员们语重心长地说："再好的戏，观众忘记不了的只是主场戏，关键处演员要'拼命'。"

洪深就这样每天4时即起，晚上下班后又排戏至深夜，他并不知道，病魔已乘虚侵入了他的肌体。他最后的病倒，毋宁说是为了工作而累倒在生命终点的。

1954年12月，洪深奉派出国，与民主德国、匈牙利、波兰签订文化协会执行计划。

1955年1月20日，洪深率中国文化代表团在布达佩斯与匈牙利签订中匈文化合作协定1955年执行计划。

1月28日，洪深率中国文化代表团抵达华沙。

2月11日，洪深率中国文化代表团在华沙与波兰签订中波文化协定1955年执行计划。

2月，洪深在波兰医院被发现身患癌症，被令立即回国。

在北京中苏友好医院，经苏联专家确诊，他已罹患肺癌，且已扩散。

人们惊呆了，如此健壮高大、从来不知疲倦的洪老，怎么会一下子被病魔击倒！

中国青年艺术剧院的演员们来看望洪深，病房中走了一批又来一批，欢声笑语不断，经常是护士进来说探视时间已到，大家才依依不舍地离开。

可是，他们怎么会知道，那正是洪深最后一次出访归来。在那欢快神情的背后，洪深强忍着多么巨大的心灵和肉体痛苦，因为病魔已经向他宣判了死刑，他是靠药物和意志，不，准确地说，更多的是靠意志在支撑着最后的生命。

一个一生与戏剧为伴的人，新中国成立以后当上了对外文化联络局副局长，他怎么可能一下子与戏剧绝缘呢?！戏剧情结已深深植根于他的内心，成为他精神生命中不可分割的一部分。

1955 年春，洪深带病应邀为电影剧本创作讲习班讲最后一课，讲题是“电影的特性”，这可以说是他最后的奉献。

洪深在讲习班上说他从新中国成立后再没做过电影，如有不妥之处，请大家多提意见。

接着，他用比较的方法说明了电影与舞台剧、电影与小说的不同特点，还教大家如何把一个故事改编为电影剧本。

先讲课、后回答学员提问，他依然那样健谈、那样幽默风趣……

学员中没有人知道，病魔已蚕食了洪深的躯体，他在这里讲课，实际上是在向电影界告别，作最后一次演讲，此后，他就再没有参加影剧活动了。

戏剧情结构成了他生命的基础，构成了他无比丰富的心灵世界中最为亮丽的一条闪光链。也许，对戏剧痴迷若生命，正是他成为戏剧大师的内在基因。

永别时的心声

1955年4月，洪深已经重病在身，适逢梅兰芳、周信芳从艺50周年纪念。因为洪深与梅、周一向交谊甚厚，又同庚属马，遂亲自提议，要与梅、周同台演出《审头刺汤》一折，人称“三马同台”。

演出结束后，北京饭店里欢声雷动，人们为三人的合作而喝彩。

谢幕时，洪深再三鞠躬，他在心底暗暗向在座的朋友们告别，向文艺界的同仁们告别，他深知自己将不久于人世。老友阳翰笙看透了他的内心世界，坐在下面拍着手，不禁悲从中来。

洪深虽热衷于戏曲改革，写过戏曲剧本如《岳飞的母亲》《新牛郎织女》，导演过京剧《新大名府》，参加了文化部“戏曲改进委员会”，但在戏曲表演上毕竟尚不太内行，之所以抱病出场，与两位戏曲大师同台演出，其实是想为自己的戏剧生涯画上一个圆满的句号。

“三马同台”之后，出于乡情，洪深在生命的最后时刻仍念念不忘赴家乡常州一览。

洪深13岁便离开常州老家，岁月匆匆，此后近半个世纪客居外地，行踪遍及欧美及大半个中国，而儿时的记忆这会儿却一一浮现心头：

6岁进私塾，枯燥的读经生涯使他对中国古代文化并不陌生。出身世家，封建家族中无休止的明争暗斗给他幼小的心灵罩上了阴影。“一个人要想被别人看得起，就要有本事，得刻苦做学问，但更重要的是一丝不苟地做人。”这是他在家乡儿时的信条，几乎贯穿了他的一生。

他出生后，家道已破落，除坟地（五奎桥一带）五六亩外，家中已几无固定资产，这使他一家在亲戚中备受歧视和冷眼。他后来喜欢接近贫民，并非没有原因。

特别是他离家赴上海徐汇上学读书时，他只有13岁，父母在车站送行时的眼泪和身影,使他久久难忘。

江南水乡的小桥流水、故乡先贤的遗著传说,成为他终生为人为文的底蕴。

1930 年,他由于参加左联而横遭迫害,身为国民党员而思想左倾的复杂处境使他不时处于尴尬之中而无法自拔,他也曾回到阔别多年的家乡常州,到那儿去寻求心灵的宁静。

常州近郊,洪家有祖坟地,当年农民的生活和命运又使他不能自已,我国第一部农村社会分析话剧《五奎桥》就是在这个状态下应运而生的。

1933 年,已届不惑之年的洪深在上海听闻常州中山堂落成,应邀派导演朱端钧率复旦剧社 20 余人赴常州演出。

……

这次,1955 年 6 月,洪深病中以全国人大代表的身份赴常州考察并看望家乡父老,顺便去五奎桥扫墓,向桑梓亲人告别。在常州期间,他与常州市文化局干部钱小山晤谈,观看常锡文戏《四十年的愿望》和《宝莲灯》,并与导演史曼倩有过两次深谈。

登上由常州返京的列车,目睹眼前的江南大地,洪深的心头一时千头万绪……

家乡父老们,你们的儿子洪深要走了,这是最后的告别,洪深的一切都是家乡哺育出来的,恩怨得失,历史可为鉴证。可以告慰父老乡亲的是,洪深是一个正直的人,他并没有辜负家乡和时代的赐予。

真的,那以后他再也没有回到家乡,而乡情却伴他直至生命的最后一息。

五奎桥边的黄花不会忘记他,大运河的流水不会忘记他,红梅阁畔的学子不会忘记他,而洪深的名字,至今仍是常州家乡人民心中的骄傲。

1955 年 7 月中下旬,洪深坚持参加第一届全国人民代表大会第二次会议,每天到会,连小组会也很少缺席。

会议期间,病疼难忍时,他就打止痛针,很少请假,直至大会闭幕,小汽车送他回家，他才向局里正式请假，离开工作岗位。

从此，他就再也无法出门了。

8月的一天，这天洪深神志稍清，就在病床上写信给周总理，他要求死后组织上对他进行审查，如果够条件就追认他为共产党员，但他又觉得自己条件并不成熟，于是这封信就没有发出。常青真看到这封信，要替他发出，他无力地摇摇头，脸上露出凝重的神情。

8月22日，田汉与欧阳予倩去看望洪深，洪深挣扎着对他俩说，对夫人，他很放心，不放心的是两个女儿，她们在学校里成绩都很好，只是年纪还小，需要照顾，希望能把她们培养成革命战士。田汉含泪答应了，他心里也知道，这是一生的好友洪深在临终托孤。

8月25日，洪深病危被送往北京红十字医院。

8月29日，周总理前往医院看望洪深，他告诉洪深，家庭和女儿组织上会照顾好的。洪深的脸上露出欣慰的神情，他已无力用语言表达心中的想法了。周总理走后，洪深就安详地停止了呼吸，永远离去了。这时，时钟指向5时13分，1955年8月29日下午。

还是夏衍说得好："洪深先生的热情、勇敢，关切民族国家的命运，在同时代的文化工作者中，可以说是最难能可贵的一个。"

洪深把自己的整个生命都奉献给了民族现代戏剧和民族解放斗争的伟大事业，他的事业是永恒的，历史和人民不会忘记他。

1955年9月1日上午，洪深追悼会在北京嘉兴寺举行，追悼会由欧阳予倩致悼词，茅盾、阳翰笙、老舍、周扬、梅兰芳、夏衍等文化界领导和知名人士参加了追悼会。追悼会后，洪深被葬于北京八宝山革命公墓。

9月2日，《人民日报》发布了"我国著名戏剧家洪深追悼会昨在京举行"的消息。

周恩来说："洪深同志是一个爱国主义者。"这是对这位中华赤子最直接的肯定。

注：

①钱之光.接送民主人士近解放区参加政协的回忆[N].人民日报，1983－08－14.转引自陈美英.洪深年谱[M].北京：文化艺术出版社，1993.

②洪钤.中国话剧电影先驱：洪深历世编年纪[M].北京：中国电影出版社，2013.

③1995 年 12 月 24 日洪深妻子常青真在上海住所，对常州市文化局蒋柏连和韩斌生两同志的访询面谈。转引自洪钤.中国话剧电影先驱：洪深历世编年纪[M].北京：中国电影出版社，2013：294.

结语
洪深——中国话剧的奠基人之一

洪深是我国杰出的话剧和电影艺术家，在中国话剧的创建期，作为我国话剧的三大奠基人之一，他与欧阳予倩、田汉一起，为创建中国现代话剧奠定了坚实的基础；作为中国电影艺术的开拓者，他为中国电影事业的发展作出了重要的贡献；作为一位全才型的影剧艺术家，他在话剧和电影的编、导、演实践及其理论建设等诸方面都进行了毋庸置疑的开创性工作，他的业绩和贡献在中国艺术文化史上彪炳千秋、遗泽后世。

洪深——中国话剧的奠基人之一

早在1923年秋，洪深便在上海戏剧协社首先建立了严格的排演制度，接着改革了男扮女装的惯例，提倡男女合演。1924年，洪深接受1922年因借鉴表现主义手法创作《赵阎王》失败的教训，按照中国化要求将王尔德的西洋剧改编为《少奶奶的扇子》并取得成功，一鸣惊人。

由于在排演过程中，洪深坚持了严格的排演制度并充分发挥了导演的职能，舞台采用真门真窗的布景设计，学习西方的现代灯光照明设施，舞美与演出和谐统一，从而使中国戏剧史上的导演制和现代排演体制由此确立。

后来，洪深又参与上海复旦剧社的筹建和革新，在复旦大学开设“戏剧编撰”课程，并仿效他的美国老师贝克教授的做法，开设“AI”工厂，让同学们一边听课一边进行舞台实践。复旦剧社为中国戏剧培养了不少人才，如著名的戏剧家马彦祥、朱端钧，都是复旦剧社的成员。

1928 年 4 月，在上海戏剧界人士宴请欧阳予倩的宴席上，当众人议论如何将这些新形式的剧区别于文明戏和以前的新剧时，洪深提出以“话剧”这一名称代替“爱美剧”，获得一致赞成，“话剧”之名由此通行。

1928 年冬，洪深看到戏剧协社社员散漫、观众减少、办事困难的现象，他认识到，只担忧实践的舞台技术是不够的，这样做必然会走到新式票房那条路上去，所以，他决心脱离戏剧协社，后又发现南国社的演出因表现了时代和广大民众的苦闷与情绪而获得了广大观众的青睐，于是他决心加入田汉领导的南国社，甚至亲自扮演田汉名剧《名优之死》中的名伶刘振声。他一心学习田汉，走适应时代的戏剧运动之路。此后，洪深与田汉在中国戏剧运动中成为终生知己。

1930 年，洪深先后加入中国左翼作家联盟、中国左翼剧团联盟，创作了他的代表剧作《五奎桥》，而抗议辱华影片《不怕死》的上海光明影院事件为他赢得了剧坛“黑旋风”的美名。他为左翼戏剧运动作出了重要贡献。

1937 年 12 月，洪深被推选为中华全国戏剧界抗敌协会的常务理事之一。他积极参加国防戏剧活动，带领上海救亡演剧第二队奔赴各地进行抗日宣传。他一直不愿做官只愿演戏，但为了抗战的需要他又做了戏剧官。他的《飞将军》《包得行》《黄白丹青》等剧作所产生的巨大社会效应，以及他率队出色参与完成“长沙大火”善后事宜的重任的事，都表明他愿意为了民族大义抱赴死的决心，全力以赴地投入到抗日救亡的光荣事业中去。

1942 年年底，在重庆戏剧界为庆祝洪深 50 岁生日的时刻，夏衍祝福洪深：“洪深先生的作品是雅俗共赏，洪深先生的为人是清浊兼容。这性格使他安贫，使他乐观，使他不怕挫折，使他保持年轻的感情，来继续他的工作。”①

洪深在会上答谢说："人总是要过去的，而事业——对人类的贡献——是永生的。"②

几十年的话剧生涯，洪深为我们留下了丰富的戏剧作品和编、导、演全方位的理论遗产。终其一生，洪深不愧是我国话剧的奠基人之一。

20世纪前半期中国话剧的重要剧作家

1936年，鲁迅在回答斯诺采访时说过，当时"中国最优秀的剧作家是郭沫若、田汉、洪深和曹禺"。

洪深位于最优秀的剧作家之列是理所应当的。从1915年的《卖梨人》到1951年的《这就是"美国的生活方式"》，在长达36年的创作生涯中，他先后创作了54部话剧文学作品（含译作和改译），其中《少奶奶的扇子》《咸鱼主义》《五奎桥》《飞将军》《包得行》《黄白丹青》《鸡鸣早看天》等作品，在当时就赢得了剧坛的关注和观众的欢迎。

他从美国学戏剧归国后的第一部剧作《赵阎王》，虽说营业遭遇失败，甚至被人讥为神经病，但这毕竟是洪深把西方表现主义戏剧方法引入中国的最早尝试，对于中国戏剧运动的发展意义重大。

他的《咸鱼主义》较早地尝试了把小市民的平凡生活引入戏剧，打破了过去主要题材多反映上流社会的创作倾向。

他的《五奎桥》首开中国社会分析剧的先河，较早地把农村斗争题材搬上舞台，这对于推进中国进步戏剧无疑是一个新的开端。

《飞将军》是中国第一个表现空军题材的戏剧，在抗战时期的确起到了鼓舞士气、激励抗日将士的作用，其中的情感线索及人格转折也有着发人深省的教育意义。

《包得行》继承了方言话剧的地方色彩和喜剧风格，在戏剧的大众化方面进行了新的尝试。而且包得行这一形象的"阿Q气"，也是对鲁迅的阿Q

讽刺文学传统的一次新的传扬。

《鸡鸣早看天》一剧在新中国诞生的黎明前夕推出，该剧敏锐地捕捉了时代的脉搏，从社会切入，警告人们：并非抗战胜利了，就一切天翻地覆了，真正的黎明还在将来。

洪深的剧作风格主要是现实主义的，是主张戏剧为时代和为人生的，他重感情又重理智，往往比较理性地处理戏剧素材，精心地规划结构剧作，使戏剧一步步、踏踏实实地展开。他的剧作不搞花架子，严格按照戏剧规律写作，比较规范、严谨，但有时却也会因此失之灵动，缺少必要的想象和"飞翔"。

还是阳翰笙在洪深 50 寿辰祝寿时说得好："丰富的热情，强烈的正义感，深沉的人生经验，这是洪深先生的性格特征，也是他作品的特征。"③

明白朴实是他剧作的外在风范，深沉热烈是他剧作的情感内核。

夏衍在洪深 50 寿辰时又说："他从无可欣赏之中发现他的欣赏，他从不能满足之中获得他的满足。"④这是对于洪深其人其作艺术风格的一个既深刻而又极其中肯的评价。

毋庸置疑，洪深的确是我国现代戏剧最初半个世纪里最优秀的剧作家之一。

在话剧排演中建立导演制和正规演剧体制的第一人

洪深正规的戏剧导演生涯当从 1923 年他参加戏剧协社担任排演主任开始，直至 1954 年为中国青年艺术剧院重排《法西斯细菌》为止，他先后亲自导演话剧 57 部。

在上海戏剧协社，通过先后排演《终身大事》和《泼妇》的对比，男女合演一事获得成功，而《少奶奶的扇子》的公演成功则初步奠定了中国话剧的一整套排演模式，并建立起话剧的正规导演制度。于此，洪深功不可没。

《少奶奶的扇子》的演出的成功，说明话剧的演出方式已经成功地移植到中国的舞台上了。自此，中国话剧开始有了专业导演的职务，演出的统一性才特别受到强调。从这个意义说，洪深也是我国第一位专业的话剧导演。

1926 年 7 月、8 月，洪深为戏剧协社导演自己翻译改编的三幕话剧《第二梦》，并亲自出演男主角——画家瞿知白。陈白尘正是在该年第一次看到真正的话剧，说自己获得了极其美妙的艺术享受。

特别是 1947 年，洪深亲自导演田汉创作的 21 场话剧《丽人行》，这是一次话剧导演的成功探索。《丽人行》是一个包括 21 场的剧本，演出时要换 13 个场景，为了解决这个难题，洪深把舞台分成三组，布景是风格化的粗线条，通过灯光转暗进行换景，避免了因换景频繁而割裂剧情的问题。洪深之所以竭尽全力、热情地导演该戏，还因为他对于昔日戏剧战友具有深厚的感情。

新中国成立后，洪深为中国青年艺术剧院导演了《四十年的愿望》和《法西斯细菌》两剧，《四十年的愿望》是一个青年作者的戏，全剧线索不够清楚，戏也不够集中生动，洪深要求要有一场高潮戏。在洪深的启发下，作者研究了全剧的高潮，重新组织了矛盾冲突线索，捋出了一条贯穿线索。结果，在洪深的排演下，高潮戏有了，剧本的线索也比较清楚了，生动的戏剧场面产生了，主题思想也突出了。

据有人回忆，在排演《法西斯细菌》的时候，四幕二场有这样一场戏：善良的日本妇女静子亲眼看到法西斯日本兵枪杀了自己丈夫的朋友，内心震惊到极点，这是一个主场戏。扮演静子的女演员在舞台上要从窗口走到台口突然晕倒，她的戏一下出不来。洪深立即做示范动作，只见他听到枪声来到窗口一望，然后一声惨叫，转身面对观众露出痛苦的表情，踉踉跄跄走到台口，用凄厉的声音念出台词，然后突然倒在地上。洪深的示范表演把全场都镇住了。

洪深告诫演员："一个角色在全剧里只能有两三个地方是使观众永远不忘的。这是难得的好戏，是角色的'主场戏'，演员应该'拼命'！"

洪深排戏中还要求大家要经常想到观众，认为观众才是戏剧的最终评判者，这也是洪深导演思想中的一个亮点。总之，洪深是一个优秀的导演，他的导演艺术和实践影响了一代演艺人。

影剧艺术理论和批评建设

除了15部左右煌煌理论专著外，洪深还先后发表了200多篇长短不一的理论批评文章。仅1947年在上海《大公报》之《戏剧与电影》周刊第13期到61期上，他发表的"编后记"就达45篇之多。而他在该报同一专栏发表的文章，从2月到12月又有13篇，此外，他还在同年的《新闻报·艺月》上发表了短文5篇。

1948年，由于洪深在厦门大学期间继续担任着上海《大公报》的周刊主编，他继续在其上发表《戏剧与电影·编后记》8篇，还发表文章4篇：《文艺工作对于人民的道德责任》《关于"表面真实"》《另一型的有声电影》《关于小城之春的窘言》。*

这一时期，洪深理论文章所体现的艺术思想和专业观点，不只围绕影剧艺术方面，还有对一般艺术理论观点的研究和探讨，它们标志着洪深艺术理论思想和观点的日渐成熟和广博。

比如，他1948年在《大公报》上发表的那篇《关于"表面真实"》，就认为"用十足的写实手法，写出一个全不真实的戏，(细节真实，然人物故事不真实)不是不可能的，"所以"允许部分地放弃表面真实"。

《洪深戏剧论文集》集中了他1928年至1933年期间主要的戏剧和电影方面的论文，洪深在其《自序》中说："这些文字，乃是在不同的时期，不同的环境中写的；但今天并和看来，居然有连贯性，至少是不曾自相矛盾，可喜者

* 以上1947年至1948年上海大公报相关资料均摘自洪钤. 中国话剧电影先驱：洪深历世编年纪[M]. 北京：中国电影出版社，2013.

一;其间虽有应得修改处(在可能的范围内,我也都修改了),但还不过是小的疵病,在大体上无大妨碍,至少不是致命伤,可喜者二。"

洪深在理论建设的"中西共治"中,并不一味照搬西方,还反对西方戏剧理论中的一些形式主义和形而上学的东西,比如他反对西方戏剧提出的所谓"永久不变的性格",反对固定不变的所谓"三十六种剧情"说(由18世纪末意大利剧作家葛齐提出)。

对于戏剧的教化功能,洪深提出不能机械地理解。他认为,一部成功的戏剧,绝不能耳提面命地教训观众,而要使观众看到真实的人生,要和他们的切身利益有关系。为了达到这个目的,剧中人必须是有血有肉的,是典型的人物,是典型的性格,而不是"典型的抽象"。恩格斯的现实主义典型理论是在20世纪30年代初期才由我国左翼文艺理论家经由苏联传入中国的,而在此后一两年间,洪深就在其著作中将这些理论用到了戏剧与电影艺术理论的阐述之中,可见其影剧艺术理论的前沿性。

洪深给我们留下的丰富的影剧艺术理论遗产,实在值得我们进一步认真地研究和总结。实事求是地说,作为他所在的特定时代的影剧艺术理论的集大成者,他在影剧艺术理论方面的贡献,当时无人能与之匹敌。

中国电影事业(包括无声电影和有声电影)的开路人

1923年至1948年,洪深共编写了电影剧本41部。历史题材的电影剧本《申屠氏》,是中国第一个比较完整的无声片电影剧本,后来发表在《东方杂志》上。1925年至1948年,洪深共导演电影10部。他先后写过7部涉及电影的专著,发表过数以百计的电影理论和电影批评文章,计100余万字。他还参与创建了中国第一所正规的电影学校,为中国培养了不少电影方面的人才。

1924年至1937年,洪深参加了中国电影事业的创建工作,作出了许多开创性的贡献。特别是左翼电影的产生，洪深功不可没。

洪深认为，编剧拍电影，最终的目的与唯一的目的是给观众看，不是作者自我陶醉，剧本的成败，要看观众喜爱与否，要看主题是否为多数人所关心、接受和喜爱，要看在情节发展中作者所安排的戏剧效果，例如喜怒哀乐，是否收到了观众的预期反应。这一进步的以观众为最终评判者的电影理念，始终是洪深从事电影工作的指导思想。

1925 年 5 月，洪深受聘明星公司编导一职。洪深曾留学美国，张石川对他佩服得五体投地。洪深加入明星公司以后，公司影片的质量和数量有了不少的提升，他连续编导了《冯大少爷》《卫女士的职业》《少奶奶的扇子》等影片。

1931 年 3 月，洪深编剧的中国第一部有声（蜡盘发音）电影《歌女红牡丹》在上海公映。该年 8 月，洪深采购有声摄影器材，并带着技师从美国回来，拍摄了由他编剧的有声（片上发音）电影《旧时京华》，电影公司自力在国内拍摄有声电影当以此为起点。

1932 年春，洪深受明星公司委托，请几位著名的左翼作家阿英、夏衍、郑伯奇参加公司的电影编剧工作。

1933 年，由阳翰笙编剧、洪深导演的左翼电影《铁板红泪录》，由洪深加工修改的表现工人生活的影片《香草美人》和由洪深亲自创作的反映工人生活的影片《压迫》等相继诞生，表现出左翼作家介入明星公司后，影片在思想内容和倾向上的新风气。其中《铁板红泪录》是洪深所导演的影片中最好的一部。洪深在中国左翼电影成长期，特别是在 1933 年，是有不小贡献的。

该年洪深还写了《表演电影与表演话剧》，并在《上海晨报 · 每日电影》上发表了不少影评。他的影评颇有学术味，注意分析影片的得失，还注重对不同艺术样式的比较，在比较中论评、鉴赏，针对性非常强。

1934 年，洪深在青岛山东大学完成了电影剧本《劫后桃花》，剧本描写德国侵占青岛后发生的一个故事，从一个角度表现了帝国主义侵略中国的历史。1935 年明星公司将该剧本拍摄成影片，胡蝶主演。影片放映后引起轰动，被誉为“历史的照妖镜，青岛历史的写真”。

1935 年 9 月，正中书局出版了洪深的《电影戏剧的编剧方法》，并在书后附上了电影剧本《劫后桃花》和论文《编剧二十八问》。

1946 年至 1948 年，洪深在担任主编期间，先后为《上海大公报》之《戏剧与电影》周刊写“编后记”64 篇、文章 16 篇。

1954 年，洪深发表《电影的特性及其他》，这是他该年在文化部电影剧本创作讲习会上的讲话。

从 1925 年发表无声电影剧本《申屠氏》(写作时间要更早些)，到 1954 年《电影的特性及其他》讲话的发表，在近 30 年的电影生涯中，洪深当之无愧是中国电影的开路人之一，他的贡献将永远载入中国电影发展的史册。

中国进步戏剧、电影运动和民族民主运动的重要活动家和领导者

洪深在政治上不断追求真理、追求进步。在国共第一次合作期间，曾一度加入国民党。但在 1927 年“四·一二”政变后，洪深在备尝上海戏剧协社时期戏剧活动的波折和低谷之苦后，认识到前期的上海戏剧协社只注重戏剧实践的舞台技术是不够的，于是毅然加入了田汉领导的南国社。很快，1930 年，田汉和洪深都参加了中国自由运动大同盟和中国左翼作家联盟这两个进步组织，接着洪深又加入了中国左翼剧团联盟。从此，他就一直在中国进步的电影和话剧运动以及民族民主运动中起着重要的组织领导和先驱者的作用。

早在 20 世纪 30 年代初期，洪深创作的《五奎桥》就表现出了他的爱国主义思想和反帝反封建的精神。他通过描写江南一场农民自发的反抗行动，反映了 30 年代初期，在土地革命的影响下，农民革命力量的成长和壮大。作品具有深刻的时代性。“五四”以来的剧作大多是反映城市生活和市民精神状态的，表现工农生活的不多，洪深是较早通过大部剧作反映农村问题的剧作家。

明星公司为了生计，正苦于无计可施之时，洪深以顾问身份向公司老板建议，邀请一些有点名气的进步作家来当编剧顾问写些剧本，这样一定能使公司面貌改观，进而摆脱困境。此后明星公司拍摄的一些影片果然在质量和内容上有了改变，《铁板红泪录》《压迫》等进步影片开始得以萌生、发展。在此影响下，到1935年，不少公司的影片质量都有了不小的改观，从而有力地推动了进步电影运动的发展。

1932年，洪深看到报上“中国第一有声影片有限公司(美国注册)”的消息，不禁怒火中烧，意识到这一计划如果变成现实，中国的民族电影事业就将受到重大冲击，于是立即提笔写了一篇长文《美国人为什么要到中国来办电影公司摄中国片——请注意别放过了这个问题》，于7月23日在上海《晨报》上全文刊出。洪深大义凛然、登高一呼，激起了社会的强烈反响，美国人注册的所谓中国第一有声影片有限公司至此彻底瓦解。

1933年3月19日，中国民权保障同盟上海分会执行委员会开会选举，洪深以26票高票当选为执行委员(仅次于郁达夫的27票)。

该年5月23日，由中国民权保障同盟领导人发起，蔡元培、胡愈之、洪深等许多文艺界人士签名，发出了营救丁玲、潘梓年的电报。

该年6月18日，中国民权保障同盟领导人之一杨杏佛在上海被暗杀。6月20日，上海胶州路万国殡仪馆杨杏佛大殓之日，宋庆龄、蔡元培、鲁迅、邹韬奋、沈钧儒、洪深等冒着生命危险，亲临吊唁。

1934年，洪深在《申报月刊》发表《中国戏剧的改良》一文，表明自己关于戏剧改良的观点：

> 封建的但是大众的歌剧不妨仍予利用，唯须彻底改变内容。
>
> 话剧的创作应不受任何传统的约束。

该年9月，他响应左联的号召参与大众语讨论，撰写了《大众语和戏剧对话》一文。

1936年10月20日晨，洪深把自己悼念鲁迅先生的文章《后死者的责任》邮至上海，文中说“鲁迅先生未完的责任，无可避免地加在我们后死者的肩上了”。

1937 年 8 月中旬，洪深主持上海话剧界救亡协会大会，商讨话剧界如何投身抗日救亡运动。8 月 20 日，洪深带领上海救亡演剧第二队从青浦出发，踏上抗日救亡的道路。

1938 年，洪深带领“长沙火灾善后工作队”，按照周恩来的指示精神，顺利完成了长沙大火的善后处理工作。

1939 年 4 月，洪深担任新成立的国民政府军事委员会政治部三厅下属教导剧团团长；8 月至 10 月中旬，洪深率教导剧团由重庆出发徒步赴成都，全程一千余里，费时两个半月，沿途经合川、遂宁等县，进行演剧宣传，演出 70 多次，洪深的方言话剧《包得行》大受乡民欢迎。

1942 年 3 月 7 日，洪深为新中国剧社导演的《再会吧，香港》在桂林公演。演出开始后，国民党军警到剧场下令停演，洪深坚持演完第一场后率全体演员登台，面对观众手举演出许可证，愤怒说明禁演之真相，令全场观众义愤填膺。

1946 年，重庆北碚复旦大学校内发生特务学生压迫、挟持进步学生的“谷风”壁报事件，洪深路见不平、奋起抗议，反遭特务学生围攻殴打，遭精神上的迫害几近一个月，身心健康受到严重影响。

该年 7 月，李公朴和闻一多在昆明被国民党特务暗杀。10 月 4 日，上海举行各界人士五千人大会追悼李公朴和闻一多，洪深担任大会司仪，会前洪深对蔡平等学生说：“我准备做闻一多第二，要是出了乱子，我就挺身而出。”

1947 年夏，洪深因支持上海学生反饥饿反迫害运动，遭特务持枪威胁和殴打，但他并未退缩，而是坚持斗争。

这一时期，洪深还导演了《春寒》《草莽英雄》《鸡鸣早看天》，创作了话剧《人之初》、电影剧本《几番风雨》等。洪深以他民主战士的姿态和参加影剧运动的丰硕成果迎接新中国的诞生。

桃李满天下的戏剧、电影教育家，著名的大学教授

洪深在从事话剧和电影工作的同时，一生都没有脱离教育，他始终把培养影剧人才作为自己参与影剧运动的重要环节。

1923 年归国后，他受聘于上海复旦大学文科，并在上海龙门师范学院兼课。1925 年，上海复旦大学学生组织复旦新剧社（后改名复旦剧社），请洪深教授指导，著名戏剧家马彦祥即是复旦剧社成员。

1924 年，洪深应邀主持中华电影学校的教务工作，这是中国第一所正规的电影学校，著名影星胡蝶即是该校学生。

1926 年洪深受聘于暨南大学外文系教学，之后又应邀在上海艺术大学（后为南国艺术学院）教授戏剧。直至 1934 年 8 月，他才离开复旦大学，前往青岛任山东大学外文系主任。1936 年 9 月，他离开青岛赴广州任中山大学文学院外文系主任。

1940 年，洪深受聘于因战争西迁重庆的复旦大学任外文系教授。

1941 年受聘于广东中山大学任外文系教授。

洪深是知名教授，他在大学的教学生动、深刻，因而常常人满为患，有时连教室走道和窗口都挤满了闻讯前来听讲的人。

1942 年，他又应邀到四川江安国立戏剧专科学校任戏剧专业的教师，该年秋季他重回重庆北碚复旦大学外文系任教。后江安国立戏剧专科学校搬至北碚，洪深依然在该校任教。许多著名的作家、戏剧家都为该校上过课，培养了一批批戏剧艺术人才。

1943 年 10 月，国民政府军事委员会政治部军中文化工作研究班在重庆远郊山村三圣宫开办，洪深为戏剧系总教官，讲授心理学、舞台技术和导演三门课。

1946 年夏,复旦大学由重庆搬回上海江湾,上海市立实验戏剧学校秋季开学,洪深受聘到该校任教。

1948 年春,洪深受聘于厦门大学任外文系教授,并为该校三、四年级学生讲授“外国戏剧名著选读”等课程。

新中国成立后,1950 年,洪深在繁忙的外事工作之余,还兼任北京师范大学戏剧音乐系主任,讲授戏剧。

1954 年,洪深为文化部电影剧本创作讲习会做“电影的特性及其他”讲座,这是他最后的一次教学活动。

关于洪深课堂教学的特点,他的学生总结为深入浅出,有重点有目的地运用“做”“教”“学”三结合的方法进行教学。该评价精辟而简洁。

由以上可知,洪深不愧是桃李满天下的戏剧、电影教育家和著名的大学教授。

新中国第一代文化使者

1949 年 5 月,洪深受政府指派,参加第一届保卫世界和平大会,代表团从北京乘火车前往欧洲,在召开大会的捷克首都布拉格会场,洪深代表中国人民作了大会发言。

该年,中华人民共和国成立,洪深被任命为文化部对外文化联络局副局长。

1951 年 2 月,周恩来签署任命书,任命洪深为“政务院文化教育委员会对外文化联络事务局局长”。

1952 年 2 月 27 日,《人民日报》刊出他为纪念世界文化名人、法国作家维克多·雨果而撰写的《纪念维克多·雨果诞生一百五十周年》。

该年 5 月 1 日,他陪同匈牙利国家人民文工团参加首都“五一游行”;7 月,他率中国人民杂技团访问北欧三国——芬兰、瑞典、丹麦,巡回 67 个城市，演出吸引了10余万观众观看。

1953年9月28日，《光明日报》发表洪深《纪念何塞·马蒂》一文，此文为纪念世界文化名人、古巴文学大师和民族英雄何塞·马蒂而作。

10月4日，中国人民第三届赴朝慰问团离京，贺龙为总团长，洪深为第一总分团副团长。洪深被中国人民志愿军战士的英勇精神所感动，经常不顾病痛、夜以继日地做报告和进行宣传、慰问工作。

1954年6月，洪深陪同苏联、匈牙利等东欧六国驻华使馆、文化参赞南下参观访问南京、上海、杭州等地。

该年10月30日，周恩来签署任命书，任命洪深为"中华人民共和国对外文化联络局局长"。

该年12月3日，洪深作为商谈对外文化协定执行计划的中国文化代表团团长离开北京前往东欧三国——民主德国、匈牙利、波兰。

12月27日，洪深在东柏林与民主德国签署了"中德文化合作1955年执行计划"。

次年1月20日，洪深率中国文化代表团在布达佩斯与匈牙利签订了"中匈文化合作协定1955年执行计划"。

2月11日，洪深率中国文化代表团在华沙与波兰签订了"中波文化协定1955年执行计划"。

2月，洪深在波兰访问和拟签订文化协定期间，因长期超负荷工作，劳累过度、身体不适就医，医院发现洪深已罹患癌症，但当时未将病情告诉他。国内上级部门得知后以"身体情况不宜"为由，令洪深立即回国。回国途中经过莫斯科，时任中国驻苏大使刘晓请洪深吃饭。洪深胃口颇好，向刘晓大使笑称："我胃口这么好，身体不会有大问题。"回家后，洪深还这样向家人笑谈。

2月，洪深回到北京。离家住院前，洪深动情地说："我不想死，我要看到黄河水清的那一天。"那时他心中已经知道，生命留给自己的时间不多了。

1954年8月29日下午5时13分，新中国的第一代对外文化使者、文化外事工作的领导人洪深，在北京苏联红十字医院逝世。

注：

①夏衍.为中国剧坛祝福[N].新华日报，1942-12-31.

②洪深.在庆祝洪深50岁生日集会上的答词[N].新华日报，1942-12-31.

③见阳翰笙1942年12月31日发表在《新华日报》上的祝福洪深五十岁生日“贺词栏”(无标题)。转引自孙青纹.洪深研究专集·从中国的新戏说到话剧[M].杭州：浙江文艺出版社，1986.

④见夏衍1942年12月31日发表在《新华日报》上的《为中国剧坛祝福》。转引自孙青纹.洪深研究专集·从中国的新戏说到话剧[M].杭州：浙江文艺出版社，1986.

附录

洪深年谱(1894—1955)

洪深先世祖洪亮吉(1746—1809),字稚存,一字君直,号北江,阳湖(今江苏常州、武进)人,清乾隆进士,殿试得榜眼,授翰林院编修,充国史馆纂修官,曾因直言获罪遣戍新疆伊犁,在经学、地理学、人口学、文学(诗和骈文)方面颇有成就。

父洪述祖(1859—1919),为洪北江先生嫡裔(据《蛰存斋笔记》,蔡云万著:《蛰存斋笔记》第161页,上海书店出版社1997年版),号观川居士,清末任直隶候补道,民国初年任内务部秘书,后因宋教仁被杀案被处绞刑。

1894年　清光绪二十年　出生

9月,中日甲午海战爆发。

12月31日(阴历腊月初五),洪深生于江苏武进(今常州市)关帝庙弄(1949年后称"西狮子巷")一号"洪亮吉故居"后进东边一间房屋。出身没落官宦家庭。小名七斤,学名洪达,号伯骏,字浅哉、潜斋,曾用名庄正平,还有乐水、Shen Hung等。"家境贫寒,除仅有坟地六、七亩(常州五奎桥,笔者注)外,一无恒产。"(自拟小传,引自《常州名人传记》第28页,1998年1月江苏文史资料编辑部出版发行)

1895年　清光绪二十一年　2岁

2月12日　北洋舰队全军覆没。

4月17日,清政府与日本签订《马关条约》。

5月2日，康有为联合18省举人1300余人上书光绪皇帝提出变法等主张，史称“公车上书”。

1896年　清光绪二十二年　3岁

4月8日，盛宣怀在上海开办“南洋公学”。

1898年　清光绪二十四年　5岁

6月11日，光绪皇帝下“明定国是”诏书，宣布变法，史称“戊戌变法”，“百日维新”开始。

9月21日，慈禧太后“训政”，幽禁光绪皇帝于瀛台；以康有为“结党营私，莠言乱政”为由，下令通缉，史称“戊戌政变”。

1900年　清光绪二十六年　7岁

入乡里的私塾读书。

义和团反帝爱国运动形成高潮；八国联军侵华，攻入北京，史称“庚子国变”“庚子国难”。

7月，沙俄侵略军分六路侵入我国东北，企图吞并东三省。

年底，上海南洋公学中院演出新剧《六君子》。

1901年　清光绪二十七年　8岁

9月7日，清政府在北京和英、美、俄、德、日、奥、法、意、西、荷、比11国签订《辛丑条约》。

1902年　清光绪二十八年　9岁

法国人在上海创办的教会学校徐汇公学用法语演出反映法国大革命的五幕剧《脱难记》。

1903年　清光绪二十九年　10岁

5月，邹容著《革命军》出版。

上海南洋公学演出《张汶祥刺马》等剧。

1904年　清光绪三十年　11岁

洪深喜欢看戏，有时爬戏馆围墙（引自《常州名人传记》第29页，1998年1月江苏文史资料编辑部出版发行)。

陈去病在上海提倡戏剧改良,创办《二十世纪大舞台》,为最早的戏剧专门刊物。

1905 年　清光绪三十一年　12 岁

8 月 20 日,中国同盟会在日本成立。

秋,设在北京琉璃厂土地祠的丰泰照相馆摄制了中国第一部影片——戏曲片《定军山》。

1906 年　清光绪三十二年　13 岁

入上海教会学校徐汇公学读书,该校学生经常演剧。

李叔同、曾孝谷发起的戏剧团体“春柳社”在日本东京成立。

1907 年　清光绪三十三年　14 岁

春柳社在东京演出《茶花女》《黑奴吁天录》;10 月,春阳社在上海成立,演出《黑奴吁天录》,中国早期话剧由此开创。

转入洋务派官商盛宣怀创办的南洋公学(中院)读书,学名洪达,就读一学期后退学。

学生演剧风气很盛。为徐汇水灾募款,该校与徐汇公学假上海李公祠联合公演古装新戏《冬青引》。看戏后,洪深对戏剧产生了浓厚兴趣。

1909 年　清宣统一年　16 岁

11 月 13 日,文学团体——南社成立。

1911 年　清宣统三年　18 岁

赴天津,在铃铛阁府立中学上学,同班同学有傅斯年。受武昌起义革命运动的影响,带头剪辫子。

10 月 10 日,武昌起义爆发(辛亥革命)。

12 月 19 日,在南京召开十七省代表会议,选举孙中山为中华民国临时大总统。

中国利用庚子赔款在北京创办了清华学校——留美预备学校。

1912 年　民国元年　19 岁

中华民国成立。

秋,考入北京清华学校实科读书,编入 1916(丙辰)级,从此再未回江南家乡定居生活。

在校喜欢参加“新剧”演出活动，赴京前，由父母做主，与长自己3岁的千金小姐陶氏结婚。

3月，袁世凯出任临时大总统，洪述祖任中华民国内务部秘书。

1913年　民国二年　20岁

在清华学习，与学校附近贫民交朋友，从而知道了许多他们平常不肯说而一般同学又不屑过问的凄惨情形，这些成为他后来创作《贫民惨剧》的生活素材。

发表短篇小说《幸而免》，署名洪深、铁樵。（当时《小说月报》为常州人恽铁樵主持，为鼓励同乡人，经修改署两人名在该刊4卷9期发表，洪深深受鼓舞，此系洪深发表的处女作）。

暑假，到青岛，住父亲洪述祖置于崂山南九水的房产——观川别墅。

3月20日晚，宋教仁遇刺，案涉洪述祖。洪述祖化名恒如初，逃至青岛观川台避身（租界区），不久将房产抵押给德籍商人韦而，得银一万五千两，搭轮船东渡日本。（见1917年4月29日上海《新申报》）

袁世凯新任正式大总统，并下令解散国民党。

9月，上海新新舞台首映由美国人成立并经营的上海/香港亚细亚影戏公司在香港摄影场内拍摄的我国第一部故事短片《难夫难妻》。该片由郑正秋编剧，张石川导演，由文明戏演员出演，女角为男扮。

香港华美电影公司拍摄了短片《庄子试妻》，黎民伟编剧并扮女装出演女主角。

1914年　民国三年　21岁

在清华学校读书并参加清华学校文学社，担任校拉拉队队长。

获国语演讲比赛第二名。

担任1914年《清华周刊》副经理；参加校译书社。

1月，与闻一多、陈达等发起、组织全校性学生团体“国学研究会”，编演《没字碑》，洪深参加演出。

2月，学校另一学生团体“达德学会”编演《五陵侠》，洪深随后参加“达德学会”。

3月，参演清华学生排演的《古华镜》。

4月，为丙辰级同学改译编演英国名剧《侠盗罗宾汉》并扮演主角罗宾汉。（《侠盗罗宾汉》演出报道、评介见《清华周刊》第11期，1914年6月2日）

清末民初,鸳鸯蝴蝶派小说盛行。

发表/出版文章或著作:

《垓下败后为项羽计应否身渡乌江》,刊于《国学丛刊》1914 年元月。

《青岛见闻录》。

1915 年　民国四年　22 岁

在清华学校读书。

6 月,任《清华周刊》编辑。

7 月,赴青岛休暑假。

下半学期,创作独幕剧《卖梨人》,生平所写第一个正式的(带台词)剧本,洪深在剧中担任主要角色。

9 月,《新青年》月刊(第一卷名《青年杂志》)在上海创刊,陈独秀为主编。

发表/出版文章或著作:

《青岛闻见录》,(署名乐水),刊于《小说月报》第 6 卷 1、2 期,1915 年 1 月 25 日,2 月 25 日。

《欧美名剧》,(署名乐水),刊于《小说月报》第 6 卷 6 期,1915 年 6 月 25 日。

《榛梗杂话》(署名余生/吴宓、乐水/洪深),刊于《小说海》第 1 卷第 1、2 期和第 6 卷,中国图书公司出版。

《赋得空心大老官》(旧体诗),刊于《小说海》第 1 卷第 3 期,1915 年 6 月。

《清华周刊》发表文章 10 篇,(署名深),计有:

杂记《美国大学毕业仪式述略》,临时增刊,1915 年 6 月 26 日;

短篇小说《兽语》,第 47 期,1915 年 9 月 22 日;

译文《林业要义(三)——森林之受害》,第 50 期 ,1915 年 10 月 13 日;

言论《勉少年》,第 51 期,1915 年 10 月 20 日;

“课余漫笔”6 篇均发表在 1915 年 9—12 月间第 48—60 期中,题目分别为《仿造之风》《猩红热之发现及治疗》《秦桧主和议说》《重作青岛之游》《侦探一道》《人生婚娶》。

1916 年　民国五年　23 岁

春季学期,清华学校读书。

1 月,创作多幕剧《贫民惨剧》并任主角,在演出干事部、编辑部、演剧部任职,该剧与洪深所写《卖梨人》在北京城里义演，获得成功。

3月，代表清华学校参加校际中文讲演比赛，获胜。

清华学校尚未毕业时与陶氏的婚姻结束，二人没有生育子女。

7月，毕业于清华学校。

赴美留学前，再次奉父母之命与第二位妻子余永贞结婚。

8月，赴美公费留学。

9月，入俄亥俄州立大学学习陶瓷制造专业，同时选修文学与戏剧等文科课程。在改学戏剧前的三年大学课余时间中，遍读了当时图书馆中有关戏剧的书籍，被誉为“书虫”。

袁世凯被迫取消帝制，后病死。

《青年杂志》改名《新青年》，成为“五四”前后最有影响的进步刊物。

发表/出版文章或著作：

《猩红热之发现与治疗》、课余漫笔《瓜子五恶》、演说稿《敬惜字纸》，刊于《清华周刊》。

《戏剧新论》，刊于1916年初《小说月报》。

《英国人》（短篇小说），刊于《小说海》第3卷第10期，1917年10月5日；同刊发表《张汶祥刺马》（笔记），刊于1916年夏。

有关戏剧的英文论文《中国舞台》，刊于美国《诗歌故事》《戏剧月刊》。

1917年　民国六年　24岁

继续在俄亥俄州立大学工程系学习陶瓷制造；1917—1918学年租住在52E. Woodruff。

5月，从美国寄回学习心得《鳞爪录》一篇，分六题：(1)新闻记者须知；(2)编剧者须知；(3)画图者须知；(4)留美须知补；(5)美国人对华之言论；(6)论某杂碎食店主人之谈话。其中“编剧者须知”条曰：

> 凡盗贼欺骗杀人等事，不可入之戏剧；爱情戏剧，须高尚清洁，不可令妇人见之蹙额，男子见之狂笑；
>
> 新鲜为第一要义，虽从未经人道过，不妨自我作古；
>
> 勿取新闻为题目；

不知之事，不如勿写；

戏中人物须自然，喜怒哀乐、言语举动，应如常人；

文字须典雅，语气须连贯；

饰恶人以髭须，饰英雄为美少年，此套已太俗；

勿忘观剧者极富幻想；

勿忘观剧者极富情感。

长子洪镇诞生。

《新青年》发表胡适的《文字改良刍议》、陈独秀的《文学革命论》，中国现代文学由此发端。常州籍女作家陈衡哲的白话速写《一日》在《留美学生季报》上发表，为现代白话小说的先声。

1918 年　民国七年　25 岁

继续在俄亥俄州立大学工程系陶瓷制造专业学习。除必修课程外，他还选修了研究生科目：现代戏剧技巧。正是在这门课程的学习中，洪深在导师刘易斯·A. 库柏(Louis A. Cooper)教授的指导下，开始用英文撰写他的第一部习作：根据中国小说《一缕麻》创作的三幕英文剧《为之有室》。

除继续保持俄亥俄州立大学化学协会和世界学生会会员身份外，又加入了俄亥俄州立大学基督教青年会、陶瓷协会和中国留学生会。

课余看戏常坐三楼黑人观众席中，因此获益匪浅。

洪述祖被判无期徒刑，不服上诉。

1919 年　民国八年　26 岁

春季学期，用英文写就三幕剧《虹》，抗议巴黎和会上我国被迫割让青岛和胶济铁路。

4 月 5 日，洪述祖被处绞刑。

4 月 11 日和 12 日，用英文撰写的第一部作品——三幕剧《为之有室》在俄亥俄州立大学世界学生会所办的“民族夜”之“中华夜”晚会上演出。剧本刊于 1921 年美国《诗知识》春季号，成了中国作者用英文撰写中国故事的第一个剧本。

5 月，作为俄亥俄州立大学基督教青年会代表队成员，参加在哥伦布市的救世军竞赛活动。

春季学期结束后，鉴于国内现实之黑暗及受父案之刺激，决意放弃实业救国而改学戏剧。秋，以《为之有室》和《回去》两英文剧考取哈佛大学，师从贝克教授(George Baker)学戏剧，成为贝克教授唯一的中国学生；同时在波士顿表演学校学发音、表演和跳舞，在考柏莱剧院附设戏院学习表演、导演、舞台技术和剧场经营管理，获硕士学位。

发表/出版文章或著作：

英文剧本《牛郎织女》(独幕剧)，刊于美国《戏剧月刊》。

与沈诰合撰戏剧论文《编剧新说》，刊于《留美学生季报》第 6 卷第 1、2 期，1919 年 3 月。

1920 年　民国九年　27 岁

继续在哈佛大学学习，继续任 *The Chinese Students' Monthly*(《中国留美学生月报》)"Wit and Humor"栏目编辑。

初夏，在波士顿演出戏剧，扮演法国厨子；后离开波士顿，前往纽约，希望进入美国职业戏剧界实习。

秋，随职业剧团在纽约附近各地巡回演出，剧目有《离开西方》等。

在中国南洋兄弟烟草公司驻纽约分公司任职员。同年，该公司在纽约注册，更名为南洋兄弟贸易公司，洪深升任总书记兼总会计。

年底，中国留美学生会第十六季年会晚会上演出了洪深编剧并导演的英文独幕剧《牛郎织女》。

发表/出版文章或著作：

英文独幕剧《罗密欧与朱丽叶》，刊于《留美学生月报》第 6、7 卷第 15 期(该剧 1920 年 4 月 30 日在哈佛大学校内演出)。

英文短篇小说《憎恨死亡的男孩》，刊于《留美学生月报》第 7 卷第 2 期，1920 年 6 月。

《"贫民惨剧"序》，刊于《留美学生月报》第 7 卷第 2 期，1920 年 6 月。

英文戏剧论文《当代中国的剧场》，刊于美国《舞台艺术》第 3 卷第 4 期，1920 年 7 月。

1921 年　民国十年　28 岁

在美国纽约。

2 月，为救济国内华北水灾，与张彭春合编三幕十一场英文剧本《木兰从军》，洪深撰写剧本大纲和前五场，后六场由张彭春初写并与洪深共同修改删定；导演洪深，女主角由哥伦比亚留学生李以华女士扮演。该剧在美国华盛顿和纽约演出八次，募款净收入一万余美金，直接汇交中国救济华北水灾的机关。“英文《木兰从军》在美国的成功，是使得后来梅兰芳君底不用英文的中国旧戏的表演，在美国有被人欢迎的可能的。”(见洪深《匆匆十年》，刊1935年6月1—3日上海《民报》)。

3月6日，上海申报增刊第76期刊发大标题为《纽约华人演剧助赈》的文章，报道了《木兰从军》募捐演出一事。

5月，上海成立民众戏剧社，创办《戏剧》月刊。洪深自美致信《戏剧》杂志社，9月得汪仲贤回信，从此两人结识。

6月，留日学生组成创造社。

7月1日，中国共产党在上海成立。

洪深接到上海友人的电报，邀他回国办电影公司。

冬，上海戏剧协社成立。

发表/出版文章或著作：

英语剧《为之有室》《回去》，刊于《诗歌故事》杂志1921年春季号，获贝克教授好评。

英文独幕剧《牛郎织女》，刊于芝加哥出版的 The DRAMA，Volume Aug. -Sep. 1921，剧本刊出时附有芝加哥艺术团体演出该剧的剧照。

1922年　民国十一年　29岁

春，告别留学、工作了六年的美国及恋人艾妲回国，旅途中，表示“我愿做个易卜生”，后抵上海。

3月，明星影片公司在上海成立，同时设立明星影戏学校；年底，该公司拍摄《孤儿救祖记》。

夏，任南洋兄弟烟草公司上海总公司材料总管理处理事，兼总经理英文秘书。

兼职受聘于中国影片制造股份有限公司，为中国影片制造股份有限公司拟《征求影、戏剧本的启事》，在1922年7月9日的《申报》上发表，并提出剧本取舍标准：诲淫的不录、诲盗的不录、专演人类劣性的不录、曝国风之短的不录、演外国故事的不录、表情迂腐的不录、不近人情的不录、专演神怪的不录。

冬，创作九幕话剧《赵阎王》。

12月，陈大悲、蒲伯英在北京创办人艺戏剧专门学校，这是我国最早运用戏剧理论培养戏剧人才的教育机构，1923年年底停办（见洪深《现代戏剧导论》）。

创造社刊物《创造季刊》在上海创刊，载田汉独幕剧本《咖啡店之一夜》等，至1924年2月停刊，共出6期。

1923年　民国十二年　30岁

任复旦大学普通文学系外国文学教授，并兼课于上海龙门师范学院。“收入较丰，共购西书约一万册，后来，赠给复旦近三千册。”（见自撰《小传》）。

长女洪铃诞生（洪深与余永贞所生）。

2月，由洪深个人出资在上海笑舞台演出《赵阎王》，洪深任主演兼导演。对大多数观众而言，这次演出是失败的，因为中国广大观众还很难一下子接受西方表现主义的戏剧演出风格和技巧。

经汪仲贤介绍认识夏衍。

秋，经欧阳予倩、汪仲贤介绍，参加戏剧协社，任排演主任并制定严格的排演制度。

9月，为戏剧协社导演《泼妇》（欧阳予倩编剧）、《终身大事》（胡适编剧）借职工教育馆礼堂公演。在《终身大事》中，洪深安排男、女演员同台演出，获得成功，从此开创了戏剧协社男、女演员同台合演的新风。

9月，邀请清华学校留美同学吴宓到上海，商议电影之事。

10月，《泼妇》再度公演，洪深饰陈慎之。

10月，应时任南京东南大学吴宓教授之邀，去南京为东南大学西洋文学系系会讲学三天。

着手将英国作家王尔德1891年创作的剧本《温德米尔夫人的扇子》翻译、改编成一个发生在中国上海都市的四幕话剧《少奶奶的扇子》。

鲁迅的第一本小说集《呐喊》出版，郭沫若的历史剧《卓文君》发表。

发表/出版文章或著作：

九幕话剧《赵阎王》，刊于《东方杂志》第20卷第1、2期，1923年1月10日。

What is Chinese Drama，刊于《中国科学美术杂志》第1卷第3期，1923年5月。

1924年　民国十三年　31岁

住上海静安寺路民厚北里。

继续任上海复旦大学普通文学系教授，讲授外国文学课程。

继续在龙门师范学院兼课。

2 月，为戏剧协社导演独幕剧《好儿子》(汪仲贤编剧)；

翻译、改编并发表四幕话剧《少奶奶的扇子》，刊于《东方杂志》第 21 卷第 2—5 期，1924 年 1 月)；又《少奶奶的扇子》序录载《东方杂志》第 21 卷第 2 期，1924 年 1 月 25 日；《少奶奶的扇子》后序载《东方杂志》第 21 卷第 5 期，1924 年 3 月。

4 月，为戏剧协社在上海中华职业教育社职工教育馆礼堂首演《少奶奶的扇子》，7 月再次公演，取得很大成功。洪深导演并在剧中饰演刘伯英。由此，洪深在中国舞台上第一次建立起专业导演职能和正规的舞台演出制度。该剧公演后，田汉写信给洪深对《少奶奶的扇子》提出诚挚批评，提醒洪深莫误于浮名，莫与旧势力握手。自此，洪深结识田汉，并引为终生知己。

8 月，洪深受聘为中华电影公司附设电影学校教务主任，电影学校是上海巨商黄楚九投资入股，由其二女婿曾焕堂创办的。这所电影学校可以说是中国电影史上第一所略具规模的正规的电影学校，课程包括影剧概论、西洋近代戏剧史、导演书、编剧常识、电影行政、电影摄影术、舞蹈及歌唱等。学员每周免费观摩两次外国电影。

9 月 1 日，中华电影公司正式开张。

秋，梅兰芳表演的《黛玉葬花》《霸王别姬》等被拍摄成电影。

12 月，为戏剧协社导演独幕剧《月下》(徐卓呆编剧)、《回家以后》(欧阳予倩编剧)。

田汉退出创造社，在上海创办《南国》半月刊。

国民党在广州召开有共产党人参加的第一次全国代表大会，孙中山提出“联俄、联共、扶助农工”的三大政策，国共两党第一次合作。

田汉的戏剧集《咖啡店之一夜》出版。

1925 年　民国十四年　32 岁

加入国民党。

复旦大学爱好戏剧的学生组织复旦新剧社，曾请洪深指导。

继续任中华电影学校教务主任，首期招生 120 人，著名电影演员胡蝶为第七号学生，但该校办了一期半年即告解散。

为戏剧协社导演易卜生戏剧《娜拉》(欧阳予倩译)，公演于职工教育馆。

5 月，加入明星影片股份有限公司，为之编导、摄制影片《冯大少爷》《早生贵子》(宣景琳主演)。

改译外国剧本多幕话剧《黑蝙蝠》(见应云卫著《回忆上海戏剧协社》一文)。

发表/出版文章或著作:

为中国影片制造股份有限公司所写的一个历史题材无声电影剧本《申屠氏》,刊于《东方杂志》第22卷第1—4期,1925年1月10日),这也是中国第一部比较完整正规的无声电影剧本。

改译外国三幕话剧《第二梦》,收于《剧本汇刊》第2集,商务印书馆出版。

课余漫笔多篇:《艺术须有天才　极自然即不自然》,刊于《明星》特刊第1期,1925年5月。

《选择,艺术同具之要点》,刊于《明星》特刊第2期,1925年6月。

《演剧要点》,刊于《明星》特刊第3、4期,1925年7、9月。

《动作之研究》,刊于《明星》特刊第5期,1925年10月。

《表演》,刊于《明星》特刊第6、7期,1925年11月。

他人相关文章:

《致洪深》(作者黎景晖),刊于《明星》特刊第3期,1925年7月。

《明星》特刊1925年第4期发表的评论:

宋痴萍:《书"冯大少爷"剧本后》,又《冯大少爷》本事;

郑正秋:《替中国电影打出新天下》《"冯大少爷"的传单》等6篇。

《明星》特刊1925年的《冯大少爷》号:

征:《评"冯大少爷"》;

小记者:《评"冯大少爷"》等13篇。

1926年　民国十五年　33岁

继续在复旦大学、暨南大学执教,并受聘于暨南大学外文系兼课,教授英文。

编导电影剧本《王昭君和番》。

1月,戏剧协社公演洪深翻译、改编的多幕剧《黑蝙蝠》。

3月,与欧阳予倩赴京演讲,还应邀到北京艺术专科学校讲学,并携明星公司拍摄的影片《空谷兰》到京放映宣传(见1926年3月12、13日《京报》)。

编导电影《四月里底蔷薇处处开》,十本无声片,由洪深分幕及编写说明。

7月,戏剧协社在职工教育馆演出洪深改译的《第二梦》,洪深饰画家瞿知白。

11月,主管上海中华职业教育社的江苏省教育会为表示对话剧《第二梦》的满意,特以"江苏省教育会剧本审查委员会"的名义,函赞该剧"含哲学意味甚深,讽人须培养其固有之人格,为极有价值之新剧。艺术亦臻上乘"。(洪深.中国新文学大系·九·戏剧集[M].导言,上海良友图书印刷公司,1935.)

秋,复旦新剧社改名为复旦剧社,洪深参加,并效仿贝克教授,把他们的活动场所复旦大学简公堂A1教室定为A1工场;为复旦剧社导演《女店主》。

编导电影《爱情与黄金》,并写字幕说明,九本无声片,明星影片公司拍摄,洪深还饰主角黄志钧,剧本刊于《明星》特刊第19期,1926年12月。

10月9日晚,北京女子师范大学毕业生演出洪深翻译、改编的话剧《少奶奶的扇子》。

12月,上海试映美国有声电影短片。

田汉发起组织南国社。

发表/出版文章或著作:

《四月里的蔷薇处处开》等两种稿件,(署名洪深、叶良德),刊于《明星》特刊第12、13期,1926年5月。

他人相关文章:

郭沫若发表《革命与文学》一文,提出"革命文学"的口号。

鲁迅的第二本小说集《彷徨》出版,丁西林的独幕剧本《压迫》出版。

1927年　民国十六年　34岁

继续在复旦大学普通文学系讲授外国文学,同时受聘于复旦大学中国文学系;

继续在暨南大学教授英文。

编剧、主演电影《卫女士的职业》(又名《女书记》),九本无声片,明星影片公司拍摄,剧本字幕刊于《明星》特刊第26期,1927年10月。

参加在艺术大学礼堂举行的文艺茶话会,发言坚持主张应以新的话剧为戏剧的唯一出路。

4月12日,蒋介石在上海发动"四·一二"政变。

8月1日,南昌起义。

8月7日,中国共产党中央召开"八七会议"(瞿秋白主持)。

秋至冬，洪深应时任上海艺术大学校长的田汉之邀为该校有实无名的戏剧系义务授课。

发表/出版文章或著作：

《电影之批评》，刊于《明星》特刊第20期，1927年1月 。

《大家努力种桃花——看了辛酉学社的桃花源记后》(上、中、下)，刊于《明镜》，1927年12月29日、1928年1月2日、1928年1月5日。

1928年　民国十七年　35岁

将舞台剧《少奶奶的扇子》改写成电影剧本，并自任导演。该片为九本无声片，明星影片公司拍摄，剧本字幕刊于《明星》特刊第29期，1928年1月。

1月，田汉创办南国艺术学院，洪深在该校义务任教。

4月 ，为欢迎欧阳予倩，田汉宴请上海戏剧界人士，席间，洪深建议取消“爱美的”戏剧，改用“话剧”一词，被采纳，“话剧”之名称由此始定。

10月，洪深退出戏剧协社，筹组剧艺社，参加剧艺社的大多为复旦剧社成员。

10月，上海戏剧运动协会成立，决定在《时事新报》上刊出《戏剧运动》周刊。

11月6日，上海戏剧运动协会会刊《戏剧运动》周刊在上海《时事新报》创刊，洪深任主编。

为复旦剧社导演意大利作家哥尔多尼的话剧《女店主》，这是洪深为复旦剧社导演的第一部戏。

12月，为复旦剧社导演的《寄生草》正式公演。

同月，在南国社的《名优之死》演出中饰演刘振声。

编导电影《同学之爱》(又名《一脚踢出来》)，十一本无声片，明星影片公司拍摄。

发表/出版文章或著作：

第一个剧本选《洪深剧本创作集》，上海东南书店出版，内收论文《属于一个时代的戏剧》(自序)和剧本《贫民惨剧》《赵阎王》。

《三个平常的希望》，刊于《时事新报》的“电影周刊”双十增刊，1928年10月10日。《什么才是做戏》《动作表现心理》《你的身体服从命令否》(上、中、下)、《〈何必情死〉小序》《有声电影之前途》(译文，原著苏俄电影家爱森斯坦、普多夫金、亚历山大洛夫)，分别刊于《电影月报》第1、2、3—5、6、8期。这里洪深首倡将行动心理学应用于戏剧表演。

他一直主张结合舞台实践来学习表、导演。因此,洪深当时为初学演戏的演员编过一首宝塔诗:

听
反应
接得紧
一刻不停
越说越有劲
不演戏要演人。

《开场白》《报告》《戏剧与人生》《发稿后》《南国社公演简记》,刊于《时事新报》的《戏剧运动》周刊创刊号及第1、2、5、7期。

《〈第二梦〉说明书》,刊于商务印书馆《剧本汇刊》第2集,1928年5月。

《复旦剧社社史》,刊于《时事新报》周刊《戏剧运动》第3期,1928年11月20日。

他人相关文章:

痴萍评论2篇:《〈少奶奶的扇子〉本事》,刊于《明星》特刊1928年第29期;《谈洪深先生的编剧手段》,刊于《电影月报》1928年第3期。

1929年　民国十八年　36岁

继续在复旦大学普通文学系和中国文学系任教。

秋,复旦大学普通文学系改名为外国文学系。

继续在暨南大学教授英文。

继续任明星股份有限公司编导一职。

1月,剧艺社首次于上海新中央大戏院公演《赵阎王》,洪深饰主角赵大,演出获得成功。

赴南京,客串饰演《名优之死》中的刘振声,参加《颤栗》《未完成之杰作》等剧的演出,并与欧阳予倩合演京剧《人面桃花》、昆曲《贞娥刺虎》,又应邀参与广东戏剧研究所的事务。2月14日,在广州撰写完成论文《从中国的新戏说到话剧——序,马彦祥著"戏剧概论"》,中国第一次在书面上出现"话剧"一词并给"话剧"以定义。

2月16日,广东戏剧研究所在广东成立,欧阳予倩任所长,应欧阳予倩之邀请,田汉和洪深出席了成立大会。

3 月，南国社在广州举行公演活动，洪深参加演出。

4 月 1 日，广东戏剧研究所附设演剧学校（后改名为戏剧学校）开学；欧阳予倩原邀请洪深担任校长，洪深无意留在广州而未接受。当时广东省政府主席陈铭枢以省政府的名义邀请田汉为演剧学校名誉校长。

4 月，赴杭州率复旦剧社公演《寄生草》《女店主》。

6 月，参加南国社。自此，洪深始终在新文化及新戏剧运动方面与田汉协作，共同奋斗。

6 月，大夏大学成立纪念日，大夏（大学）剧社举办游艺会，洪深接受大夏大学赠予的"艺术洪深"银盾。

7 月，为南国社导演《莎乐美》，参加《名优之死》的演出。在《第五号病室》中饰医生，负责南国社总务工作。国民党中央宣传部下令禁止南国社拟在南京演出《孙中山之死》；原定出演孙中山的洪深事前为该剧的公演当面与戴季陶、叶楚伧力辩。

10 月，邀 1928 年从复旦大学毕业尚无工作的马彦祥与他合译德国雷马克的著名反战小说《西线无战事》，由平等书店出版，书店有署名洪深的长篇《后序》，为畅销书。

创作电影剧本《爸爸爱妈妈》，明星影片公司摄制，十本无声片，胡蝶主演。

11 月，夏衍等组织上海艺术剧社，提出"普罗戏剧"的口号。

12 月，美国著名影星范朋克到明星影片公司参观，洪深任翻译。

筹组中国左翼作家联盟。

上海有了第一家装置有声电影放映机的影戏院，在我国正式首映美国有声电影。

冬，洪深送妻子余永贞从上海回常州养病。

发表/出版文章或著作：

《如果我是一个女人》，表露自己脱离戏剧协社的复杂心情。

《〈珠江之夜〉报导》《片段的人生》《南国社在广州的成功》《广东的戏剧运动》《复旦剧社特游杭并公演》《可喜的演剧消息》《独幕剧作法》（译文）《发稿后》，刊于上海《时事新报》之《戏剧运动》第 10、12、13、19、20、21、22、24 期。

《剧本的内容与技巧》《托尔斯泰写给萧伯纳的一封信》（根据英文翻译）《读书偶译：小说的作法与作者》《"戏剧的"是什么》《内容与技巧》《术语的解释》《什么是"戏剧的方法"》《介绍一本中华民国最伟大的剧本》《挥泪欢迎范朋克》，刊于上海《民国时报》之《戏剧》周刊第 1、2、3、13、14、15、27、28、33、19、26、29 期。

《自由剧场运动》,刊于《现代戏剧》第3期,1929年7月。

《艺术与政治的目的相同》,刊于《南国周刊》第1期,1929年8月。该刊第2期载《艺术与政治之关系》。

《优伶及其表演》(翻译萧伯纳原作),刊于《电影月报》第11、12期合刊,1929年9月15日。

《戏剧ABC》,世界书局出版。

《南国社与田汉先生——代序〈南国的戏剧〉》,上海萌芽书店出版。

1930年　民国十九年　37岁

继续在复旦大学外国文学系和中国文学系任教,积极指导复旦剧社的活动。

继续在暨南大学外文系上课,讲授英国文学。

洪深为校址在上海吴淞炮台的中国公学授课。

2月22日,在上海大光明电影院抗议辱华影片《不怕死》,终使美方道歉,获"黑旋风"之雅号。

3月2日下午,中国左翼作家联盟成立,洪深与鲁迅、田汉、潘汉年等50余人参加该联盟。

3月,加入"左联",任英文书记,发起、组织上海戏剧运动联合会。

8月,中国左翼剧团联盟(简称"左翼剧联")成立,洪深以"光明剧社"的名义加入,任左翼剧联执行委员。

9月,参加上海举行的鲁迅50寿辰庆祝会。

9月,与冯雪峰、陈望道、邓初民等创办现代学艺讲习所(此为冯雪峰记忆名称,洪深本人记忆称"马克思研究所"),地址在公共租界(英租界)威海卫路,由洪深出面以自己姓名向公共租界工部局注册,故洪深又有"任(该所)所长"之一说。讲习所开办以后,招有学生100余人。

11月,现代学艺讲习所被政府查封,洪深因注册人、所长身份之故,遭政府逮捕;由上海高等法院第二分院刑庭侦查,后查无实据被释放。

冬,写成《五奎桥》,为"农村三部曲"第一部。

编写《歌女红牡丹》(蜡盘声片),创造了电影文学剧本样式,胡蝶主演。

为复旦剧社导演《西哈诺》,鲁迅前往观看。

捐书赠复旦大学图书馆。

辞去复旦大学和暨南大学教授之职。

女儿洪铜出生。

发表/出版文章或著作：

《夕阳将要没落之前——对汉剧的感想》，刊于上海《民国日报》，1930 年 1 月 8 日；《戏剧》周刊第 31 期。

《学校戏剧运动之必要》，刊于《中国学生》第二卷第 3 期，1930 年 3 月。

翻译《煤气》（话剧，德国乔治·凯撒原著），刊于上海《民国日报》，1930 年 3 月 26 日。

《戏剧的起源》，刊于《南国月刊》第二卷第 4 期，1930 年 7 月，收于《洪深戏剧论文集》，天马书店出版。

《不怕死》《洪深对大光明戏院宣言启事》《洪深正式提起诉讼》《敬问〈中国评论周报〉的负责主编》《关于中国评论周报与桂中枢先生》《洪深的表白》等。

《给剧社诸君的信》，刊于上海《民国日报》副刊《闲话·戏剧》周刊第 51 期，1930 年 6 月 18 日，以表示支持“艺术剧社”（“艺术剧社”与“南国社”先后被查封）。

他人相关文章：

《卡门》评介，刊于上海《民国日报》，1930 年 6 月 11 日。

关于《西哈诺》的评论 6 篇：《罗斯丹及其〈西哈诺〉》《〈西哈诺〉的演出》《西哈诺》《〈西哈诺〉剧情分幕说明》《介绍〈西哈诺〉作者罗斯丹》《看〈西哈诺〉杂感》。（除《〈西哈诺〉的演出》刊于 1930 年 6 月《复旦五日刊》《复旦 25 周年纪念特刊》外，其余均刊于 1930 年 4—6 月上海《民国日报》或《民国日报》《戏剧》周刊）。

1931 年　民国二十年　38 岁

年初，回到复旦大学继续任教。

2 月，“左联五烈士”柔石、胡也频、殷夫、冯铿、李伟森遇难。

春，写成《香稻米》（“农村三部曲”之二）。

3 月 15 日，洪深编剧的中国自己完成的第一部有声（蜡盘发声）电影——《歌女红牡丹》在上海公映。

3 月，被迫离沪弃艺经商，拟任天津大陆银行秘书长。数月后再回沪，任职复旦大学，开电影讲座课，指导复旦剧社，同年在明星公司当编剧。

编写并参演影片《旧时京华》，创作《如此天堂》，同年由明星公司摄制，胡蝶主演。

6月下旬，赴美为明星公司购买有声电影器材和聘请技师。

“九·一八”事变，日本侵占东北三省。

11月，明星公司开拍洪深编剧、张石川导演的片上发音的有声电影《旧时京华》。

我国在日本拍摄完成的第一部片上发音有声电影故事片《雨过天晴》在上海公映。

发表/出版文章或著作：

《洪深在病与愤怒中——说明美国回来之后真相》，刊于《文艺新闻》，1931年10月5日。

《歌女红牡丹》对白，刊于《明星》特刊《歌女红牡丹》特辑，1931年。

《洪深先生自画生命的过程》(漫画)，刊于《文艺新闻》，1931年4月27日。

《中国戏剧略说》(洪深撰，张志超译)，收于怡墅编著《戏剧论集》，天津1931年11月出版。

他人相关文章：

《洪深访问记》《说一说〈文艺新闻〉的缺点》《洪深先生的愤怒》，刊于《文艺新闻》1931年第1、28、32期。

《田汉与洪深》，(作者马彦祥)，刊于《现代文学评论》1931年第2卷第3期、第3卷第1期全刊。

《二十年来清华文坛琐谈》，(作者毕树棠)，刊于《国立清华大学二十周年纪念特刊》，1932年5月出版。

电影《歌女红牡丹》引起轰动，大东书局出版《歌女红牡丹》特刊，发表评论文章26篇，(作者张石川等)。

《小日报》《响报》《上海画报》及外文报刊等分别发表评论17篇(详见浙江文艺出版社《洪深研究专集》“评论文章目录索引”，1986年版)。

1932年　民国二十一年　39岁

自天津返沪，继续在复旦大学和暨南大学任教。

继续任明星公司编剧。

英国作家休斯访问上海，洪深出席上海文学界人士座谈会，与这位既写小说又写戏剧的作家会面座谈。

洪深第二任妻子余永贞因久患肺疾不治，在江苏武进病逝。洪深和余永贞育有四子：子镇、女铃、女铜，另有一个（性别、排行均不详）过继给洪深唯一的同母胞妹，余永贞病逝时这四个孩子均健康在世。

春夏间，介绍阿英（钱杏邨）、夏衍、郑伯奇等左翼作家受聘于明星公司，由夏衍负责，并与郑正秋、洪深等组成编剧委员会，负责剧本的创作、改编、修改等。

创作“农村三部曲”之三——四幕话剧《青龙潭》，收于 1936 年上海杂志公司出版的《农村三部曲》。

为抗议日军制造“九·一八”事变，洪深与鲁迅等 43 人签名发表《上海文化界告世界书》，刊于本年《文艺新闻》战时特刊第 2 号《烽火》。

7 月，中国电影艺术研究会在上海《晨报》创办《每日电影》副刊，洪深为发起人之一，并在《每日电影》副刊发表评论文章 31 篇。

发表/出版文章或著作：

《印象的自传》，刊于《文学日报》本年 6 月创刊号。

《时代下几个必然的人物》（回忆“一·二八”），刊于《文学月报》第 1 卷第 2 期，1932 年 7 月 10 日。

《我对于“九·一八”的感想》，刊于《文学月报》第 1 卷第 3 期，1932 年 9 月 15 日。

《洪深戏曲集》，现代书局出版。

《有声电影的基本知识》《美国人为什么要到中国来办影片公司摄中国片》《关于中国第一有声影片公司几件事实追问》，以上均刊于上海《晨报》之《每日电影》副刊。

影评《慈母》《一夜豪华》《〈小英雄〉甚好》《弄假成真》《奋斗》《飞来横祸》《爱神笑匠》《恋爱时代》《伤面人》《颠鸾倒凤》《天魔》《三姐妹》《戏妻记》《二十年前之秘史》《情医》（署名洪深、席耐芳）

《努力》（署名洪深、孟令）。

《战友》（署名洪深、苏凤）。

《〈电影导演论与电影脚本论〉序》，刊于 1933 年 2 月晨报社出版的《电影导演论与电影脚本论》，（普多夫金原著，夏衍、郑伯奇译）。

1933 年　民国二十二年　40 岁

继续任复旦大学和暨南大学教授，继续任明星公司编导。

为明星公司编写剧本《压迫》，导演阳翰笙编剧的《铁板红泪录》。

春，与常青真结婚，住上海蒲石路蒲石里。

参加由宋庆龄、蔡元培、杨杏佛发起组织的中国民权保障同盟。

复旦剧社排演《香稻米》，反响极大，后因场面太大而改演《蠢货》，后又公演《约翰·曼利》，该剧是洪深先生在美国演过的一个剧本。

2 月，参加中国电影文化协会，被选为执行委员。

针对苏联有声影片《生路》在上海戏院公映，与夏衍共同撰写《“生路”详评》。

2 月，爱尔兰作家萧伯纳访问上海，洪深作为中国戏剧与电影文化团体代表请萧伯纳吃饭、演说并为其担任翻译，洪深与萧伯纳合影留念。

2 月 19 日，蒋介石在南京发起新生活运动，鼓吹“发扬四维八德”。

3 月，洪深当选为中国民权保障同盟上海分委会执行委员。

4 月，复旦大学文艺研究会恢复活动，洪深被聘为指导。

为本年 5 月上海天马书店出版的《创作的经验》撰写《我的经验》。

4 月，为复旦剧社排演《五奎桥》，并做了第一次正式公演，洪深自任主角。

与蔡元培等 30 多人一起致电南京政府行政院汪精卫和司法部长罗文干，要求释放丁玲、潘梓年。

6 月 18 日，参加追悼被国民党特务暗杀的杨杏佛的活动。

7 月，任《文学》杂志编委。

9 月，撰文《问卜少夫》，批驳反动文人卜少夫；撰文《告别〈每日电影〉的读者》，辞去该刊的编辑工作。

10 月，撰文《三个 S——对于初上舞台者的话》。

撰文《戏剧的人生》，这是一篇艺术生涯自传。

导演的电影《铁板红泪录》公映，由明星影片公司摄制，十本无声片。

与马文源合作创作电影剧本《香草美人》。

发表/出版的文章或著作：

在上海《晨报》之《每日电影》副刊创办一周年之际，与夏衍等在《每日电影》上撰文《我们的陈诉和今后的批判》。

为抗议日本反动派杀害日本著名作家小林多喜二，洪深签名发表《为横死之小林遗族募捐启》，刊于《中国论坛》第二卷第 4 期，1933 年 4 月 13 日。

在上海《晨报》之《每日电影》副刊上发表影评13篇。

《新年的梦想》，刊于《“电影脚本论”序》，晨光社出版。

《幽默——矛盾——萧伯纳》，刊于《论语》，1933年1月1日。

《迎萧灰鼻记》，刊于《时事新报》，1933年2月18日。

《我的经验》，天马书店出版。

《洪深戏曲集》，现代书局出版。

《表演电影和表演话剧》，刊于《戏》月刊第1期，1933年9月。

《五奎桥》（独幕话剧），现代书局出版。

《〈大饭店〉评》《莫斯科之英雄》《铁血鹰魂》《父母子女》（署名洪深、孟令），刊于上海《晨报》之《每日电影》副刊。

他人相关文章：

《戏剧协社过去的历史》（作者顾仲彝），刊于《戏》月刊第1期，1933年版。

《正派与反派》（作者袁牧之），收于《演剧漫谈》，现代书局出版。

《中国新文学运动史》（作者王哲甫），上海书店印行。

《五奎桥》评论文章五篇，刊于上海《晨报》之《每日电影》副刊。

发表《铁板红泪录》评论四篇，刊于《明星》杂志。

《压迫》观后感一篇，刊于《申报——电影专刊》。

《致洪深》《“致洪深”余波》《报洪深先生》（作者卜少夫），分别刊于南京《新民报》1933年7月9、11日，8月19、31日，9月13日。

1934年　民国二十三年　41岁

女儿洪钢出生。

春季，继续任复旦大学教授。

春，加入天一影片公司任顾问。

1933年创作，于本年年初发表的电影剧本《劫后桃花》，内容贴近现实，故事感人，同时亦是中国第一个电影文学与分镜头一起的电影剧本。

8月，携妻子常青真和前妻的两个女儿铃和铜离开复旦大学赴青岛山东大学任外文系主任，离去前他把从美国购回来的近万册外文书籍捐赠给了复旦大学图书馆约三千册。

9月,响应左联号召,开展大众语讨论。

10月,国民政府创办的南京国立戏剧学校在南京建立,洪深为该校首届学生讲授“编剧技巧”科目。

11月,在田汉邀召下,演员舒绣文、魏鹤龄、刘琼等,音乐人冼星海、张曙等几十人也赶到南京。随后,田汉、洪深、马彦祥、应云卫联名召开发布会,宣布中国舞台协会正式成立。编写独幕剧《狗眼》。

翻译话剧《琼斯皇》。

撰写《电影术语词典》。

为《民报》副刊《影谭》撰稿,先后发表宣传、介绍电影理论和进步电影作品的文章多篇,如《表演术图解》《电影艺术词典》连载。

发表/出版文章或著作:

《1933年的中国电影》,刊于《文学》第二卷第1期,1934年1月。

电影剧本《劫后桃花》,刊于《文学》第二卷第1、2期,1934年1月。

《1933年的十部中国电影》,刊于《矛盾》月刊第二卷第5期,1934年1月。

《大众语与戏剧对话》,刊于《中华日报》副刊《戏》周刊,1934年2月19日。

《希腊的悲剧》,刊于《文学季刊》第3期。

《编剧二十八问》,连发于《中国电影年鉴　1934》。

《电影界的新生活》,南京正中书局出版,该书为“新生活丛书”40种之一种。

《中国戏剧的改良》《文学中的所谓个人成份》,刊于1934年《申报月刊》。

与阿英、郑伯奇、沈西苓等合写电影剧本《女儿经》。

与张常人合编《一周间》,共出6期。

《洪深戏剧论文集》,天马书店出版。

翻译《奥尼尔年谱》《刘易士年谱》,刊于《文字》第二卷3期,1934年3月。

《水鸟与乌龟》《最新唯物辩证法》《〈一周间〉编者的答辩》,刊于《一周间》第一卷1—3期1934年5月。

《申报总编纂“长毛状元”王韬考证》,刊于《文学》第二期第6卷,1934年6月1日。

《观萧伯纳的〈英雄与美人〉》,刊于南京《中央日报》,1934年6月10日。

《希腊的悲剧》,刊于《文学季刊》第3期,1934年7月。

《我的“失地”》《留得青山在》,刊于《太白》第一卷4—5期。

《告别戏剧界的诸位朋友》，刊于《中华日报》副刊《戏》周刊第 4 期，1934 年 9 月 9 日。

《美国各州电影禁演概况》(资料)，刊于 1934 年《中国电影年鉴 1934》。

《谈儿童戏剧》，刊于《文华画报》第 45 期。

他人相关文章：

《洪深论》(作者马彦祥)，刊于南京《中央日报》副刊《戏剧运动》第 34 期，1934 年 4 月 10 日、19 日。

《戏剧家洪深》(作者初旸)，刊于《读书顾问》1934 年第 1 卷第 2 期。

《序〈电影戏剧表演术〉》(作者田汉)，刊于《中华日报》《戏》周刊第 3 期，1934 年 9 月 2 日。

《洪深先生并没有和戏剧告别》(作者辛汉文)，刊于《中华日报》《戏》周刊，1934 年 9 月 9 日。

《香稻米》(作者王淑明)，刊于《文学》1934 年第 3 卷第 1 期。

1935 年　民国二十四年　42 岁

继续在青岛大学任外文系主任一职。

2 月，田汉被政府逮捕后，洪深焦急忧虑，为营救田汉特地从青岛赶至上海。

4 月，为良友图书公司选编《中国新文学大系》第九卷《戏剧集》，撰写导言《现代戏剧导论》。

5 月，指导青岛山东大学话剧社在本校礼堂公演话剧《寄生草》。

6 月 18 日，同乡瞿秋白遇难。

7 月，在青岛与老舍、王统照等 12 位文化名人创办文学周刊《避暑录话》，于 7 月 14 日正式随《青岛民报》发行。

10 月，编写话剧《多年的媳妇》。

11 月，编写《汉宫秋》。

冬，导演田汉的《回春之曲》《械斗》。

编写电影剧本《花花草草》《新旧上海》《童子军》。

年底，为艺华公司编剧《时势英雄》，并协助执导拍摄。

为明星公司编剧《劫后桃花》。

留日学生在东京演出《五奎桥》。

“左联”自动解散。

在本年青岛《民报》副刊《避暑录话》第1期至9期发表短文九篇,洪深为此副刊题解说:“避暑者,避国民党老爷之炎威也。”

创作独幕剧《门以内》。

发表/出版文章或著作:

《电影戏剧的编剧方法》,正中书局出版。

《我的打鼓时期已经过了么?》,刊于《良友》第108期,1935年。

《烧煤》,刊于《东方杂志》第32卷1号。

《〈回春之曲〉序》,普通书店出版。

回忆录《匆匆十年》,连载于上海《民报》《影谭》副刊。

翻译《威尼斯商人》(第六幕),刊于《文学》第四卷1期,1935年1月。

《文学被打入冷宫以后》,刊于《太白》第一卷第8期新年特大号,1935年1月5日。

《集中逃避现实的写剧方法》,刊于《国闻周报》第十二卷第5期,1935年1月28日。

《环境怎样造成人物》(写剧研究之一),刊于本年《文艺月刊》第七卷第一期。

《卤》(小品文),刊于《太白》第一卷特辑,1935年2月25日。

《谈戏剧之理论与实践》,刊于《申报月刊》第四卷第3号,1935年3月。

《小说中的人物描写》,刊于《新中华》半月刊第三卷第7期,1935年4月10日。

《被称为“性自由的颂扬者”考温德》,刊于《文学》第四卷第5期,1935年5月。

《基本汉字》,刊于《读书生活》第三卷第5期。

《问题、事实、态度》,刊于《大公报》《文艺》副刊,1935年5月19日。

《淡红衫子淡裙子》,刊于《太白》第二卷第6期,1935年6月5日。

《一千一百个基本汉字使用法——献给正在推行识字运动的诸位先生》,刊于《东方杂志》第三十三卷第14号,1935年6月10日。

《希腊文学中所表现的宿命论是怎样的?》《电影在现代艺术占怎样的地位? 它和文学有怎样的关系?》,收于生活书店出版的《文学百题》。

翻译罗曼诺夫的小说《恋爱的权利》,黎明书店出版。

《表演一得》,署名张正平,刊于南京《中央日报》《戏剧》副刊第55期,1935年8月18日。

《悼郑正秋》(唁电),刊于《明星》半月刊第二卷第2期,1935年8月。

《一千一百个基本汉字使用教学法》，生活书店出版。

《大饭店——上海地方生活速描之三》，刊于《良友画报》第111期，1935年11月15日。《演技小论》，刊于本年12月2日《中央日报》。

《我对于中国舞台协会的希望》，刊于《中央日报》《文学周刊》第26期，1935年12月7日。

《电影戏剧表演术图解》，世界书店出版。

《电影术语词典》，天马书店出版。

《山东五更调》，刊于《良友画报》1935年2月。

《关于戏剧家的使命》，刊于《明镜》第13期。

《电影鉴赏法》（序），收于《电影鉴赏法》，商务印书馆出版。

《中国新文学大系（戏剧集）》，良友图书公司出版。

《电影戏剧表演术》，生活书店出版。

他人相关文章：

《洪深先生的经验谈》（作者田禽），刊于北平《晨报》，1935年7月28日。

《洪深的戏剧》（作者肇洛），刊于北平《晨报》副刊《剧刊》第238、239期，1935年7月28日、9月4日。

《洪深询问记》（作者白晖），刊于南京《新民报》，1935年12月2、3、4日。

《给洪深先生》（作者赵越），刊于南京《新民报》，1935年12月13日。

田汉的戏剧集《回春之曲》出版。

1936年　民国二十五年　43岁

年初，因上海难以维持生活，洪深要已先带着三个女儿到上海的妻子常青真到苏州自己的同母胞妹处生活。

3月，辞去青岛山东大学的教职，到苏州探望妻女后即去上海谋求新的生计来源。

写完《爱情逃亡者》，由明星公司摄制，胡蝶主演，刊于《文艺月刊》第八卷5、6期，1936年5月1日、6日。

4月，为中国舞台协会导演田汉改编的《复活》。

6月，创作独幕国防话剧《走私》，刊于《光明》第一卷第1期，1936年6月10日。

与沈起予合编《光明》半月刊。

与茅盾等40人发起成立中国文艺家协会。

赴苏州吊唁章太炎先生。

6月19日,撰写《民族主义者章太炎》,刊于6月25日《光明》第一卷第2期。

起草《中国文化界为争取演剧自由宣言》,刊于本年8月16日武汉《大光明》《艺术壁》第2期、第6期。

与张庚等创作独幕话剧《洋白糖》,刊于《光明》第一卷第5期,1936年10月。

9月,创作广播剧《开船锣》,后刊于11月10日《电影、戏剧》月刊第一卷第2期。此为国内首部广播剧。

到广州任中山大学文学院英国语言文学系主任,课余为中山大学学生排演他创作的《五奎桥》。

10月19日,鲁迅逝世,洪深撰文《后死者的责任》。

11月,为四十年代剧社导演《赛金花》。

11月,与张庚等32人在上海《民报》的《影评》副刊上联名发表《向艺华公司当局进一言》一文,批判其拍摄毒害观众的黄色片。

子洪钟出生,抗战时期洪深将洪钟寄托常州亲戚抚养,后因病去世。

与张庚等集体创作《咸鱼主义》,刊于《光明》第二卷第3期,1937年1月10日。

发表/出版文章或著作:

《农村三部曲》,上海杂志公司出版,自写序言。

《羊毛短裤》(翻译小说),刊于《文艺》月刊八卷1期,1936年1月1日。

《〈新旧上海〉编剧者言》,刊于《明星》第五卷2期,1936年5月1日。

《〈阎婆惜〉蹦蹦戏脚本引序》,刊于《文艺》第七卷第2期,1936年7月1日。

与张庚等人合作独幕话剧《汉奸的子孙》,刊于《光明》第一卷第3期,1936年7月10日。

与郭沫若等21人签发《文艺界同人为团结御侮与言论自由宣言》,刊于《新认识》第2号,1936年9月20日。

电影剧本《社会之花》,刊于《国闻周报》第十三卷第36—39期,1936年9月14日、21日、28日、10月5日。

与夏衍、章泯合作的三幕话剧《我们的故乡》,刊于《光明》第一卷第7、8、9期,1936年9月10日、25日、10月10日。

在《光明》杂志发表八篇作品。

《鲁迅先生的精神》，刊于广州《努力文艺》第一卷第1期，1936年11月。

《病马乎》《一窝风》，刊于《新华画报》第1、4期。

他人相关文章：

《洪深小传》，见《中国新文学大系（史料索引集）》，良友图书公司出版。

1937年　民国二十六年　44岁

继续在中山大学任教，妻子常青真将自己不满周岁的儿子钟送到常州，寄养在自己亲戚家，然后携洪深已故妻子余永贞所生之女铃和铜及自己所生之女钢从苏州到广州与洪深团聚。全家暂住广州东山庙前西街。

1月，在广州为于伶的剧作《汉奸的子孙》写序《时代与民众的戏剧》。

3月，为自己的《走私》剧作集写序，题为《最近的个人见解》，表示在民族抗战中，戏剧具有极大的感染性和渗透性，在农村更显出话剧有无限发展的威力。

“七七”事变爆发，洪深加入上海文化界抗日救亡协会，任理事。

7月，参加《保卫卢沟桥》导演团；下旬到江西参加国民政府召开的庐山第二期各界名人的教授谈话会。

8月上旬，洪深作为19人导演团成员赶排出集体创作的三幕话剧《保卫卢沟桥》并在上海公演；同期又赶到南京，为中国舞台协会执导田汉编剧的话剧《卢沟桥》并在南京公演。

8月中旬，主持上海话剧界救亡协会大会，商讨话剧界如何投身抗战救亡运动。

8月下旬，辞去广州中山大学教职，担任上海戏剧界救亡协会救亡演剧队第二队队长，金山任该队副队长（参加该队的有音乐家冼星海、演员王莹、田方等共14人），开赴南京、徐州、开封、郑州、洛阳等地乡村进行抗敌宣传。

在武汉执导田汉的《最后的胜利》。

创作话剧《米》《飞将军》。

年底，发起成立中华全国戏剧界抗敌协会，并当选为常务理事。

集体创作独幕剧《九·一八以来》。

发表/出版的文章或著作：

《十年来的中国话剧》，收于《抗战前十年之中国》，香港1965年重印。

电影剧本《夜长梦多》,刊于《东方杂志》第34卷第1、2期,1937年1月1日。

《笔》,刊于《文摘》1937年第1期。

《顾到读者的需要和便利》,刊于《读书》月刊创刊号,1937年5月15日。

《编者的话》,刊于《光明》战时号外第1号,1937年9月。

《战时的戏剧》(演讲词),刊于《抗战戏剧》创刊号,1937年11月16日。

《我们是为了抗战》,刊于《扫荡报》,1937年12月31日。

1938年　民国二十七年　45岁

创作国防电影剧本《最后一滴血》,中国电影制片厂摄制,1938年出品。

与徐萱合作改编《死里求生》,执导《李秀成之死》。

参加中华全国电影界抗敌协会,洪深等70人当选为理事,并发表宣言。

1月,中华全国电影界抗敌协会成立,当选为常务理事。

1月,带领上海救亡演剧第二队自武汉北上,到花园、安陆。

2月,金山从汉口赶到安陆,经队委会决定,上海救亡演剧第二队分为甲、乙两组,由金山和洪深带领分别活动。

3月,带领上海救亡演剧第二队乙组,从安陆继续北上到随县、枣阳继续农村抗战戏剧宣传,最后到达襄樊。

3月27日,中华全国文艺界抗敌协会在汉口成立,洪深参加该协会。

春,在武汉一次文化界的座谈会上,当面驳斥汪精卫的叛国悲观言论。

4月,国民党军委会政治部成立,周恩来任副部长,郭沫若任第三厅厅长,田汉任第六处处长,洪深任六处一科科长,主管戏剧音乐。

7月,汉口剧业剧人为纪念"七·七"事变一周年,演出洪深、龚啸岚创作的楚剧《新天河配》。

8月,改编成立十个抗敌演剧队和五个救亡宣传队,洪深妻子常青真正式加入抗敌演剧第一队。

9月9日,乘坐木船渡黄河,亲自送抗敌演剧十队北上。

11月13日,发生"长沙大火"后,已随三厅撤离到湘潭的洪深,奉周恩来之命连夜赶回长沙,组织放赈救灾工作。

11月19日,亲自送抗敌演剧第一队到湖南平江第二兵团张发奎处。

11 月底，亲自送抗敌演剧第二队到江西省南昌。

三厅自 10 月从武汉撤离，开始经长沙、衡阳、桂林，辗转向重庆迁移的路程。

发表/出版的文章或著作：

《第二抗战中的戏剧运动》，刊于《新华日报》，1938 年 4 月 11 日。

《戏剧的突击》，刊于《戏剧新闻》创刊号，1938 年 5 月 15 日。

《在斗争中成长》，刊于《抗战戏剧》第二卷第 1 期。

《导演〈忠王李秀成〉的片段意见》，刊于《戏剧新闻》第 4 期，1938 年 6 月 5 日。

《悼赵曙同志》，刊于《抗战戏剧》第二卷第 4、5 期合刊，1938 年 6 月 5 日。

《飞将军》—剧评论文章 14 篇。

他人相关文章：

《周恩来同志给洪深先生的亲笔信》，汉口，1938 年 8 月 25 日。

1939 年　民国二十八年　46 岁

国民政府军事委员会政治部教导团成立，洪深任教导团副团长，并主讲戏剧概论。

创作四幕话剧《包得行》。

改译戴维斯的三幕剧《寄生草》，执导《包得行》《日本的间谍》《爱与仇》。

为“青年剧社”执导《夜光杯》。

发表/出版文章或著作：

《“汪逆精卫底礼义廉耻”说明》（与高龙生合编）、《〈回乡〉演出说明》等四篇文章，刊于《抗战艺术》。

《戏剧的方法与表演》，新剧研究社出版。

《如何培养戏剧干部》，刊于《戏剧战线》第一卷第 2 期，1939 年 10 月 10 日。

1940 年　民国二十九年　47 岁

回重庆，受聘为西迁重庆的复旦大学外国文学系教授，编写话剧《醉梦图》；为一厅编《抗战文艺》。

5 月，为石凌鹤创作的四幕儿童剧《乐园进行曲》写“演出说明”。

6 月，参加“戏剧的民族形式问题”座谈会。

12 月，三厅改组为“文化工作委员会”，洪深任十名专任委员之一。

创作《时代画报》四幕话剧，未完成。

冬,长女洪铃病重,洪深身染虐疾,常青真牙痛发作,经济拮据,香港的两个女儿久无音讯。

发表/出版文章或著作:

《戏剧以上的戏》(剧评),刊于《新华日报》,1940年6月5日。

《抗战运动的干部问题》,刊于《青年通讯》第2期,1940年7月1日。

与茅盾、田汉等合著《"九一八"与"一二八"作家自叙》,良友图书公司出版。

1941年　民国三十年　48岁

1月,"皖南事变"。创作独幕话剧《英雄泪》《孤孽心》。

1月,完成揭露汉奸罪行的独幕剧《樱花晚宴》。

2月,因身体、生活、家庭和时局困扰,思想极其苦闷,看不到出路,夫妻双双服毒自杀,后获救。

2月22日,洪铃病夭,时年18岁。

3月,赴广东省坪石镇任广州中山大学文学院英国语言文学系主任。

9月,与常青真的女儿洪钤诞生。

创作五幕话剧《非卖品》。

发表/出版文章或著作:

《新的希望》,刊于《青年戏剧通讯》第8期,1941年1月。

《导演的任务》,刊于《戏剧春秋》第一卷第5期,1941年。

《导演设计》,刊于《戏剧春秋》第二卷第1期,1941年。

《在"戏剧的民族形式"座谈会上的发言》,刊于《戏剧春秋》第一卷第3期。

《序〈生死恋〉》,收于赵清阁《生死恋》,1941年。

1942年　民国三十一年　49岁

继续在广东省坪石镇的中山大学文学院英国语言文学系任教授。

导演《黄白丹青》《法西斯细菌》。

合作创作《再会吧,香港》,自任导演。

夏,任四川江安国立戏剧专科学校教授。

年底,重庆举办庆祝洪深50寿辰活动(按虚龄习俗,祝九不祝十)。

田汉、欧阳予倩在桂林为洪深举行庆祝会,柳亚子当场赋诗一首。消息、贺词、文章等,《新华日报》均以大幅专刊登载。

发表/出版文章或著作:

《黄著敲门诗序》,刊于《时代中国》第6卷第1期,1942年7月1日。

《致田汉》(通信),刊于《戏剧春秋》第二卷第2期,1942年7月25日。

《我们是这样战斗过来的》(史料),刊于《戏剧春秋》第二卷第3期,1942年9月10日。

《序〈分道扬镳〉》,收入《生命的火焰》,桂林集美书店出版。

1943年　民国三十二年　50岁

元旦,中国艺术剧社宣告成立,洪深参加该社,又任中央青年剧社编导委员。

创作儿童剧《西红柿与小锄头》。

回重庆复旦大学任教授。

1月,为纪念《新华日报》创办五周年,撰文《贡献与更大的贡献》。

为中国艺术剧社导演《祖国在呼唤》。

7月,为中华剧艺社导演《法西斯细菌》。

9月,为庆祝应云卫40岁生日,在中央青年剧社举行纪念茶话会,洪深任主席。

10月,国民政府军事委员会政治部军中文化研究班在重庆远郊山村三圣宫开办,政治部部长张治中兼任研究班班长;洪深为戏剧系总教官,并亲自讲授心理学、舞台技术和导演三门课。

10月,离散十年的女儿洪铜、洪钢辗转回到北碚,全家团聚。

11月,与马彦祥、焦菊隐、吴祖光等一起主编《戏剧时代》。

创作三幕话剧《整洁为强身之本》,1947年出版。

12月,创作英文独幕剧《鹤顶红》,并拟自己扮演主角,其意在向国际朋友宣传中国士大夫"可杀不可辱"的传统精神。

发表/出版文章或著作:

《声音的表现》,刊于本年1月《戏剧月报》第一卷第1期。

《声音技术》,刊于国立剧专《校友通讯》月刊第四卷第4期。

《〈舞台上的现代与历史〉——略论十个剧本》,刊于《中央周刊》第五卷第28期,1943年2月25日。

《〈对话节奏〉试论》,刊于本年7月1日《文学创作》第二卷第3期,收于《戏的念词与诗的朗诵》。

《编剧二论》(译文),刊于《戏剧时代》创刊号,1943年11月11日。

《拱门之前》,刊于《人世间》第一卷第3期,1943年12月15日。

《戏剧导演的初步知识》,重庆中国文化服务社出版。

《戏的念词与诗的朗诵》,美学出版社,获1943年度学术奖,郭沫若为此书作序。

1944年　民国三十三年　51岁

继续在重庆北碚复旦大学外国文学系任教。

导演夏衍的剧作《法西斯细菌》、夏衍等集体创作的《黄花岗》、宋之的的《祖国在呼唤》《春寒》及阳翰笙的《草莽英雄》。

幼子洪锴出生。

1月,用英语演出自己创作的英文独幕剧《鹤顶红》,招待在重庆的外国记者,自任主角。

2月,重庆庆祝第六届戏剧节,洪深为此撰文和参加有关活动。

2月,撰文《希腊的戏剧节》,载是年2月15日重庆《大公报》。

4月,国民政府政治部军中文化工作研究班戏剧系第一期学员毕业。

发表/出版文章或著作:

《柏拉图和亚里士多德的戏剧理论》,刊于《中山文化季刊》第二卷第2期,1945年6月,原为1944年2月为纪念戏剧节举办的学术讲座的讲演。

《如何导演业余演员》(译文),刊于《戏剧时代》第一卷第2期,1944年1月1日。

《写在〈怎样利用地方戏做敌后宣传〉之后》,刊于《戏剧时代》第一卷第3期,1944年2月15日。

《民间的戏剧艺术——地方戏剧的研究》,刊于《国讯》第363期,1944年3月15日。

《小小的愿望——戏剧节感言》,刊于《文艺先锋》第四卷第2期。

1945年　民国三十四年　52岁

8月,抗日战争取得胜利。

继续在重庆北碚复旦大学外国文学系任教授。

国立戏剧专科学校从四川江安迁至重庆北碚,洪深到该校任教。

编写三幕话剧《鸡鸣早看天》。

写剧场漫话数篇:《窃火者》《哀红梅》《戏剧官》。

3月,为中央青年剧社导演《黄花岗》(集体创作)。

发表/出版文章或著作:

《关于〈鸡鸣早看天〉——与演员们的对话》《"民主"人》,刊于《文萃》第4期、第5期,1945年10月11日。

三幕喜剧《女人女人》,题词将此书献给"热爱儿童福利事业和从事育婴保幼工作的人们",重庆华中图书公司出版。

1946年　民国三十五年　53岁

编写电影剧本《自君归来》。

任《大公报》之《戏剧与电影》周刊编辑。

任"大地文学丛书"编委。

上半年,继续在重庆北碚复旦大学外国文学系任教授。

1月,在政治协商会议上演讲:《申诉几年来的痛苦》。

春,为新中国剧社执导阳翰笙的《草莽英雄》和他自己创作的《鸡鸣早看天》。

3月,为支持复旦大学进步学生,遭复旦大学特务学生不法暴行虐待月余,陪都文化界及学界名人纷纷慰问,洪深健康因此受到很大伤害。

6月,重庆复旦师生分期回到上海江湾本校。洪深全家从重庆回到上海,暂住上海复旦大学教师宿舍"庐山新村十九号",随即得知寄养在常州亲戚家的儿子钟早已病亡。

秋,上海市立实验戏剧学校开学,洪深受聘在该校任教。

9月10日,在文艺界、新闻界100多人的记者招待会上,袁雪芬讲了自己的遭遇,深获大会同情,许广平也发了言,洪深在会上大声疾呼"让一个善良的人活下去吧"。

10月4日,上海各界5000余人在天蟾舞台举行大会,追悼被特务枪杀的民主人士李公朴、闻一多,洪深挺身而出,担任大会司仪,行前思想上已做好了做"第二个闻一多"的准备。

10月中旬,洪深与茅盾、阳翰笙、凤子、赵清阁等作杭州西子湖游。

发表/出版文章或著作:

《草鞋颂》,刊于《文选》杂志创刊号,1946年1月。

为飞机失事遇难的中国共产党干部发表短文《悼念遇难的诸位先生》，刊于《新华日报》1946年4月19日。

《〈孟姜女〉给我们的启示》，刊于上海《大公报》，1946年12月。

《安清会的兴起》——《青红帮丛考》之一，刊于《文潮》月刊第一卷第6期。

《我对于〈草莽英雄〉的看法》，刊于昆明《第三届戏剧节纪念特刊》，1946年2月。

《命运论与决定论》，刊于《周报》第45期，1946年。

《文学与鬼》，刊于《文艺春秋》第三卷第3期。

《美国宪法怎样保证反对党的存在》，刊于《周报》第47期，1946年。

《我们的抗议》，刊于上海《大公报·戏剧与电影》第3期。

《蝴蝶迷》，刊于《文选》第2期。

《卖文章·(一)青岛见闻·(二)榛梗杂话》，刊于《前线日报·副刊》，1946年9—10月。

《从〈左拉传〉看美国电影的道路》，刊于《新闻报·艺月》，1946年10月28日。

杂文20篇、《编后记》11篇，刊于上海《大公报·戏剧与电影》。

《戏剧电影导演术》(专著)，约10万字，未出版。

他人相关文章：

《洪深教授》(作者郑北田)，刊于《人物杂志》1946年第4期。

《剧作家洪深》(作者田禽)，收于《中国戏剧运动》，1946年出版。

1947年　民国三十六年　54岁

为新中国剧社导演陈白尘的《悬崖之恋》。

创作电影剧本《千朵桃花一树生》，与赵清阁合作《几番风雨》。

任西北影业公司艺术顾问。

编写《芙蓉花下》《丽人行》《酒、女人、歌》三个电影剧本初稿，未发表。

改编《鸡鸣早看天》为电影《鸡鸣》，上海启明影业公司摄制。

洪深人名被收入《当代中国人名大辞典》，东方书店出版。

年初，返常州探亲。

年初，至无锡导演田汉的21幕话剧《丽人行》。

春季学期，继续在上海复旦大学任教；秋季学期，因复旦大学不发聘书遭变相解聘。

3 月，与郑小秋共同导演《弱者，你的名字是女人》。

3 月，发起庆贺田汉 50 寿辰及创作生活 30 年活动。

4 月，病中写成《抗战十年来中国的戏剧运动与教育》。

5 月，与梅兰芳、周信芳、田汉等开会讨论戏曲改革问题。

7 月，暂栖身于熊佛西所办上海市立实验戏剧学校(9 月洪深为该校研究班上课)。

8 月，三岁半幼子洪错患脑膜炎夭亡，此事对洪深刺激尤深。

发表/出版文章或著作：

《贺李健吾先生新作》，刊于《文汇报》，1947 年 1 月 1 日。

《读书偶译》，刊于《文艺春秋》第四卷第 1 期。

《话剧似应暂停"营业"》，刊于《上海文化》第 12 期。

《良公民才能成为好演员》，刊于《文讯》第七卷第 6 期。

《角色的诞生・序》，香港生活书店出版。

《我们怎样迎接新建的歌与舞》，刊于上海《大公报》之《星期论文》栏，1947 年 12 月。

"编后记"45 篇，刊于上海《大公报・戏剧与电影》第 13—61 期，1947 年 1 月 9 日—12 月 17 日。

其他短文 21 篇，刊于上海《文汇报》等报纸杂志。

话剧《人之初》，正中书局出版。

《团结合作・相互学习・自我批判》《为我师为我友的田汉先生长寿》《病起偶笔》《附言》《论"假凤虚凰"与一般剧中人的身份》《敬请指教——关于〈卖油郎〉的导演》《评"天桥"附记》《谨向投寄答案的观众致谢——一个老去的导演忏悔录(一、二、三、四、五)》《复京沪锡港读者函》，刊于上海《大公报・戏剧与电影》。

《十年如一日》《旧戏里有的是什么"忠孝节义"?》《戏剧节感言》《三十六年前》《〈忆江南〉与〈一江春水〉欣赏录》，刊于《新闻报・艺月》。

1948 年　民国三十七年　55 岁

继续为上海《大公报》主编《戏剧与电影》周刊，本年为该刊撰写编后记 8 篇；本年 11 月 24 日该周刊停刊，共出版 108 期，洪深共撰写"编后记"64 篇，发表文章 22 篇。

洪深将自己不少图书赠予厦门大学图书馆。

1 月 1 日，经洪深建议并努力促成，大同电影公司在上海创建，公司老板柳中亮，原抗敌演剧队和孩子剧团的一些队员，如男演员高博、刁光覃、强明，女演员梁明、朱琳等，成为该公司正式签约演员，因此进入上海。

1月，为市立实验戏剧学校编导《万事如意》。

2月，撰写《鼠世界》，刊于《文艺春秋》第六卷第2期。

春，受聘任厦门大学外国文学系教授，为该系三年级和四年级学生讲授"外国戏剧名著选读""欧洲文学名著选读"及"文学批评"课。

3月，与妻子常青真和三个孩子——病故的第二任妻子余永贞所生女儿铜、常青真所生女儿钢和铃——从上海乘海轮到厦门大学，任教于外文系，离沪前上海文化界朋友与他们夫妇聚会、合影以送行。

4月，大同电影公司拍摄的影片《弱者，你的名字是女人》在上海公映，该片编剧署名欧阳予倩，导演署名郑小秋、洪深。

被国泰影业公司聘为特约编剧，拍摄了《无名氏》《忆江南》等进步影片。

在厦门翻译美国著名作家威・萨洛扬的剧本《人生一世》；与在上海的女作家赵清阁合作编写电影剧本《几番风雨》。

5月，为上海青年作者李洪辛编写的话剧《大凉山恩仇记》做导演。

暑期，根据自己同名话剧改编的电影《鸡鸣早看天》在厦门上映，带女儿由厦门大学居所赴市区观看。

创作电影剧本《良心发现特效钠制剂》。

将田汉所著《丽人行》改编为电影，由昆仑公司摄制，约1949年春拍竣。

11月下旬，接华南局转中共中央统战部邀请，洪深以牙患需到香港治疗为由，只身离开厦门到香港，经香港到达东北解放区。*

发表/出版文章或著作：

《电影与话剧的分工》，刊于《文潮月刊》第四卷第4期。

《论者谓易卜生非思想家》，刊于《文讯》第九卷第1期。

《生意眼应该放大，批评要彼此公正》(发言)，刊于上海《大公报》，1948年1月26日。

《至诚之心与微薄之力》(短文)，刊于无锡《人报》，1948年6月25日。

---

*　见《怀念亲人洪深》(作者常青真)，收于《戏剧艺术》1981年第2期，李嘉整理；又见《洪深先生在厦门》(作者黎舟)，收于《新文学史料》1994年第4期。

《恩仇——读书札记之一》，刊于《文艺春秋》第七卷第 6 期。

《编后记》8 篇、其他文章 12 篇，刊于上海《大公报·戏剧与电影》。

《文艺工作者对于人民的道德责任》《关于“表面真实”》《另一型的有声电影(苏联普多夫金著/洪深根据英文版翻译并做附记)》，刊于上海《大公报·戏剧与电影》。

《关于〈小城之春〉的窘言》。

他人相关文章：

《洪深——剧坛上的黑旋风》(作者高宇)，刊于《人物杂志》1948 年第 2 期。

《〈大凉山恩仇记〉演出观后杂记》(作者杜吾)，刊于上海《大公报》，1948 年 6 月 2。

《〈大凉山恩仇记〉观后》(作者融风)，刊于上海《大公报》，1948 年 6 月 9 日。

《片名取自莎翁的故事》(作者午言)，刊于《电影、话剧》1948 年第 2 期。

关于《鸡鸣早看天》的影片评论三篇。

1949 年　中华人民共和国 10 月 1 日建立　56 岁

1 月 7 日，与茅盾等其他民主人士乘苏联货船“阿尔丹号”从香港抵达大连。

2 月 25 日，与其他民主人士乘坐专列由东北抵达北平。

2 月，常青真带着女儿钢和铃离开厦门乘海轮到上海，由共产党地下组织安排住江宁路一新式里弄房底楼，二楼住的是中共地下党员、原孩子剧团张英、张玮夫妇和张英母亲，三楼住的是中共地下党员刘厚生。

5 月，作为中国参加世界第一届保卫和平代表大会成员之一，抵捷克斯洛伐克首都布拉格，并在大会上作演说。

5 月 12 日，中国共产党参加第一届保卫世界和平代表大会代表团乘火车回国途中，同代表团的徐悲鸿为洪深画素描肖像画。

6 月 15 日，被选为政协筹备会“民主教授”七人代表之一。

7 月，常青真带着女儿钢和铃乘坐上海军管会安排的专列，和在上海的一些民主人士家属等抵北平。洪深自 1948 年末和妻、女分别后终于团圆，党组织有关部门安排洪深一家四人住北京饭店二楼朝北的一间客房(据 1985 年 5 月 23 日洪深妻子常青真对洪铃的回忆)。

7 月，参加第一届全国文代会，被选为文联委员、剧协常委、影协委员。

10 月 1 日，中华人民共和国成立。

10月,洪深一家四口自北京饭店搬出,住进北京西四大红罗厂胡同内小红罗厂胡同四号西厢房。

12月,任文化部对外文化联络事务局副局长,萧三任局长,后萧三去国外,洪深接任局长。

兼北京师范大学戏剧音乐系主任。

发表/出版文章或著作:

《在〈文艺报〉主办的第二次座谈会上的发言》,刊于《文艺报》第8期,1949年6月23日。

《优美的作风——形式与内容问题》,刊于《文艺报》第9期,1949年6月30日。

《备忘随录择译》,写于本年9月4日,刊于《文艺报》第一卷第2期,1949年10月10日。《新评戏〈九尾狐〉的成就》,刊于《人民日报》,1949年12月20日。

《序〈大时代的插曲〉》,刊于本年《影剧杂志》第1期。

《关于新文协诸问题》,刊于《戏剧报》第一卷第1集。

《也谈改革旧剧》,刊于《影剧日报》,1949年12月1日。

译就美国作家威·萨洛扬的五幕话剧剧本《人生一世》。

1950年　57岁

继续担任对外文化联络事务局副局长,兼任北京师范大学戏剧音乐系主任,讲授戏剧课。

春夏之际,因公到南京、上海等地,这是洪深1948年离开上海后第一次回到旧地。

8月,写《"洪深选集"自序》,开明书店出版。

《这就是"美国的生活方式"》(五幕剧)写讫。

导演《新大名府》(京剧)。

与马彦祥合作导演大型话剧《千年冰河开了冻》。

7月,任戏曲改进委员会委员。

发表/出版文章或著作:

《"一个人在一个坑里"》,刊于《人民日报》创刊号,1950年4月1日。

《向〈莫斯科性格〉学习》(剧评),刊于《人民日报》,1950年2月5日。

《试论手与小资产阶级知识分子的手》，刊于《人民戏剧》第一卷 2、3 期合刊，1950 年 6 月 1 日。

《美国独占资本家的妄想》，刊于《文艺报》第二卷第 10 期，1950 年 8 月 10 日。

《演技漫谈》(一)(二)，刊于《新戏曲》，1950 年 9 月 20、10 月 20 日。

《保卫世界和平的最有效办法：抗美援朝》，刊于《人民戏剧》第二卷 2、3 期合刊，1950 年 12 月 1 日。

在“如何建立新的导演制度的座谈会”上发言，发言稿刊于《新戏曲》第一卷第 2 期，1950 年 10 月 20 日)。

1951 年　58 岁

2 月 23 日，周恩来签署任命书，任命洪深为“政务院文化教育委员会对外文化联络事务局局长”。

9 月，与夫人常青真赴吴祖光家中做客。

为中央戏剧学院话剧团导演他创作的话剧《这就是“美国的生活方式”》，在北京演出。

10 月，陪同参加我国国庆观礼的印度、缅甸、巴基斯坦、印度尼西亚等国代表团到东北及天津、南京、上海、广州参观访问。

1952 年　59 岁

继续任对外文化联络事务局局长。

春，洪深一家由西四迁往东四什锦花园小细管胡同十号北屋居住。

5 月 1 日，陪同来访的匈牙利国家人民文工团参加首都“五一游行”，行至天安门广场，该文工团代表在洪深陪同下走上天安门城楼向毛泽东主席献礼。

7 月，率中国人民杂技团到北欧芬兰、瑞典、丹麦三国 67 个城市巡回演出，10 余万观众观看，影响极大。

发表/出版文章或著作：

《洪深选集》，开明书店出版，内收《赵阎王》《五奎桥》《香稻米》以及电影《劫后桃花》四个剧本和他自己写的序言。

《纪念维克多·雨果诞生一百五十周年》，刊于《人民日报》，1952 年 2 月 27 日。《一种剧种为人民服务》，刊于《戏剧通讯》创刊号，中央戏剧学院 1952 年。

1953 年　60 岁

继续任对外文化联络事务局局长。

与焦菊隐、戴涯一起为北京师范大学中文系增设戏剧专业。

当选为文联主席团委员、剧协副主席、作协理事。

为中国青年艺术剧院导排《四十年的愿望》。

10 月,当选为第一届中国戏剧家协会副主席。

10 月 4 日,参加中国人民第三届赴朝慰问团,任第一总分团副团长。

发表/出版文章或著作:

《伟大的斯大林永生》,刊于《文艺报》第 5 号,1953 年 3 月 15 日。

《纪念何塞·马蒂》,刊于《保卫和平》第 8 号(总第 27 期),1953 年 10 月。

《发展人民的话剧艺术》,刊于《人民日报》,1953 年 10 月 15 日;《剧本》1953 年 10 月号。

1954 年　61 岁

继续任对外文化联络事务局局长。

在纪念世界名人、古希腊伟大戏剧家阿里·斯托芬诞生 2500 周年纪念日的大会上致辞。

6 月,陪同苏联、匈牙利等东欧六国驻华使馆文化参赞南下参观访问,第一站南京,随后到上海、杭州。

7 月,到以原抗敌演剧第九队为基础建立的上海人民艺术剧院参观座谈。

7 月,到杭州,并和时在杭州的田汉看望了京剧表演艺术家盖叫天,参观了浙江美术学院。9 月,接贵州省政府通知函,出任贵州省第一届全国人民代表大会代表。

9 月 15 日,中华人民共和国第一届全国人民代表大会第一次会议开幕,洪深以大会正式代表的身份与会。

为中国青年艺术剧院导演《法西斯细菌》和《四十年的愿望》。

10 月 25 日,中央文化部电影局和中国作家协会在北京联合举办电影剧本创作讲习会,洪深为该会讲授“电影剧作”课。

12 月,奉派出国,与民主德国、匈牙利、波兰签订“文化协定执行计划”。

当选为中国人民对外文化协会副会长,领导创办外文版《中国文学》杂志。

发表/出版文章或著作：

《安东·契诃夫逝世五十周年纪念》，刊于《戏剧报》4 月号。

《导演〈法西斯细菌〉自问录记》，刊于《戏剧报》7 月号。

《评〈尤里乌斯·伏契克〉在首都的演出》，刊于《人民日报》，1955 年 3 月 10 日，收于《洪深文集》第四卷。

《〈长生殿〉传奇英译本的引言》，(未发表)，收于《洪深文集》第四卷。

《欢迎印度尼西亚艺术团》，刊于《文艺报》第 16 号，1954 年 8 月 30 日。

《新中国五年来的对外文化交流》，刊于《人民日报》，1954 年 12 月 1 日。

《电影的特性及其他》(1955 年写作)，刊于《电影剧作通讯》1955 年第 16 期。

《再谈〈法西斯细菌〉》，刊于《天津日报》，1954 年 9 月 4 日。

在讨论张庚的《中国话剧运动史初稿》座谈会上发言(11 月)，刊于《戏剧报》12 月号，1954 年 12 月 20 日。

《洪深剧作选》，人民文学出版社出版。

1955 年　62 岁

1 月 20 日，率中国文化代表团在布达佩斯与匈牙利签订“中匈文化合作协定 1955 年执行计划”。

1 月 28 日，率中国文化代表团抵达华沙。

2 月 11 日，率中国文化代表团在华沙与波兰签订“中波文化协定 1955 年执行计划”。

2 月，在波兰医院被发现癌症，被令立即回国。

4 月 11 日，在北京饭店举行的梅兰芳、周信芳舞台生活 50 周年京剧晚会上，洪深主动要求与同庚属马的梅兰芳、周信芳“三马同台”，合演京剧《审头刺汤》。

6 月，以全国人大代表的身份考察无锡、常州等地。

7 月中下旬，参加第一届全国人民代表大会第二次会议(每天都到会，连小组会也很少缺席)。

8 月 25 日，被送进北京苏联红十字医院。

8 月 29 日，在北京苏联红十字医院病逝。

9 月 1 日上午，洪深追悼会在北京嘉兴寺举行，后移棺北京八宝山革命公墓下葬。

9 月 2 日，《人民日报》发布“我国著名戏剧家洪深追悼会昨在京举行”的消息。

参考书目

1. 陈美英. 洪深年谱[M]. 北京：文化艺术出版社，1993.

2. 孙青纹. 洪深研究专集·从中国的新戏说到话剧[M]. 杭州：浙江文艺出版社，1986.

3. 常州洪亮吉纪念馆、洪深纪念室落成仪式资料：纪念馆、室简介，洪亮吉长子洪饴孙世系表等。

4. 洪深. 中国新文学大系[M]. 上海：良友图书公司，1935.

5. 葛一虹. 中国话剧通史[M]. 北京：文化艺术出版社，1997.

6. 中国话剧五十年编辑委员会. 中国话剧运动五十年史料集：第一辑、第二辑[M]. 北京：中国戏剧出版社，1958.

7. 程季华. 中国电影发展史[M]. 北京：中国电影出版社，1980.

8. 复旦大学校史编写组. 复旦大学志：第一卷(1905—1949)[M]. 上海：复旦大学出版社，1985.

9. 梁山，李坚，张克谟. 中山大学校史(1927—1949)[M]. 上海：上海教育出版社，1983.

10. 清华大学校史组编. 清华校史丛刊·人物志：第二卷[M]. 北京：清华大学出版社，1983.

11. 齐全胜. 复旦逸事[M]. 沈阳：辽海出版社，1998.

12. 田禽. 中国戏剧运动[M]. 北京：商务印书馆，1944.

13. 奥尼尔，洪深，曹禺. 国外中国文学研究论丛[M]. 北京：中国文联出版公司，1985.

14. 吴宓. 吴宓自编年谱(1894—1925)[M]. 出版地不详:生活·读书·新知三联书店,1995.
15. 吴宓. 吴宓日记(1917—1924)[M]. 出版地不详:生活·读书·新知三联书店,1988.
16. 包天笑. 钏影楼回忆录续篇[M]. 香港:香港大华出版社,1973.
17. 短绠集. 刘以鬯[M]. 北京:中国友谊出版公司,1985.
18. 胡蝶. 胡蝶回忆录[M]. 北京:新华出版社,1987.
19. 中国艺术研究院话剧研究所. 中国话剧艺术家传:第一辑[M]. 北京:文化艺术出版社,1984.
20. 中国电影家协会. 中国电影家列传:第一集[M]. 北京:中国电影出版社,1982.
21. 洪深:回忆洪深专辑. 北京:中国文史出版社,1991.
22. 洪深. 洪深选集[M]. 北京:开明书店,1951.
23. 洪深. 洪深文集[M]. 北京:中国戏剧出版社,1957.
24. 洪深. 电影戏剧表演术[M]. 上海:生活书店,1935.
25. 韩斌生. 大哉洪深[M]. 北京:中央文献出版社,2000.
26. 洪钤. 中国话剧电影先驱:洪深历世编年纪[M]. 北京:中国电影出版社,2013.
27. 洪钤. 洪深文抄[M]. 北京:人民文学出版社,2005.

图书在版编目(CIP)数据

洪深评传 / 韩斌生著. -- 北京:中国传媒大学出版社, 2020.5
ISBN 978-7-5657-2663-7

Ⅰ. ①洪… Ⅱ. ①韩… Ⅲ. ①洪深(1894—1955)—评传
Ⅳ. ①K825.78

中国版本图书馆 CIP 数据核字(2020)第 004841 号

洪深评传
HONGSHEN PINGZHUAN

著　　者	韩斌生
策划编辑	程　平
责任编辑	程　平　蒋　倩
封面设计	大鹏设计
责任印制	李志鹏
出版发行	中国传媒大学出版社
社　　址	北京市朝阳区定福庄东街 1 号　邮编:100024
电　　话	86-10-65450528　65450532　传真:65779405
网　　址	http://cucp.cuc.edu.cn
经　　销	全国新华书店
印　　刷	北京玺诚印务有限公司
开　　本	710mm×1000mm　1/16
印　　张	16
字　　数	229 千字
版　　次	2020 年 5 月第 1 版
印　　次	2020 年 5 月第 1 次印刷
书　　号	ISBN 978-7-5657-2663-7/K·2663　　**定　　价**　78.00 元